역전하는 법

※ 이 책은 저자의 아이디어를 반영하고 있습니다. 이 책의 저자는 재정 전문가가 아니며, 이 책의 의도 또한 공인 자산 관리사, 회계사, 여타 전문 상담사의 상담을 대체하려는 데 있지 않습니다. 이 책에 포함된 정보로 인해 직접적, 간접적으로 발생할 수 있는 모든 부작용에 대해 출판사와 저자는 책임지지 않음을 밝힙니다.

당신의 돈과 인생에서 최대치를 뽑아내는 법

빌 퍼킨스 지음
김준수 옮김

마인드빌딩

인생은 온전한 육신을 유지하면서
안전하게 무덤으로 향하는 여정이 아니다.
연료를 소진할 때까지 질주하다가 뿌연 연기를 내뿜으며
아슬아슬하게 멈춰 선 후 이렇게 소리치는 것이어야 한다.
"와, 정말 끝내주는 여행이었어!"

헌터 톰슨,『The Proud Highway』중에서

이 책에 쏟아진 찬사

이 책에 담긴 아이디어는 미래를 위해 숙고할 가치가 있다. 이 책을 읽어야 할 가치는 무엇인가? 이 살기 어려운 시기에 우리가 고민하는 아주 중요한 두 가지 이슈의 핵심을 건드리기 때문이다. 바로 '우리는 왜 저축하는가'와 '어떻게 살 것인가' 말이다. 흥미로운 아이디어다.

「뉴욕타임스」

퍼킨스는 삶을 즐기는 동시에 미래를 위해 저축하라는 근면한 계획을 제시하지 않는다. 그는 이후에 '그럴 수 있었는데', '그랬어야 했는데'라며 후회하지 않도록 현재에 더욱 충실하게 살 것을 제안한다.

「석세스매거진」

이 책에서 퍼킨스는 소위 인생의 황금기를 기다리기보다 현재의 삶을 가장 풍요롭게 사는 데 집중해야 한다는 인생을 바꾸는 주장을 펼친다. 나 역시 진심으로 동의한다. 이 책을 읽어라. 당신의 생각을 바꿔라. 너무 늦기 전에 경험을 모으기 시작하라.

데이비드 바크『자동 부자 습관』저자

이 책은 하나의 훌륭한 로드맵을 제안한다. 죽음을 계획하기보다는 인생을 살아 내기 위한 로드맵, 자신의 삶에서 차이를 실현하기 위한 로드맵, 그 어떤 포트폴리오보다 훨씬 더 가치 있는 친구와 가족과 함께하는 추억 배당금을 발생시키기 위한 로드맵이다. 이 책을 읽고 풍요롭고 충만하고 더욱 즐거운 삶을 거두길 바란다.

랜들 존스 패트리아크 파트너스 매니징 디렉터,『잘 벌고 잘 쓰는 법』저자

보유한 자원을 고갈하지 않으면서 매 순간 인생을 최대한으로 살아 낼 비법이 궁금하다면, 이 실용적이고 시의적절한 책을 펼쳐 보기 바란다.

바바라 코코란 코코란 그룹 창립자

이 책은 돈을 정말 가치 있는 무언가와 교환하는 법을 알려 준다. 인생의 궁극적인 보물이 될, 순수한 기쁨의 순간에 대한 추억 말이다.

로렌스 코틀리코프 보스턴대학 경제학과 교수

나는 퍼킨스의 철학을 진심으로 믿는다. 당신도 이 책을 읽고 수많은 사람의 방법론과 철학은 물론 자신의 인생에서 그것을 찾아내는 방법까지 모두 보아야 한다.

제임스 알투처 헤지펀드 매니저, 『부자는 천천히 벌지 않는다』 저자

이 책은 기억에 남는 경험을 통해 인생을 극대화할 수 있다는 완전히 새로운 생각의 길을 열어 준다. 왜 기다려야 하는가? 현재에 충실하게 사는 것이 최우선이다. 또한 자신이 가진 것을 올바르게 활용하면서 인생을 살아가는 훌륭한 청사진을 제안한다!

케빈 하트 배우, 코미디언

스카이와 브리사에게
모험과 사랑으로 충만한 삶을 누리길 바라며

들어가며

역전의 출발선에서

아마 여러분도 개미와 베짱이가 등장하는 이솝 우화를 들어본 적 있을 겁니다. 근면한 개미는 겨우내 먹을 양식을 마련하느라 여름 내내 일하는데, 태평한 베짱이는 한가로이 바이올린이나 켜며 더운 계절을 보내죠. 그러다 겨울이 찾아오면 개미는 살아남지만, 베짱이는 곤경에 처합니다. 이 우화의 교훈은 뭐죠? 일할 때와 놀 때를 구분하란 이야기겠죠.

물론 아주 훌륭한 교훈입니다. 하지만 개미는 대체 언제쯤에나 놀 수 있을까요?

이 책의 주제는 바로 이 문제를 다룹니다. 우리는 베짱이에게 무슨 일이 일어났는지 잘 알고 있습니다. 네, 굶어 죽었죠. 하지만 개미는 어떻게 됐나요? 그 짧은 생을 노예처럼 일하며 보내고는, 대체 사는 재미란 걸 느껴 보기나 했을까요? 우리 모두는 물론 생존해야 하지만, 동시에 생존보다 훨씬 더 많은 걸 바랍니다. 진정한 삶을 살고파 하죠.

그렇기에 저는 이 책에서 단순한 '생존surviving'을 넘어선 '번영thriving'에 중점을 두고 있습니다. 이 책은 여러분의 돈을 불리는 방법을 다루지 않습니다. 여러분의 삶이 자라나게 만드는 법을 이야기하죠.

저는 이 아이디어에 대해 오랫동안 고심했습니다. 친구와 동료들과 토론했으며 이제는 당신과도 의견을 나누고자 합니다. 저라고 모든 해답을 가진 건 아니지만, 분명 당신의 삶을 풍요롭게 할 무언가를 알고 있는 것만은 확실합니다.

저는 공인 자산 관리사나 가족 투자 고문이 아닙니다. 그저 제 삶의 효용을 최대한으로 즐기려는 사람이며, 당신에게도 저와 같은 일이 일어나기를 바랄 뿐입니다.

누구나 이런 삶을 원한다고 믿지만, 현실 속에선 모두가 이런 삶을 살 수 있는 건 아니죠. 그리고 솔직히 말해서, 어렵게 생계를 꾸려 나가는 사람보다는 돈과 건강, 시간에 충분한 여유가 있는 사람이 이 책의 진정한 가치를 누릴 수 있을 겁니다.

그러니 계속 이 책을 읽어 주길 바랍니다. 최소한 여러분에게 인생에 대한 기본적인 가정을 성찰하고 다시 생각해 보는 계기가 되었으면 하는 마음입니다.

빌 퍼킨스

차례

1장 삶을 최적화하는 기술에 관하여

RULE 1
인생에서 긍정적인 경험을
최대한 늘려라

에린과 존은 성공한 변호사들이자 슬하에 어린 세 자녀를 둔 부부입니다. 2008년 10월, 에린은 남편 존이 신체 연조직에서 빠르게 퍼지는 투명세포육종이라는 희귀암에 걸렸다는 사실을 알게 됐습니다. "건장한 35세 남성의 몸 속에 야구공만 한 종양이 자라고 있을 거라고는 누구도 상상하지 못했죠." 에린은 당시를 이렇게 떠올립니다. 암 진단을 받았을 때는 이미 존의 등과 다리뼈까지 암이 전이된 상태였습니다. "종양이 크리스마스트리처럼 밝게 빛나는 X선 촬영 사진을 보고 나서야 우리는 남편의 상태가 얼마나 심각한지 비로소 깨달았어요." 절망적인 진단에 에린은 숨이 막히고 두려웠습니다. 게다가 존이 더 이상 일을 할 수 없었기에 육체적으로나 재정적으로 가족을 돌봐야 하는 짐이 전부 그녀의 어깨에 지워졌죠. 홀로 감당하기에는 너무나 무거운 짐이었습니다.

에린과 어렸을 때부터 친구로 지냈기에 저는 도움이 될 수만 있다면 뭐든 해 주고 싶었습니다. "너도 일을 그만두는 게 좋겠어. 그리고 아직 존이 살아 있을 때 가족과 시간을 보내라고." 그러면서 필요한 비용을 돕겠다고 제안했습니다.

하지만 제 충고는 사실상 필요 없었죠. 에린은 정말 중요한 일에 집중하기 위해 일을 그만둘 생각을 이미 하고 있었습니다. 그리고 행동으로 옮겼죠. 존이 항암 치료를 받는 동안 아이오와주에 있는 집에서 그들 부부는 인생의 단순한 즐거움을 누렸습니다. 공원을 산책하고, 영화를 보고, 비디오 게임을 하고, 함께 아이들을 학교에 바래다 주었죠.

11월이 되어 지역의 담당 의사들이 더는 할 수 있는 일이 없다며 손을 들자, 에린은 대도시 보스턴의 임상 시험에 참가하기로 했습니다. 이 실험적인 치료를 위해 에린과 존은 몇 차례 보스턴을 다녀왔습니다. 아직 존이 걸을 수 있는 동안에는 여유 시간을 활용해 도시의 명소도 방문했죠. 하지만 부부의 희망은 너무나도 빠르게 빛을 잃어 갔습니다. 존은 자녀들이 자라는 모습부터 에린과 함께한 시간까지, 그 모든 것들을 놓치게 되리라는 생각에 마음이 무너져 내렸죠.

그리고 암 진단을 받은 지 겨우 3개월이 지난 2009년 3월, 존은 사망했습니다. 에린은 당시를 되돌아보며 트라우마로 황폐해진 마음을 쓸어내리면서도 그때 직장을 그만두고 존과 함께 시간을 보냈다는 걸 다행이라고 여기죠.

이런 상황에 처한다면 대부분 에린 부부와 똑같은 결정을 내릴 겁니다. 죽음은 우리가 정신을 바짝 차리게 만듭니다. 죽음이 가까워질수록 우리의 의식과 지각도 또렷해지죠. 마지막 순간이 다가오면 우리는 문득 생각합니다. '나 지금 뭐 하는 거지? 왜 그 일을 이렇게 오래 미뤄 왔지?' 하지만 그 순간이 찾아오기 전까지, 대부분은 마치 온 세상의 시간을 다 누리기라도 할 듯이 살아가죠.

일견 합리적인 행동입니다. 하루하루를 인생의 마지막인 듯이 사는 건 바보 같은 짓이죠. 그러면 구태여 일할 이유도, 시험을 위해 공부할 이유도, 치과를 방문해야 할 이유도 없을 테니까요. 따라서 욕구 충족을 일정 시간 미뤄 두는 것은 합리적이고 장기적으로 이익입니다. 하지만 슬프게도 너무나 많은 사람이 욕구 충족을 너무나 오래, 혹은 아예 무기한으로 미뤄 둡니다. 사람들은 자신이 진정으로 원하는 것, 하지만 결국엔 절대 즐기지 못할 경험을 위해 돈을 아껴 두죠. 너무 늦을 때까지 말입니다. 삶이 무한한 것처럼 사는 건 장기적 관심을 취하는 것과는 정반대입니다. 너무도 근시안적인 행태죠.

에린 부부의 사례가 극단적인 경우라는 건 분명합니다. 투명세포육종은 희귀한 병이고 이 부부에게 죽음이 유독 냉혹한 얼굴을 들이밀었던 것도 사실이죠. 하지만 그런 상황으로 인해 이들이 맞서야 했던 과제는 누구에게나 보편적인 것입니다. 나이가 들면서 우리의 육체는 점차 쇠퇴하기 마련이고 결국에는 누구나 죽음을 맞이합니다. 따라서 '남아 있는 한정된 시간을 어떻게 보내야 하는가?'라는 질문에 우리 모두 반드시 답해야만 하죠.

이렇게 말하니, 마치 뭔가 고상하고 철학적인 질문처럼 들릴지도 모르겠군요. 하지만 제가 다루려는 질문은 그런 종류가 아닙니다. 공학자로서 교육을 받았고 분석력 덕택에 기반을 다져 온 저는 이 질문을 일종의 '최적화'에 관한 문제라고 여깁니다. '낭비를 최소화하는 동시에 성취를 극대화하는 방법'에 관한 문제라고 말이죠.

누구나 겪는 문제

우리 모두가 이런 질문을 어떤 형태로든 마주하고 있습니다. 사람마다 경중은 다를 수 있지만, 핵심 질문은 누구에게나 똑같죠. '죽기 전에 남은 생명 에너지를 사용하는 최고의 방법은 무엇일까?'

저는 근근이 생활비를 벌었던 예전부터 오랫동안 이 질문에 대해 고심해 왔고, 시간이 흘러 마침내 몇 가지 합리적 원칙에 이르렀습니다. 그 생각들이 이 책의 근간을 이루고 있죠. 예를 들자면, '오직 특정 시기에만 즐길 수 있는 경험도 있다.' 같은 것들입니다. 90대의 나이에 수상 스키를 즐길 수 있는 사람은 거의 없으니까요. 이런 원칙도 있습니다. '미래에 더 많은 돈을 벌 수 있는 잠재력은 누구에게나 있지만, 과거로 돌아가 흘러간 시간을 붙잡는 건 그 누구라도 불가능하다.' 그러니 돈 낭비라는 두려움 때문에 좋은 기회가 흘러가게 놔두는 건 말이 안 되는 짓이죠. 돈보다는 인생을 낭비하게 될 수 있다는 우려가 훨씬 더 중요하니까요.

저는 이런 생각들을 굳게 믿으며, 기회가 있을 때마다 주변에 전파하고 있습니다. 꿈꾸던 커리어를 두려움 때문에 좇지 않고 안전하지만 영혼을 갉아먹는 직장에 눌러앉으려는 25세의 청년부터, 이미 축적해 둔 거대한 부를 즐기는 대신 은퇴 전에 한 푼이라도 더 모으려고 일만 하는 60세 백만장자까지, 저는 현재의 삶을 온전히 누리지 않고 가진 자원을 낭비하고 있는 사람들을 가만히 지켜볼 수 없습니다. 그래서 그들에게 제 생각을 전하죠. 그리고 최대한 가능한 만큼, 저 역시 제가 전파하는 생각을 실천합니다. 물론 때로는 사이드 라인 곁에서 소리만 질러 대는 게으른 축구 코치처럼 저 자신의 충고를 따르지 못하기도 합니다. 하지만 그런 자신을 발견했을 때는 즉시 교정에 나서죠. 이런 사례 중 일부는 이 책의 뒷부분에서 여러분도 만나게 될 겁니다. 우리 중 누구도 완벽하진 않지만, 저는 적어도 제가 한 말을 지키기 위해 최선을 다하고 있습니다.

우리는 모두 비슷한 동시에 각자 다르다

'인생을 온전히 누리는 삶'의 형태는 여러 가지입니다. 예를 들어 저는 여행과 포커를 좋아합니다. 그래서 여행을 많이 다니고, 포커 대회에 참가하기 위해 떠날 때도 있죠. 즉 매년 제저축 중 큰 비중을 여행과 포커에 쓴다는 뜻입니다. 하지만 오해는 말길 바랍니다. 포커는 물론이고 여행에 저축액을 쓰는 사람들 모두를 옹호하려는 건 아니니까요. 제가 주장하려는 바는, 당신 자신을 행복하게 만들어 주는 일을 찾아서, 당신이 가진 돈을 당신이 선택한 그 경험과 맞바꾸라는 것입니다.

그런 즐거운 경험들은 당연히 사람마다 다릅니다. 어떤 사람은 적극적이고 모험을 즐기는 한편, 또 어떤 사람은 가만히 집에 머무르는 걸 더 좋아합니다. 가족과 친구에게 돈을 쓰는 데서 큰 만족을 얻는 사람이 있는가 하면, 본인보다 형편이 좋지 않은 이들을 위해 시간과 돈을 아끼지 않는 사람도 있죠. 그리고 물론, 이런 경험들을 복합적으로 즐기기도 합니다. 제 경우 여행을 좋아하는 것만큼이나 제가 관심을 두고 걱정하는 일에 돈과 시간을 쏟는 것 역시 좋아합니다. 은행 구제 금융에 반대하거나 미국령 버진아일랜드의 허리케인 피해 주민들을 돕기도 하죠. 그러니 어떤 특정한 경험이 다른 경험에 비해 더 우위에 있다고 주장하려는 생각은 결코 없습니다. 다만, 인생을 흘러가는 대로 놔두기보다는 (안타깝게도 우리 대부분이 그러고 있죠.) 어떤 경험을 취할지 신중하고 의도적으로 결정해야 한다는 이야기입니다.

하지만 이 문제는 자신을 행복하게 만드는 경험들을 파악하고 늘 그런 경험에 돈을 쓴다고 해서 해결되는 건 아닙니다. 각각의 경험을 즐기는 우리의 능력이 평생에 걸쳐 바뀌기 때문이죠. 이렇게 생각해 봅시다. 만약 부모님이 어린아이였을 적 당신을 이탈리아 여행에 데리고 갔다고 말이에요. 그 값비싼 휴가에서 과연 당신은 뭘 얻었을까요? 아마 평생 젤라토 아이스크림을 좋아하게 됐다는 정도 아닐까요? 또는 완전히 반대의 경우를 가정해 보세요. 90세가 되어 로마에 가서 스페인 계단을 걸어 오르는 걸 얼마나 좋아할지 말입니다. 그때까지 살아 있고 어떻게든 계단을 오를 수 있다면 다행이겠죠. 어느 경제학 잡지의 기사 제목처럼, "건강하지 않다면 부자가 된들 무슨 소용"이겠어요?[1]

달리 말하자면 자신의 시간과 돈을 최대한 활용하기 위해서는, 타이밍이 중요한 겁니다. 일생의 종합적 만족도를 높이고자 한다면 각 연령대에 어울리는 경험을 누리는 게 중요하죠. 무엇을 즐기든, 돈이 얼마나 많든 상관없이 통용되는 사실입니다. 그래서 비록 사람마다 인생에 대한 만족도는 다르더라도 (예를 들어, 지출 가능한 재량 소득이 상대적으로 적은 사람은 만족도가 상대적으로 낮고, 행복한 사람은 자연히 만족도가 더 높은 경향을 보입니다.) 우리는 경험의 시간을 적절히 맞출 필요가 있는 겁니다.

시간과 돈이 최고의 효과를 내도록 계획하여 경험에서 얻는 만족을 극대화하는 것은 곧 자신의 인생을 극대화하는 일입니다. 이런 중대한 결정을 내린다는 건, 자신의 인생을 책임진다는 뜻이죠.

명예 억만장자

친구 몇몇은 저를 두고 '명예 억만장자'라고 부릅니다. 들리는 그대로입니다. 실제로 부자는 아니지만, 억만장자 못지않게 돈을 쓰죠.

하지만 현실에서 억만장자 대부분은 살아 있는 동안 자신의 재산을 다 소비하지 않습니다. 아무리 씀씀이가 헤프다 해도, 한 사람이 쓸 수 있는 돈에는 한계가 있기 마련이죠. 그래서 정말 부유한 사람은 많은 돈을 남에게 기부합니다. 그렇지만 미국에서 가장 부유한 상위 2,000가구(대부분 고령자)가 매년 기부하는 액수는 그들이 가진 전 재산 중 단 1퍼센트에 불과합니다. 그 비율로는 죽기 전까지 막대한 재산을 다 써버릴 수 없죠.[2] 일부 인색한 슈퍼 리치들만을 이야기하는 게 아닙니다. 이 상위 2,000가구 중에는 빌 게이츠, 워런 버핏, 마이클 블룸버그처럼 재산 기부를 약속한 관대한 자선가들이 포함되어 있습니다. 하지만 이 특별한 기부자들조차도 엄청난 재산을 충분히 빠르게 써버리는 데 어려움을 겪고 있다는 겁니다. 그들이 축적한 재산의 양이 너무 많은 나머지, 사려 깊고 책임감 있는 방식으로 기부할 수 있는 돈보다 매년 불어나는 돈이 더 많은 탓도 있죠. 예를 들자면 빌 게이츠의 재산은 2010년 이후 거의 두 배 늘어났습니다. 그동안 전력을 다해 질병과 기아 퇴치에 애썼는데도 말이죠. 이미 엄청나게 놀라운 선행을 펼치고 있는 사람에 대해 괜한 비난을 하고 싶진 않지만, 만약에 게이츠가 그의 막대한 재산을 활용하기로 결정한다면 대체 얼마나 더 대단한 일을 해낼 수 있을지 정말 궁금합니다!

  적어도 게이츠에게는 제대로 돈을 쓰기 시작할 수 있을 만큼 젊을 때 돈을 위해 일하는 걸 멈출 수 있는 지혜와 혜안이 있죠. 그 외의 수많은 부유하고 성공한 사람들은 그렇게 하는 데 실패하고 있습니다. 심지어 게이츠 본인조차도, 한평생 쓸 수 있는 돈의 몇 배를 축적할 때까지 돈을 버는 일을 그만두지 못했죠. 인생은 우주 정복 슈팅 게임이 아닙니다. 게임에서 아무리 많은 점수(돈)를 얻은들 전부가 포인트로 환산되지는 않아요. 하지만 많은 이들이 마치 그런 것처럼 돈 버는 데 매달리죠. 그저 계속해서 벌고 또 벌기만 합니다. 마치 벌어들인 재산을 어떻게 활용할지, 죽을 때까지 기다리지 않고 시금 당장 자녀들에게, 친구들에게, 더 큰 사회에 무엇을 줄 수 있을지 전혀 생각조차 하지 않은 채 무조건 재산을 쌓는 데만 매달리는 듯 말입니다.

인생을 바꾼 한 번의 대화

제가 이런 생각을 늘 해왔던 건 아닙니다. 적어도 대학 졸업 후에 첫 직장에서 일할 때까지는 아니었죠. 아이오와대학에서 미식축구 선수로 뛰면서 전기공학을 전공했습니다. 저는 공학을 사랑하고 지금도 여전히 공학에 최적화된 사고방식을 갖고 있지만, 캠퍼스에 기업의 채용 담당자가 방문했을 즈음에는 제가 전형적인 공학 전공자의 커리어를 걷지 않으리라는 것쯤은 이미 깨달은 상태였죠. IBM(미국의 컴퓨터·정보기기 제조업체) 같은 기업에서 일할 경우, 실제 설계에 투입될 기회를 얻으려면 컴퓨터 칩 제조의 하위 분야의 하위 분야에서 몇 년 동안 일해야 합니다. 전혀 신나 보이지 않았죠. 빡빡한 일정과 1년에 겨우 2주에 불과한 휴가는 제가 하고 싶던 다른 일들에 방해가 될 것이었습니다. 분명히 당시 저는 젊었고 망상이 심했지만, 제게 훨씬 더 어울리는 다른 일이 있을 거라 확신했습니다.

영화 〈월 스트리트〉는 제가 대학에 다니던 시기에 개봉했죠. 요즘에는 주로 비웃음을 당하는 영화입니다. 우리는 마이클 더글러스가 연기한, 올백 머리를 하고 "탐욕은, 더 좋은 표현이 생각나지 않지만, 선한 거야."란 대사를 뱉는 고든 게코란 인물을 조롱합니다. 이제는 그런 통제되지 않은 자본주의가 미국을 어디로 이끌었는지 알고 있습니다. 하지만 당시에는, 그 영화가 실감 나게 그린 부유하고 자유분방한 삶의 방식이 저를 사로잡았죠. 금융업계가 제가 바라던 종류의 자유를 선사해 주리라는 걸 직감했습니다.

그래서 뉴욕상업거래소의 일자리를 얻었습니다. 제가 하는 일은 '스크린 담당'이라 불렸는데, 상사를 위해 거래소에 몰래 샌드위치를 숨겨 들어오는 일 따위를 처리하는 조수였죠. 할리우드 영화사로 치면 우편물 담당 직원 같은 자리였습니다.

당시 제 연봉은 1만 6,000달러부터 시작했습니다. 아무리 90년대 초였지만 뉴욕이라는 대도시에서 살기에는 부족한 돈이었죠. 그래서 뉴저지주 오렌지의 어머니 집에서 출퇴근했습니다. '스크린 담당 총괄'로 승진하여 연봉이 1만 8,000달러로 늘자, 비로소 맨해튼 어퍼 웨스트 사이드의 원룸형 아파트를 나눠 쓸 수 있게 되었죠. 룸메이트와 저는 임시로 벽을 세워 겨우 피자 오븐만 한 크기의 침실을 만들 수 있었습니다. 어찌나 돈이 없었던지 월정액권을 구입하지 않으면 지하철을 탈 수조차 없었습니다. 온전한 하루 치 요금을 매일 낼 돈이 부족했던 거죠. 영화관에 데이트하러 갔는데 여자친구가 팝콘이라도 주문하면, 굵은 땀방울이 송골송골 맺히곤 했습니다. 정말로요.

그래서 가욋벌이를 위해 밤마다 제 상사의 차를 운전하기 시작했습니다. 저는 점점 슈퍼 짠돌이가 되어 최대한 돈을 아끼게 됐죠. 주변 사람 중 저보다 더한 짠돌이는 토니라는 친구가 유일했습니다. 어느 정도였냐 하면 버려진 팝콘 통에서 아직 터지지 않은 알갱이들을 긁어내서는, 수분을 머금으면 재활용할 수 있지 않을까 하는 기대를 갖고 냉장고에 보관해 두는 녀석이었죠.

저는 제 절약 정신이 자랑스러웠습니다. 형편없는 봉급을 아껴 저축하며 살아가는 스스로가 너무 뿌듯했어요. 그러던 어느 날, 제 상사이자 회사의 파트너 운영자인 조 패럴과 대화를 나누다가 제 저축에 관해 이야기하게 됐죠. 제가 모은 돈이 얼마나 되는지 말하면서 (대략 1,000달러쯤 됐을 겁니다.) 제 돈 관리법에 대한 상사의 칭찬을 내심 기대했습니다. 그런데 제 예상은 완전히 빗나갔습니다! 패럴의 반응은 이랬죠.

"너 멍청이니? 뭐, 돈을 절약한다고?"

마치 뺨 한 대를 철썩 맞은 듯했어요. 패럴은 멈추지 않았죠. "너는 여기에 큰돈을 벌려고 온 거잖아. 그리고 이제 돈 버는 능력이 꽃피기 시작하고 있어! 앞으로 평생을 겨우 매년 1만 8,000달러만 벌려는 건 아니겠지?"

그의 말이 옳았습니다. 푼돈이나 벌자고 월 스트리트까지 온 건 아니었습니다. 분명히 앞으로는 지금보다 더 많은 돈을 벌 것이었습니다. 그런데 미래를 위한답시고 안 그래도 초라한 수입을 아껴 저축할 이유가 뭐가 있겠습니까? 그 잘난 1,000달러를 당장 써 버리는 게 마땅했죠!

제 인생이 바뀐 순간이었습니다. 수입과 지출 간의 균형을 어떻게 맞춰야 할지에 대한 새로운 아이디어에 비로소 눈을 뜨게 되었죠. 당시에는 잘 몰랐지만 조 패럴이 한 이야기는 사실 이른바 '소비 평탄화'라고 불리는, 금융과 회계 분야에서는 꽤 오래된 생각이었습니다. 수입은 달마다 혹은 해마다 달라질 수 있지만, 그렇다고 지출이 늘 그 변화를 반영해야 하는 건 아닙니다. 오히려 그 차이를 균등하게 만들 수 있다면 더 낫겠죠. 그러기 위해서는 수입이 좋을 때 번 돈을 수입이 나쁠 때로 이전시켜야 합니다. 이것이 저축 계좌의 용도 중 하나죠. 하지만 제 경우엔 저축 계좌를 완전히 반대로 사용해 왔던 겁니다. 어리고 가난한 자신으로부터 빼앗은 돈을 미래의 부유한 자신에게 떼어 바치고 있었단 말이죠! 조 패럴에게 '멍청이' 소리를 들을 만했던 겁니다.

독자들은 이렇게 말할지 모르겠군요. "흐음, 소비 평탄화란 게 이론적으론 말이 되지만, 지금보다 미래에 더 부유해진다는 걸 정말 어떻게 확신할 수 있어요? 스크린 담당 직원이 전부 성공한 트레이더가 되는 것도 아니고, 할리우드 영화사의 우편물 담당 직원이 영화계 거물이 되리란 보장도 없잖아요?" 당연한 문제 제기입니다. 제가 현재의 모습이 되기까지, 제게 유리한 수많은 일이 벌어졌다는 점부터 우선 인정하고 싶군요. 또한 과거의 제가 미래의 수입을 예측하는 게 불가능하다는 이야기도 옳습니다. 하지만 적어도 저는 제 수입에 관한 대략적인 방향에서는 크게 확신할 수 있었습니다. 수백만 달러를 벌게 될지는 알 수 없었지만, 적어도 1만 8,000달러보다는 더 많이 벌게 되리란 건 분명했죠. 실제로, 저는 차분히 때를 기다렸고 더 벌게 되었습니다.

돈이냐 인생이냐

그즈음에, 저는 한 권의 중대하고 영향력 있는 책을 만나게 됩니다. 바로 비키 로빈과 조 도밍후에즈가 쓴 『부의 주인은 누구인가』입니다. 저는 이후로도 이 책을 몇 번이나 다시 읽었고, 30년 가까이 지난 지금도 이 책은 재정적 독립과 조기 은퇴를 목표로 삼는 '파이어Financial Independence Retire Early,

FIRE족'이라는 새로운 세대의 독자들에게 사랑받고 있죠. 『부의 주인은 누구인가』로 인해 시간과 인생의 가치에 대한 저의 이해는 완전히 바뀌었습니다. 제가 그동안 삶의 가치 있는 시간을 낭비해 왔다는 점을 깨닫게 됐죠.

어떻게 그랬냐고요? 이 책은 당신의 돈이란 곧 '생명 에너지'를 의미한다고 주장합니다. 생명 에너지란 우리가 살면서 누리는 모든 시간이며, 우리는 일할 때마다 유한한 생명 에너지의 일부를 소비하는 셈이죠. 따라서 일을 통해 벌어들인 돈의 양은 곧 그 돈을 벌기 위해 소비한 생명 에너지의 양과 비례합니다. 일을 통해 버는 돈이 많고 적음에 상관없이 말이죠. 그러므로 시간당 8달러밖에 벌지 못한다고 해도, 8달러를 쓴다는 건 곧 생명 에너지 중에서 한 시간 어치를 소비한다는 의미가 됩니다. 이 단순한 아이디어는 제게 커다란 충격을 줬습니다. "시간이 돈이다"라는 오래된 격언보다도 훨씬 더 강한 충격이었죠. 이런 생각이 들었습니다. '지금까지 내 생명 에너지를 빼앗기면서 겨우 종이 쪼가리를 받아 왔다고?' 마치 영화 〈매트릭스〉에서 네오가 진짜 세상을 마주하게 된 순간과도 같았습니다. 그래서 이 책을 읽고 난 다음부터 저는 어떤 물건을 살 때 필요한 시간을 계산해 보기 시작했죠. 멋진 셔츠를 발견하면, 마음속으로 계산을 해보고는 이렇게 중얼거렸습니다. "아냐, 저 셔츠를 사기 위해 두 시간을 일하지는 않을 거라고!"

그 책에서 얻은 몇 가지 아이디어들이 더 있지만, 그중에서 당장 독자 여러분께 가장 도움이 될 한 가지만 더 이야기하죠. 급여가 더 높다고 시간당 실질적인 수입이 항상 더 많은 건 아닙니다. 예를 들어서. 연봉이 4만 달러인 사람이 연봉 7만 달러인 사람보다 실질 수입은 더 많을 수 있다는 겁니다. 어떻게 그런 일이 가능할까요? 다시 말씀드리지만, 모든 건 '생명 에너지'에 달려 있습니다. 만약 연봉 7만 달러짜리 일자리가 생명 에너지를 더 많이 소비한다면, 즉 통근 시간이 더 늘어나거나, 그 자리에 걸맞은 옷값이 더 들거나, 그 일에 투자해야 하는 추가 시간이 더 필요하다면, 더 높은 연봉을 버는 사람이 결국에는 더 못 버는 결과를 낳을 수도 있다는 거죠. 게다가 아마 이 고소득자는 자신이 번 돈을 즐길 시간도 더 적을 겁니다. 그러니 일자리를 서로 비교할 때는 이렇게 숨겨진, 그러나 중대한 비용을 반드시 고려해야 하죠.

저는 이 원칙을 쿠키 과자에도 적용합니다. 무릎 연골과 다른 건강상 이유로 인해 체중을 일정 수준으로 유지해야 하기에, 쿠키를 볼 때마다 저는 '러닝머신 위에서 보내야 하는 시간'으로 환산합니다. 때로 먹음직한 쿠키를 보면 저는 얼마나 맛있는지 조금 깨물어 먹어 본 다음, 스스로에게 묻습니다. "이 쿠키에 러닝머신에서 한 시간을 더 걸을 만한 가치가 있을까?" 그 답이 언제나 "아니요."이지는 않습니다만 (대개는 그렇습니다.) 어떤 경우든 생각 없이 결정하는 일은 없죠. 이런 식의 계산법(돈, 시간, 혹은 음식이나 운동에 관한)은 우리가 신중한 선택을 내리도록 도와줍니다. 궁극적으로는 우리가 충동이나 습관대로 행동하는 것보다 더 나은 선택을 내리게 된다는 의미기도 하죠.

모든 일이란 전부 시간을 잡아먹는 것이라는 이야기를 하려는 게 아닙니다. 여러분은 자신의 직업 그 자체를 즐길 수도 있습니다. 설령 돈을 벌지 못한다고 해도 기꺼이 그 일을 하려는 경우도 있을 수 있죠. 하지만 그건 아주 소수의 이야기에 불과합니다. 돈을 벌기 위해 일하지 않아도 된다면, 우리 대부분은 시간을 보내고 싶은 다른 일들을 찾아 나서겠죠.

미국인들에게는 고루한 직업 윤리가 깊이 새겨져 있습니다. 하지만 많은 다른 문화권에서는 인생이 일보다 훨씬 중요하다는 점을 이해하고 있죠. 여러 유럽 국가 사람들이 연간 유급 휴가를 얼마나 쓰는지 보면 대충 짐작할 수 있습니다. 프랑스와 독일은 무려 6주 이상을 쉰다고요! 제가 지구상에서 가장 좋아하는 장소인 생바르텔레미 섬에서는, 모든 상점이 한낮에 두 시간 동안 문을 닫습니다. 누구나 친구들과 어울려서 길고 훌륭한 점심을 즐길 수 있도록 하기 위해서죠. 우리의 삶보다 훨씬 더 나은 '워라밸Work-Life Balance'이지 않나요?

당신의 인생은 당신 경험의 총합이다

『부의 주인은 누구인가』에도 이와 같은 정신이 깊게 배어 있습니다. 이 책의 저자들은 돈을 위해 삶을 희생하지 말라고 조언하죠. 직장과 직업의 노예가 되지 말라고 합니다. 그럼 '경제적 자유'를 달성하기 위해 뭘 하라고 권할까요? 저자들이 제시하는 길은 '검소함'입니다. 돈이 많이 필요하지 않을 만큼 아주 단순하게 살라는 거죠. 하지만 이건 이 책에서 제가 얻은 큰 교훈은 아니기 때문에, 독자 여러분께도 권하지는 않겠습니다.

그보다 저는, '경험의 가치'를 신봉하는 사람입니다. 경험에 반드시 많은 돈이 필요하진 않습니다. 심지어는 공짜일 수도 있지만, 가치 있는 경험에는 대개 돈이 들긴 하죠. 평생 잊지 못할 여행, 콘서트 티켓, 기업가로서의 이상이나 새로운 취미 등의 경험에는 돈이 필요합니다. 때로는 많은 돈이 들기도 합니다. 저는 그런 돈은 쓸 가치가 충분하다고 생각합니다. 다수의 심리학 연구를 통해, 우리는 물질에 돈을 쓸 때보다 경험에 돈을 쓸 때 더 행복감을 느낀다는 점이 입증되었죠. 처음에는 신나지만 그 순간이 지나고 나면 금방 기분이 사그라지는 물질적인 소유와는 달리, 경험은 시간이 지남에 따라 실질적인 가치가 더욱 높아집니다. 경험이 보상하는 이러한 가치를 저는 '추억 배당금'이라고 부르는데, 다음 장에서 본격적으로 다루도록 하겠습니다. 더 여유롭게 살 수 있는데도 허리끈을 조이고 살면 이러한 경험을 누릴 수 없을뿐더러 삶의 반경도 한층 좁아지고 말죠.

이처럼 우리의 인생은 곧 우리가 누리는 경험의 총합과도 같습니다. 하지만 한 번의 삶을 최대한으로 누리기 위해서, 대체 어떻게 하면 인생의 가치를 극대화할 수 있을까요? 혹은, 제가 앞에서 물었듯이, 죽기 전에 남은 생명 에너지를 사용하는 최고의 방법은 무엇일까요?

이 질문에 답하기 위해 저는 책을 썼습니다.

왜 이 책인가

이 책은 원래 앱을 제작하려는 의도에서 시작됐습니다. 저는 생명 에너지를 최적화하여 사용하는 방법이 따로 있음에도, 대개의 사람이 그 방법을 사용하지 못하고 있다고 믿었습니다. 그렇게 믿은 이유 중 하나는 계산의 복잡성 때문이죠. 인간으로서 우리는 다양한 변수에 포함된 다량의 데이터를 처리하느라 애를 먹습니다. 그렇게 애를 먹을 때 자동 조종 모드에 돌입하지만 자동 조종의 결과는 최적화와는 거리가 멀니다. 이런 종류의 문제들을 해결하는 데는 컴퓨터가 훨씬 뛰어난 능력을 보이죠. 그래서 저는 사람들이 자신의 인생을 최적화하도록 도울 수 있는, 적어도 사람과 컴퓨터가 합리적인 수준에서 비슷해질 수 있게끔 만드는 앱을 만들어야겠다고 마음먹은 겁니다.

그러다가 몇 년 전 제 주치의인 크리스 레나와 이야기를 나누던 중이었죠. 레나 박사가 일하는 라이프스팬이라는 병원은 포괄적인 테스트를 통해 문제점을 조기에 포착하는 데 집중하는 곳이었습니다. 의학적 문제를 빨리 발견할수록 큰 재난을 피할 수 있을 뿐 아니라 더 건강한 삶을 영위할 가능성이 높아진다는 이유였죠. 예를 들어 어딘가가 찢어지는 부상을 당했을 때, 만약 더 크게 찢어지지 않도록 예방할 수 있다면 결국 이후의 삶의 질이 더 높아지겠죠. 그래서 레나 박사는 제게 의학적 문제를 조기에 파악할 수 있도록 고안된 다양한 질문들을 던지고 있었습니다. "하루 7시간씩 잠을 자나요?", "부부 관계는 어떤가요?", "소변 보는 데 문제는 없습니까?" 등 다양한 질문들이 이어졌죠. 그러다가 심리 평가의 일환으로, 재정적 스트레스에 관한 질문이 나왔습니다. "돈을 다 써 버릴까 봐 두려운가요?"

저는 답했죠. "제발 돈을 다 써 버렸으면 좋겠어요!"

레나 박사는 어리둥절한 표정을 지어 보였습니다. 그래서 그에게 제가 얼마나 경험으로 충만한 삶을 원하는지 설명해 주었죠. 돈을 다 쓰지도 못하고 죽거나 너무 늙어 버리게 될 위험성에 대해서도, 또 그 때문에 '다 쓰고 죽기'를 목표로 삼게 된 이유까지 모두 이야기했습니다.

그는 이제까지 그 누구도 자기가 던진 질문에 저처럼 답한 적이 없다고 했습니다. 자신의 환자들이 대개 부자들임에도, 대부분은 여전히 돈을 다 써 버릴까 봐 두려워한다면서요. 레나 박사에게 그런 문제를 가진 사람들을 돕는 앱을 만들고 있다고 말했더니, "아뇨, 그건 책으로 쓰시는 게 옳죠. 앱 사용자뿐 아니라 모든 사람에게 지금 말씀하신 개념들과 선생님의 이야기 전부를 설명해 주세요. 지금 당장 시작하셔야 해요." 심지어 레나 박사는 제게 대필 작가 몇몇을 소개해 주기까지 했죠!

하지만 지금 여러분이 읽고 있는 이 책은 레나 박사가 떠올렸던 그 모습과는 좀 차이가 있습니다. 레나 박사가 흥미를 가졌던 바로 그 지점, 다 쓰고 죽어야 하는 이유의 참신함에 대해 매력을 느끼지 못하는 사람이 많다는 점을 알게 되었기 때문이죠. 돈이 다 떨어지는 걸 두려워하는 건 부자들뿐만이 아니었습니다. 제 이야기를 들은 수많은 사람이 똑같은 두려움을 호소했죠. 앞으로도 저는 이 책에서 계속 그 두려움에 대해 언급하게 될 겁니다. 어쨌거나, 죽기 전에 빈털터리가 될까 봐 두려워하면서 '다 쓰고 죽기'를 시도할 사람은 없을 테니까요.

그렇지만 명확히 하고 싶은 한 가지는, 모든 재정적 두려움이 다 똑같지는 않다는 겁니다. 그중에는 비합리적인 두려움도 있습니다. 풍부한 자원을 가진 경우에는, 올바른 계획만 세운다면 돈을 다 써 버릴까 두려워할 필요가 없죠. 그리고 바로 이런 사람들이 제가 염두에 두고 있는 독자층입니다. 자신의 이익을 위해 너무 과하게 돈을 아끼는 사람들 말이죠. 하지만 수억 미국인과 수십억 세상 사람에게, 돈이 다 떨어질 거라는 두려움은 단순히 두려움에만 그치지 않습니다. 안타깝게도 여기에 해당하는 극빈 계층이 존재하죠. 소득이 거의 또는 전혀 없어서 사실상 돈을 어떻게 쓸지에 대한 선택지가 없는 경우에는 오직 생존에만 집중하는 게 당연합니다. 한가로이 일과 여가 사이의 균형, 당장의 소비와 미래를 위한 투자 사이의 균형 따위를 찾을 여유가 없죠. 가난한 사람은 열악한 환경적 제약 속에서 자신의 돈과 삶을 최대한 활용할 수 있는 모든 방도를 아마도 이미 실행하고 있는 중일 겁니다.

또한 돈을 다 써 버리는 것에 대한 두려움은 돈을 헤프게 함부로 쓰는 사람에게도 합리적인 감정입니다. 정말로 너무 많이, 너무 일찍 돈을 다 써 버리는 사람은 두려워하는 게 마땅하죠! 저는 사람들에게 만족감을 극도로 미루는 건 결국 만족과는 거리가 멀다는 걸 보여주기 위해 '개미와 베짱이' 우화를 거꾸로 뒤집어 이야기하곤 합니다. 하지만 슬프게도 베짱이에게서 공통점을 찾아내는 사람이 많다는 점 또한 잘 알고 있습니다.

어떤 면에서 이 책은 양쪽 모두를 위한 것입니다. 무분별하게 지출하며 미래에 정말 원하게 될지도 모를 경험을 희생하는 '소비왕' 씨도, 경험이 제한되는 노후를 위해 돈을 벌고자 좋아하지 않는 일을 하고 과하게 아끼는 '절약왕'씨도, 최적의 삶을 살고 있다고 하긴 어렵죠. 그렇긴 해도, 이 책은 개미와 베짱이 중에서 후자 쪽에 훨씬 더 비중을 두고 있긴 합니다.

완벽한 최적화에는 단 한 가지 길만 존재하는 반면, 그 반대의 길은 여러 가지가 있죠. 우리는 결코 완벽해질 순 없겠지만, 이 책에 등장할 원칙들을 따른다면, 최악의 실수는 피하고 돈과 인생을 최대한 활용할 수 있게 될 겁니다.

어떻게 가능하냐고요? 인간을 포함해 살아 있는 모든 생물은 에너지 처리 기관이라고 할 수 있습니다.[3] 우리는 몸을 움직일 동력을 얻기 위해 음식물을 처리하죠. 에너지 처리는 우리가 생존할 힘을 부여해 줄 뿐 아니라 잠재적으로 충만한 삶을 살게끔 만듭니다. 그렇게 얻은 에너지로 우리는 세상을 돌아다닐 힘을 얻죠. 움직임이 곧 생명이며, 움직이면서 우리는 지속적인 피드백을 받습니다. 그러면서 인생의 위대한 모험을 통해 얻을 수 있는 발견, 경이로움, 기쁨과 갖가지 경험들이 이어지죠. 우리가 더 이상 에너지를 처리할 수 없게 된다는 것은, 모험의 종말과 죽음의 선언을 의미합니다. 이 책은 우리의 모험이 미처 끝나 버리기 전에 최대한 활용하는 법을 다룹니다. 우리는 에너지 처리를 통해 우리가 선택한 경험을 보상으로 얻게 됩니다. 인생을 최대한 활용하는 방법은 그러한 경험, 특히 긍정적인 경험의 횟수를 최대한 늘리는 것임이 분명합니다.

하지만 횟수 최대화가 관건이라고 여기면 이 과제의 난이도를 실제보다 쉽게 느끼도록 만들 위험이 있습니다. 인생을 최대한 활용한다는 건 긍정적인 인생 경험을 가능한 한 많이 찾아낸다고 끝나는 일이 아닙니다. 대개의 경험에는 돈이 들기 때문이죠. (무엇보다도, 생명 에너지를 공급해 주는 음식부터 대부분 공짜가 아니죠.) 그렇기에 생명 에너지 전부를 곧장 경험으로 전환하는 것이 가장 효율적이겠지만, 그 중간에 돈을 버는 단계를 거쳐야 할 때가 종종 발생합니다. 즉, 적어도 일정량의 생명 에너지를 일하는 데 사용해야 한다는 겁니다. 그런 다음 벌어들인 수입을 이용해 경험을 획득하는 것이죠.

하지만 인생의 목표를 일생 내내 만족감을 극대화하는 데 둔다면, 돈을 벌기 위해 생명 에너지를 얼마나 투자해야 할지, 경험을 얻는 데는 얼마나 (그리고 언제) 투자해야 할지가 매우 불명확해집니다. 그런 이유 중 하나는, 사람들은 저마다 여러 중요한 면이 서로 다르기 때문이죠. 고려해야 할 변수가 그야말로 너무나 많은 겁니다. 따라서 최적화는 복잡한 문제입니다.

하지만 우리는 수입과 지출에 관해 현명하게 결정을 내릴 수 있습니다. 또 제가 모든 답을 갖고 있지도 않고 앞으로도 그럴 리 없겠지만, 앞서 언급한 원칙들을 저는 확신하고 있습니다. 이 책의 각 장에서는 각각의 원칙에 대해 하나하나 설명해 나갈 예정입니다. 우리의 소중한 생명 에너지를 어떻게 배분할지에 대해 더 현명한 결정을 내릴 수 있도록 만드는 '법칙'이기도 하죠. 여러분도 저도, 결코 완벽함에 이르지는 못하겠지만, 이 법칙들을 우리 삶에 적용함으로써 최적점에 이전보다 근접할 수는 있을 겁니다.

저의 최우선 목표는 독자 여러분이, 지금까지 늘 그래왔던 것과는 달리, 자신의 삶에 관해 더욱 신중한 태도로 목적의식을 갖고 생각하게끔 만드는 일입니다. 여러분이 자신의 미래를 계획하길 바랍니다. 그렇지만 현재를 즐기는 일을 잊는 방식은 절대 안 됩니다. 우리는 모두 인생이라는 롤러코스터에 한 번씩만 올라탈 수 있습니다. 그러니 이 한 번의 탑승이 최대한 신나고, 유쾌하며, 만족스럽도록 만들 방법이 뭔지, 같이 생각해 보도록 합시다.

역전 포인트

▶여러분이 누리고 싶은 인생 경험은 무엇인지, 그리고 그런 경험을 얼마나 많이 누리고 싶은지에 대해 적극적으로 생각해 보세요. 그 경험이 크든 작든, 공짜든 돈이 들든, 남을 돕는 일이든 단순히 쾌락 추구이든 상관없습니다. 다만 의미 있고 기억에 남을 만한 경험이라는 측면에서, 이번 생을 통해 진정으로 얻고 싶은 것이 무엇인지 생각해 보세요.

2장 무엇보다 경험에 투자해야 하는 이유

RULE 2
최대한 일찍부터
경험에 투자하기 시작하라

제가 20대 초반이었을 무렵, 당시 제 룸메이트였던 제이슨 루포는 일을 세 달 동안 쉬면서 유럽으로 배낭여행을 떠나기로 결심합니다. 앞에서 제가 맨해튼의 피자 오븐 크기의 아파트를 나눠 썼다고 이야기한 그 친구죠. 우리 둘 다 스크린 담당 업무를 하면서 연봉으로 1만 8,000달러를 받고 있었어요.

여행을 떠나려면 제이슨은 휴직을 해야만 했습니다. 그리고 그에게 1만 달러라는 큰돈을 빌려줄 유일한 사람, 고리대금업자를 찾아가야 했죠. 아시다시피, 그들은 담보 같은 걸 요구하지 않고 신용 등급 같은 건 신경도 쓰지 않습니다. 어떻게든 돈을 받아 낼 다른 수단이 있다는 거죠.

저는 제이슨에게 충고했습니다. "너 미쳤어? 고리대금을 쓴다고? 그러다 다리뼈가 남아나지 않을걸?!" 그의 몸뚱이가 무사할지 여부만이 우려스러운 게 아니었습니다. 유럽으로 여행을 간다는 건 곧 제이슨이 직장에서 승진할 기회를 놓친다는 의미이기도 했거든요. 제게 그 계획은 마치 달나라로 떠나겠다는 것만큼이나 말도 안 되는 이야기였습니다. 저는 그와 함께 여행을 갈 생각이 전혀 없었죠.

하지만 제이슨의 결심은 확고했습니다. 그는 별다른 일정도 정하지 않은 채 달랑 유레일 패스 한 장만 가지고 런던으로 떠났습니다. 홀로 여행한다는 들뜸과 걱정을 안고서요. 그렇게 몇 달이 흘러 제이슨은 여행을 마치고 돌아왔습니다. 그런데 우리 둘의 수입이 그리 큰 차이가 나지 않는 겁니다. 반면에 제이슨의 경험이 담긴 사진과 이야기에서는 그가 여행을 통해 무한한 부를 얻었다는 점을 느낄 수 있었습니다. 기억해야 할 점은, 이때가 1990년대 초반이었다는 겁니다. 초고속 인터넷도 구글어스도 등장하기 전이란 거죠. 프라하에 실제로 가보지 않고 그 도시가 어떻게 생겼는지 알려면 풍경 사진집을 들춰 볼 수밖에 없었던 때였습니다. 그러니 제이슨의 이야기를 들으며 그가 찍은 사진을 구경하는 일은 먼 나라에서 온 탐험가에게 귀를 기울이는 것과도 같았죠.

제이슨은 독일에서 다하우 강제 수용소의 참상을 목격했습니다. 당시 막 탄생한 체코 공화국에서는 공산당 치하의 삶에 대해 들었고요. 그가 파리에 머물렀을 때는 여행 중 사귄 두 명의 친구와 함께 공원에서 치즈와 와인, 바게트를 즐기며 자유를 만끽했죠. 그리고 마침내 그리스에 도착하게 됩니다. 여기서 제이슨은 한 여자와 사랑에 빠져 해변에서 처음으로 사랑을 나눴죠. 그는 현지인과 젊은 여행자들을 만날 때마다 자기 자신은 물론 타인들과 다른 문화에 대해 더 많이 알게 됐으며 자신의 세계가 활짝 열리는 느낌을 받았습니다. 그가 만난 흥미로운 문화와 사람들에 관한 이야기는 정말 놀라웠죠. 제 속에서 슬며시 부러움이 일었습니다. 그리고 함께 떠나지 않았던 게 후회됐죠.

시간이 흐를수록 후회의 감정은 점점 커져만 갔습니다. 마침내 서른이 되어 유럽에 갈 수 있었지만, 이미 너무 늦은 나이였습니다. 유스호스텔에 짐을 풀고 스물네 살들과 어울리기에는 한참 늙은 속물이 되어 있었던 거죠. 게다가 서른 살이 된 제가 책임져야 할 것들은 20대 초반에 비해 많이 늘어나 있었습니다. 몇 달씩이나 여행하는 게 훨씬 힘든 상태였죠. 아쉽지만 더 일찍 왔어야 한다는 사실을 인정해야만 했습니다.

저와 마찬가지로, 제이슨도 당시의 유럽 여행이 딱 좋은 때였다는 데 동의합니다. "스무 명이나 되는 다른 사람들과 부대끼며 유스호스텔의 거지 같은 침대에서 자고, 30킬로그램짜리 배낭을 메고 기차 주변과 길거리를 헤매는 짓은 지금 같으면 절대 못 할 거야."

하지만 저와는 달리, 제이슨은 실제로 여행을 떠났고, 덕분에 저처럼 후회 속에 살지 않아도 되죠. 고금리 대출을 받아야 했지만, 실제로 그는 당시 그 비용을 지불했던 걸 결코 후회하지 않습니다. "돈을 쓸 때마다 마치 내가 얻고 있는 인생 경험을 거래하고 있는 듯한 기분이었어." 제이슨이 제게 한 말입니다. "그건 남이 빼앗을 수 있는 것도 아니고, 아무리 많은 돈을 준대도 없앨 수 없는 거지." 달리 말하자면, 제이슨이 그 여행을 통해 얻은 것은, 그야말로 값을 매길 수 없을 만큼

귀중했죠.

　제이슨이 처음 유럽 여행을 떠나기로 마음먹었던 당시로 돌아가 보면, 그건 오로지 직감에 의지해 내린 결정이었습니다. 앞으로 어떻게 살아 나갈지 인생 계획을 세우지도 않았지만, 젊을 때 경험에 투자해야겠다고 결심했던 겁니다. 어떻게 보면 제이슨은 그냥 운이 좋았던 겁니다. 본능이 그렇게 훌륭한 결정으로 이끌어 줬으니까요. 하지만 대개 본능만으로는 충분하지 않습니다, 본능이란 우리를 잘못된 길로 인도할 때가 많죠. 이 책에서 제가 정한 목표는 여러분이 인생의 선택을 훨씬 더 신중하게 내릴 수 있도록 만드는 겁니다. 데이터와 논증을 통해 무엇을 할지 파악하게 하는 거죠. 그럼으로써 우리는 최고의 결정을 내릴 수 있는 거니까요. 그리고 이번 장에서는 여러분의 인생 경험에 대해, 지금까지 해왔던 것보다 한층 더 양적인 측면에서 사고하는 법을 보여드릴 예정입니다.

인생이라는 비즈니스에 관하여

여기서 핵심 개념은, 우리의 삶이란 '우리가 경험하는 것들의 총합'이라는 겁니다. 그야말로 우리가 살면서 행하는 모든 것들, 매일, 매주, 매달, 매년의, 그리고 평생 단 한 번뿐인 경험들까지 모두 모여서 '나'라는 사람을 형성한다는 뜻이죠. 나중에 과거의 삶을 돌아볼 때, 이런 경험들이 얼마나 풍부한지가 지금까지 얼마나 충만한 삶을 살아왔는지를 결정하게 될 겁니다. 그러니 자신이 즐기고 싶은 경험의 종류를 계획하는 일에 상당한 노력과 생각을 기울여야 할 이유가 충분하죠. 이런 신중한 계획이 없다면, 우리는 사회가 기존에 잘 닦아 놓은 인생 경로의 기본값을 그저 따라갈 수밖에 없습니다. 자동 조종 모드로 운행되는 거죠. 그래도 어쨌거나 결국 목적지(죽음)에는 닿게 되겠지만, 자신을 위해 능동적으로 선택한 종류의 여정을 즐기지는 못합니다.

슬프게도, 이렇게 자신의 삶을 소비해 버리는 사람이 너무나 많습니다. 비유를 바꿔 보죠. 누군가 우물을 파서, 펌프를 설치했다고 칩시다. 그리고 물을 끌어올려 컵에 담으면, 컵은 금방 가득 차서 곧 물이 넘치기 시작하겠죠. 우물을 판 사람은 한 모금 목을 축인 후 계속 펌프질을 합니다. 그렇게 평생 펌프질을 하다가 생의 마지막에 이르렀는데, 여전히 목이 마르다는 걸 깨닫습니다. 이 얼마나 헛된 삶인가요! 인생 최후의 날이 되어서야 만족스러운 경험들이 가득한 삶을 꾸려내지 못했다는 사실을 알게 되었다니, 그 후회가 얼마나 클지 한번 상상해 보세요. 영국 드라마 〈다운튼 애비〉에 등장하는 집사 카슨은 다음과 같이 현명한 대사를 던집니다. "인생이라는 비즈니스에서 하는 일은 추억을 쌓는 겁니다. 결국 남는 건 그게 전부지요."

멋진 대사지만, 또한 이런 이야기를 그냥 흘려듣고 마는 게 요즘 추세인 것 같기도 합니다. 이런 충고를 들으면 사람들은 아마 고개를 몇 번 끄덕이고는, 예전과 다를 바 없는 일상으로 복귀하고 말죠. 그렇지만 제 아버지의 인생이 끝나갈 무렵, 인생이란 추억을 쌓는 것이란 말이 정말로 가슴에 와닿지 않을 수 없었습니다.

그때 아버지는 더 이상 어떤 휴가도 즐길 수 없는 상태였습니다. 신체 능력이 크게 감퇴한 터라 여행은 꿈도 꿀 수 없었습니다. 대신 저는 아주 감성적인 선물 하나를 드렸습니다. 추억이 가득 담긴 아이패드였죠. 아버지는 대학생 시절, 아이오와주립대 미식축구팀인 호크아이에서 선수로 활동했습니다. 매년 1월 1일 열리는 대학 미식축구 대회인 로즈볼Rose Bowl에서 1959년 우승을 차지했던 멤버였죠. 그래서 저는 그 영광스러운 시즌의 하이라이트 영상을 디지털화하여 아이패드에 담았습니다. 우리는 늘 기억을 통해 우리 삶의 부분들을 복원하고 있으니, 디지털 영상이라는 형태를 통해서 추억을 더욱 생생하고 접근하기 쉽게 만들고자 한 것이죠. 그리고 역시나 아버지는 매우 좋아하셨습니다. 아이패드를 붙들고 영상을 지켜보면서 웃고 울다가 추억에 잠기셨죠. 새롭고 중대한 경험을 추가로 쌓기에는 너무 나이가 들었지만, 하이라이트 영상 속에서 커다란 즐거움을 얻어 낼 수 있었던 겁니다. 실제로 아버지는 자신이 받아 본 최고의 선물이라고도 이야기하셨죠. 그때 저는 비로소, 사람은 인생에서 은퇴하면 추억을 연금처럼 받게 된다는 점을 깨달았습니다. 너무 약해져서 거의 아무런 일도 하지 못하게 되더라도, 여전히 지난 생을 반추하면서 커다란 자부심과 기쁨, 씁쓸하면서도 달콤한 향수까지 느낄 수 있는 것이죠.

개미와 베짱이 사이에서

'추억은 인생의 퇴직 연금'이라는 주장은 우리가 '은퇴'에 관해 평소 들어 왔던 이야기들과 정반대 지점에 서 있습니다. 미국이라는 나라의 일꾼으로서 우리는, 은퇴를 위해 마땅히 저축을 해야 하며, 401(k)(기업에서 제공하는 퇴직 연금 계좌)나 IRA(개인 퇴직 연금 계좌)같은 퇴직 연금에 정기적으로 돈을 납입해 둬야 한다는 메시지를 끊임없이 받고 있죠. 어렸을 때 들었던 '비상시를 대비해 돈을 아껴야 한다'는 교훈의 어른 버전인 셈입니다.

　개미와 베짱이 우화의 변형판 중에서 인상 깊었던 것을 예로 들겠습니다. 수확을 마친 개미가 거들먹거리는 태도로 한가로이 앉아 있는 반면, 여름 내내 놀기만 한 베짱이는 배를 곯고 있는 장면이 있죠. 이 장면 속에서 두 곤충 중에 누가 옳은 선택을 한 승자인지는 의심할 나위가 없습니다. 물론 유흥을 즐기고 근시안적인 베짱이는 분명 아니죠.

　그러나 오해하지는 마세요. 제가 하려는 말은, 우리가 베짱이를 본받아서 인생의 겨울을 고려하지 않고 돈을 다 써야한다거나, 경험이 인생에서 가장 중요하니 경험을 위해 돈을 쓰는 건 무조건 가치 있다는 뜻이 아닙니다. 그건 바보 같은 짓이죠. 다만 제가 지적하고 싶은 건, 우리 사회의 문화에 개미의 미덕, 고된 노력과 만족 지연을 여러 다른 미덕들에 비해 과도하게 강조하는 경향이 있다는 점입니다. 그리고 그 결과, 우리는 베짱이의 장점을 무시해 버립니다. 네, 맞습니다. 베짱이가 약간이라도 저축을 했더라면 더 좋았겠죠. 그리고 개미 또한, 좀 더 즐기며 살았더라면 더 좋았을 겁니다. 저는 이제 개미와 베짱이를 절충하여, 여러분이 이 둘 사이에서 적절한 균형점을 찾을 수 있게 돕고자 합니다. 실제로 제가 우화에서 얻는 교훈 중에서 가장 좋아하는 문구는 이렇습니다. "일해야 할 때가 있고 놀아야 할 때가 있다."[4] 이어지는 장에서는 언제 (그리고 얼마나) 일하고 또 놀아야 하는지, 돈을 벌고 써야 하는지, 파악해 낼 수 있도록 돕는 실질적인 도구들을 소개할 예정입니다.

무엇이 가치 있는 경험인가?

앞서 제가 '인생은 경험의 총합'이라고 이야기했죠. 그냥 비유적인 표현만은 아니었습니다. 각각의 경험을 수치로 환산한다면 다양한 경험들의 가치를 실제로 합산할 수 있겠죠. 그렇게 함으로써 일군의 경험 유형들끼리 비교할 수 있으며, 이는 인생 만족도를 극대화하기 위한 첫걸음이 됩니다.

그렇다면 경험을 어떻게 수치로 환산할 수 있을까요? 우선, 각경험에서 얻는 즐거움의 정도를 일종의 게임 점수라고 생각하고 숫자로 바꾸는 겁니다. 중요한 경험일수록 '경험 점수'가 높겠죠. 경험에서 얻은 즐거움이 적었다면 그만큼 점수가 낮을 테고요. 각 활동에 얼마의 점수를 매길지는 온전히 여러분 마음입니다. 사람마다 가치관과 흥미는 다르니까요. 정원을 가꾸는 일을 무엇보다 좋아하는 사람이 있다면, 정원을 가꾸는 데 보낸 시간에 높은 점수를 매기겠죠. 가지를 치고 잡초를 뽑는 일을 시키려면 돈을 달라고 말하는 사람의 경우라면, 정원 가꾸는 시간은 빵점을 매길 테고요. (이 시스템에서 마이너스 점수는 없습니다.)

어느 특정한 해에(이를테면 작년에) 발생한 긍정적인 경험들을 모두 합산한다면 특정한 점수(예컨대 5,090점)가 나오 겠죠. 이 점수를 막대 그래프로 바꿔서 표현하는 겁니다. 점 수가 높을수록 그래프도 높죠. 아주 간단합니다.

　그리고 지금까지 살아온 인생의 매해를 이렇게 표현해 볼 수 있죠. 어떤 해는 평년보다 점수가 더 높을 겁니다. 거기엔 여러 가지 이유가 있겠고, 그중에는 여러분이 어찌할 수 없었 던 이유도 포함돼 있을 겁니다. (예컨대 사고를 당해서 1년 내내 병원에 입원해 있어야 했었다면 아마도 그해에는 즐거 운 경험을 많이 누리기 어려웠겠죠.) 그러나 이 책에서는 오 직 스스로 결정을 통해 통제 가능한 것들만을 관리하는 데 집 중할 겁니다. 그럼으로써 과연 자신이 통제할 수 있는 요인이 몇 가지나 되는지 파악하고자 하죠. 그리고 그중 가장 중요한 건, '돈 벌기 vs 즐거운 경험하기' 중에서 어느 쪽에, 몇 살에, 얼마나 많은 시간을 투자해야 하는가입니다. 개미와 베짱이 가 일과 놀이 중에서 어느 한쪽을 고른 것처럼요. 이런 결정 을 내림으로써 우리는 그래프의 높낮이와 함께 곡선의 형태 를 바꿀 수 있습니다. 이러한 균형을 어떻게 이룰지는 추후에 다루겠습니다. 우선 지금은 '인생은 경험의 총합'이란 표현이 빈말이 아니라는 것만 이해하고 넘어가도록 하겠습니다.

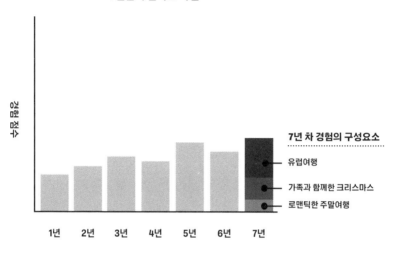

7년간의 만족도 곡선

경험 점수

7년 차 경험의 구성요소

● 유럽여행

● 가족과 함께한 크리스마스

● 로맨틱한 주말여행

1년 2년 3년 4년 5년 6년 7년

각 그래프는 그해에 얻은 경험 점수를 나타냅니다. 그리고 각 그래프의 꼭대기를 연결하면 만족도 곡선이 나오죠. 즉 총 만족도가 올라가면 곡선 아래 영역이 늘어나게 되는 겁니다. 이 곡선을 그린다는 건 곧 인생을 그리는 것과 마찬가지인 것이죠.

추억 배당금

이번 장은 경험에 투자하는 법을 다룹니다. 하지만 경험이 과연 실제 투자처가 될 수 있나요? 경험을 하려면 시간과 돈이 든다는 건 쉽게 이해할 수 있죠. 경험을 누린 시간 동안 우리는 즐거움을 얻으니, 그 이유만으로도 그 경험에는 가치가 부여됩니다. 그런데 제가 왜 이 경험이 미래에 대한 투자라고도 말씀드리는지, 그 이유를 지금부터 설명하겠습니다. 우선, 과연 투자란 무엇인지부터 살펴보도록 하죠. '투자'란 단어를 들으면 우리는 보통 주식 시장을 떠올립니다. 혹은 채권을 떠올릴 수도 있고요. 혹은 주식, 채권, 부동산처럼 각기 다른 투자 수단이 결합된 포트폴리오도 있죠. 이런 여러 투자의 공통점은 무엇일까요? 모두 미래의 수익을 발생시키기 위한 메커니즘이라는 점입니다. 예를 들어 IBM의 주식을 샀다는 것은, 나중에 구입가보다 높은 가격에 그 주식을 되팔거나, 혹은 적어도 IBM이 매년 거둔 수익 중 주주들에게 부여하는 소량의 배당금을 받으려는 의도를 나타냅니다. 부동산도 똑같습니다. 어떤 집을 구입하면서 우리는 나중에 그 집을 팔아서 수익을 낼 생각을 하죠. 보유 기간 동안에는 세를 놔서 매달 세입자에게 고정 수입을 얻을 수도 있고요. 만약 여러분이 어떤 제품을 생산하는 사업체를 소유하고 있다면, 제품의 불량품은 줄이고 두 배 더 빨리 생산할 수 있는 새 기계를 구입하는 것은 여러분의 비즈니스에 대한 투자인 셈입니다.

여기까지는 아주 일반적인 상황입니다. 이제 이 개념을 좀 더 확장해서, 우리가 '투자'라고 구태여 여기지 않으면서도 늘 행하고 있는 일들을 떠올려 봅시다. 예를 들어서 여러분이 부모이고, 자녀가 대학이나 대학원에 진학하도록 학비를 내

준다고 칩시다. 매년 수만 달러의 학비를 지불하는 이유는 뭔가요? 그럴 만한 가치가 있다고 생각하기 때문이죠. 여러분의 아들 혹은 딸이 능력과 학위를 얻고 졸업하여, 대학 졸업장 없이는 이루기 힘든 높은 수입을 미래에 얻도록 돕기 위함입니다. 하지만 학위가 과연 도움이 될지 의심이 드는 경우라면 어떨까요? 만약 여러분의 아들이 히말라야 양식의 바구니 짜는 법을 공부하고 싶어 하는데, 앞으로는 로봇이 값비싼 바구니 제작하는 일을 모두 대체하게 될 거라는 뉴스를 접했다면요? 그럼 아마 아들의 대학 등록금을 내고 싶은 마음이 싹 사라지겠죠. 이러한 사항들을 고려하는 순간, 우리는 부동산이나 공장 기계를 구입할 때와 마찬가지로 투자 결정을 내리고 있는 것입니다. 경제학자들은 심지어 교육비 지출을 일컬어 '인적 자본 투자'라고 부르기까지 하죠.[5]

이처럼 우리는 자기 자신 또는 다른 사람에게 투자할 수 있습니다. 장래에 그 투자로 인해 보상을 받을 수 있다고 생각한다면 투자할 수 있는 거죠. 여기서 한발 더 나아가 보도록 합시다. 투자로 얻게 되는 보상이 반드시 '돈'이어야만 하는 건 아니라고 말이죠. 예를 들어 본인의 딸에게 수영이나 자전거 타는 법을 가르칠 때 우리는 그 기술을 통해 더 나은 직업을 얻으리라고 생각해서 그러는 게 아닙니다. '경험'도 마찬가지죠. 경험에 시간이나 돈을 사용하는 그 순간만 즐거움을 얻는 게 아닙니다. 향후의 배당, 즉 1장에서 언급했던 '추억 배당금'도 얻을 수 있죠.

경험에서 배당금이 발생하는 이유는 우리 인간에게 기억하는 능력이 있기 때문입니다. 여러 공상 과학 영화와는 달리, 우리는 매일 아침에 뇌가 텅 빈 상태로 잠에서 깨지 않습니다. 언제든지 접속 가능한 상당량의 기억들이 사전에 탑재된 상태로 아침을 맞이하죠. 주로 세상을 돌아다니고 탐색하는 데 쓰입니다. 그래서 둥근 손잡이가 돌출해 있는 널찍한 직사각형 형태의 판을 앞에 두고 '이게 뭐더라?'하고 궁금해하지 않죠. 그게 '문'이란 걸 이미 알고 있습니다. 또한 그 문을 여는 방법도 알고 있습니다. 이렇듯 문이 무엇인지 한 번 학습해 둔 이익은 상당합니다. 여러분이 얼마나 많은 문을 열 줄 아는지 생각해 보세요!

실없는 예시처럼 들릴지 모르지만 실제로 기억이 우리에게 어떤 보상을 안기는지 말해 줍니다. 기억은 미래의 자신에 대한 투자이며, 추억 배당금을 지급하고, 우리가 더욱 풍성한 삶을 누리도록 도와주죠. 지금 부엌에서 커피를 내리고 있는 사람을 발견해도 낯선 사람을 만났을 때처럼 긴장하지 않아도 됩니다. 그 사람이 당신이 사랑하는 사람이라는 것, 그리고 그 사람을 사랑하는 이유를 알고 있으니까요. 그 사람과 맺은 관계의 역사, 과거에 서로 나눴던 대화와 함께한 경험이 그 사람에 대한 현재의 감정을 형성한 것입니다.

그 어떤 종류의 경험에 투자해도 마찬가지입니다. 어떤 경험을 하게 되면 우리는 찰나의, 순간적인 즐거움을 얻음은 물론, 차후에 반추해 볼 수 있는 기억까지 형성하게 됩니다. 살아 있는 인간 존재로서 갖는 특징이기도 합니다. 좋든 싫든 간에 우리는 그 경험을, 적어도 한 번 이상 재경험할 수밖에 없습니다. 좋아하는 노래를 듣거나, 익숙한 냄새를 맡거나, 예전 사진을 들여다보는 순간, 우리의 기억은 자극을 받아 과거의 경험을 되살려 내죠. 첫 키스의 추억을 떠올렸을 때, 그 당시가 만약 좋은 기억으로 남아 있다면 따스하고 안온한 감정이 전해질 겁니다. 혹은 당시에 교정기를 끼고 있었다면 당황스러우면서도 행복했던 기억으로 남아 미소 지을 수도 있겠죠. 이렇듯 원래의 경험의 떠올릴 때마다 그 경험을 정신적, 감정적으로 다시 체험함으로써 추가적인 경험을 얻게 됩니다.

이런 회상으로 인해 얻는 즐거움은 원래의 경험이 주었던 것에 비하면 아주 적을지도 모르지만, 그래도 이러한 기억들이 겹쳐지면서 우리 자신을 형성하죠. 앞서 이야기했던 제 친구 제이슨도 역시 이런 이유 덕분에 유럽 배낭여행의 추억이 절대 지워지지 않을 겁니다. 사람들이 사진첩을 보관하는 이유도 같습니다. 집에 불이 났을 때 다른 재산보다도 먼저 사진첩을 들고나오는 경우가 잦은 이유도 여기에 있죠. 그런 위기의 순간에 사람들은, 다른 것들은 대체할 수 있지만 추억은 값을 매길 수 없을 만큼 소중하다는 것을 재빨리 알아채는 겁니다.

　추억 배당금은 너무나도 강력하고 소중하기에 테크놀로지 기업들은 이를 수익화해서 수십억 달러의 부를 창출합니다. 페이스북이나 구글포토를 이용하는 사람이라면 가끔 '3년 전 오늘'이라는 메시지가 그날 찍었던 사진들과 함께 나타나는 걸 본 적이 있을 겁니다. 이 기능을 통해 해당 기업은 여러분의 추억 배당금에 접속하여 뭉클한 감정을 불러일으킵니다. 또한 사진에 담긴 사람들에게 연락하고 싶은 욕구를 유발하죠. 이 모든 과정을 통해 여러분은 행복감을 느끼고 기업의 더욱 충성스러운 고객이 됩니다. 페이스북이나 유사 기업이 등장하기 전에 우리에게 '그때를 기억하게 하는 대화'를 유발하는 건 가족과 친구들이었습니다. 하지만 이제는 페이스북이 그 역할을 수행하면서 동시에 소중한 추억 배당금을 수익화하고 있습니다. 추억 배당금을 본인이 직접 비재정적으로 수익화하는 방법도 있긴 합니다만, 그러기 위해선 소중한 추억을 만들어 내는 과정이 먼저 필요합니다.

　지금까지 보냈던 최고의 휴가를 떠올려 봅시다. 일주일짜리 휴가였다고 하죠. 그리고 그 여행에서 찍은 사진을 친구들에게 보여 주느라 보낸 시간이 얼마인지 생각해 보세요. 거기에 여러분, 또 여러분과 함께 여행했던 사람들이 그 휴가를 회상하느라 보낸 시간을 더하고, 또 거기에 그 추억을 떠올리며 보낸 시간과, 비슷한 여행을 계획하는 다른 사람들에게 조언을 했던 시간까지 모두 다 더해 보세요. 원래의 경험에서 파생된 이 모든 부차적 경험들까지 전부 제가 이야기하는 배당금에 해당합니다. 이 모두가 여러분의 추억 배당금이며 또한 계속 쌓여 나가는 거죠. 실제로 어떤 추억은 회상을 거듭하면서 원래 경험보다도 더 큰 즐거움을 불러일으키기도 합니다.

따라서 어떤 하나의 경험을 구매한다는 것은, 단순히 그 경험만을 구매하는 데 그치지 않습니다. 그 경험이 앞으로의 인생에서 발생시킬 모든 배당의 총합을 구매하는 겁니다.

제가 경험에서 얻는 즐거움을 수치화하는 방식인 '경험 점수'의 측면에서 생각해 보면 한층 명확해집니다. 막대 그래프로 경험 점수를 어떻게 표현했는지 기억나시죠? 좋습니다. 이제는 그 그래프가 경험에서 우리가 얻는 즐거움을 나타낸다고 여기기로 하죠. 추억 배당금이 존재하므로 원래의 경험을 회상할 때마다 막대 그래프는 약간씩 더 높아집니다. 그약간의 상승이 계속 쌓인다면, 즉 하나의 경험에서 얻는 지속적인 추억 배당금이 모두 더해진다면, 원래의 경험을 반영했던 막대 그래프만큼이나 높은 두 번째 막대를 그려볼 수 있겠죠.

가끔은 두 번째 막대가 더 높은 경우도 발생합니다. 그런 경우가 발생할 수 있는 방식 중 하나는 '복리'를 통해서죠. 은행에 돈을 넣어 두면 일어나는 일과 똑같습니다. 복리가 적용되면 여러분 계좌의 돈은 단순히 합산하여 쌓이기만 하는 게 아니라 눈덩이처럼 뭉치기 시작합니다. 추억 배당금에도 똑같은 원리가 적용될 수 있습니다. 복리 효과가 발생하는 것이죠. 경험의 추억을 다른 사람과 공유할 때마다 발생합니다. 타인과 교류하는 순간, 자신이 가진 경험을 나누는 순간, 그 자체가 또 하나의 경험이기 때문입니다. 그 과정에서 여러분은 대화하고, 웃고, 유대감을 형성하고, 조언을 나누고, 사람들을 돕고, 자신의 취약성을 드러내죠. 여러분은 매일 이런 일들을 실천하고 있습니다. 경험을 한다는 건 자기 스스로 더욱 활발하고 흥미로운 삶을 산다는 것 외에 자신을 다른 사람들과 공유하는 일을 더욱 늘린다는 뜻도 됩니다. 하나의 비즈니스가 여러 다른 비즈니스를 파생시키는 것과 같은 원리입니다. 긍정적인 경험은 좋은 의미에서 방사성과 전염성을 갖습니다. 짐작하는 것보다도 더 많은 에너지를 방출하는 연쇄반응의 시발점으로 작용하죠. 1 더하기 1은 2보다 클 수 있습니다. 그래서 제가 경험에 투자해야 한다고 여러분에게 권하는 겁니다.

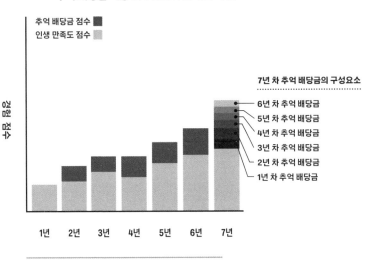

추억 배당금 적용 시 7년간의 만족도 곡선

추억 배당금 점수 ■
인생 만족도 점수 ■

경험 점수

7년 차 추억 배당금의 구성요소

6년 차 추억 배당금
5년 차 추억 배당금
4년 차 추억 배당금
3년 차 추억 배당금
2년 차 추억 배당금
1년 차 추억 배당금

1년 2년 3년 4년 5년 6년 7년

경험은 추억에서 발생하는 만족도를 계속해서
지급합니다.따라서 추억 배당금으로 인해 얻은
경험은 시간이 흐를수록 원래 경험에서 얻은
것보다 더 많은 경험 점수가 추가 될 수 있습니다.

하지만 우리 대부분은 경험에 투자한다는 생각에 익숙하지 않습니다. 투자자로서 우리는 투자가 안겨 주는 재정적인 보상에만 너무 집중하고 있죠. 제 친구 폴리가 좋은 예입니다. 한번은 폴리가 중앙아메리카에 있는 휴가지를 구입할 예정이라며 제게 조언을 구한 적이 있었죠. 여기서 전문적인 금융 용어를 구체적으로 언급할 필요는 없으니 생략하겠지만, 그는 이자율과 세금 감면을 비롯해 투자 결정을 어렵게 만드는 갖가지 고려 사항들을 언급했습니다. 말하자면 폴리는 매우 보수적이고 전통적인 관점에서 투자 기회를 살펴보고 있었다고 해야겠군요. "이거 정말 괜찮은 부동산일까? 앞으로 10~15년 후에 괜찮은 재정적 수익을 거둘 수 있을까?"

저는 친구에게 그런 프레임워크를 집어치우라고 조언했습니다. "돈은 잊으라고." 폴리에게 이렇게 이야기했죠. "그리고 자네가 그곳에서 무엇을 얻을 수 있을지 이야기해 보도록 하세. 우리는 이미 젊은 나이는 아니잖나. 이 휴가지를 자네의 개인적 경험에 투자하는 데 얼마나 많이 사용할 예정인가? 얼마나 자주 이곳에 머물 것이며, 머무는 동안에는 무엇을 할 것인가? 만약에 여러 번 이곳에 가서 멋진 휴가를 보내고 가족과 친구와 좋은 시간을 보낼 거라면, 그것보다 더 훌륭한 투자가 어디 있겠냐는 말이야!"

저는 계속 말을 이었습니다. "하지만 만약에 이곳을 구입하기만 하고 별로 활용하지도 않은 채 금융적인 투자처로만 활용할 거라면, 3퍼센트 이윤을 얻은들 그게 무슨 소용이겠나? 외국 부동산에서 3퍼센트 수익을 얻는다고 뭐 그리 특별하고 대단한 일이겠어? 그냥 자네가 얻을 수 있는 백만 가지 투자 수익 중 하나일 뿐이겠지. 훨씬 이전이라면 모를까, 나이 오십에 시작하는 투자에서 3퍼센트 이윤은 별로 대단하지 않잖아. 하지만 경험에 투자하는 거라면, 비록 50살에 시작하는 거라도, 인생이 정말 바뀔 수 있는 것이지."

여기서 제가 말하고자 하는 요점은, 부동산에 투자하는 많은 사람처럼 폴리도 오직 자기자본수익률에 대해서만 고려할 뿐, 경험수익률이라는 관점에서는 생각지 않고 있었다는 점입니다. 제 눈에 그건 제가 늘 강조하는 실수의 또 다른 버전일 뿐이었죠. 우리가 돈을 버는 이유는 결국 인생을 인생답게 만드는 경험에 투자할 수 있는 돈을 벌기 위함이라는 점을 잊은 채 '돈을 그냥 벌기만 하는 실수' 말입니다.[6]

이렇게 생각해 보죠. 스키 타기, 자녀의 성장을 지켜보기, 여행하기, 친구와 맛있는 식사 즐기기, 정치적 대의를 관철하기, 콘서트 관람하기 등등 우리가 누리고 싶은 경험이 무엇이든, 우리는 경험을 누릴 목적으로 돈을 법니다. 그뿐 아니라 추억 배당금의 존재 덕분에 이러한 경험들은 금융 투자와 마찬가지로 일정한 수익을 가져다주는데, 때로는 놀라울 정도로 수익률이 높을 수도 있습니다. 이런 이유로 제 친구 제이슨은 억만금을 줘도 유럽 여행의 경험과는 바꿀 수 없다고 이야기하는 거죠. 물론 제이슨의 경우처럼 인생을 바꿔 놓는 경험은 드물기에 모든 경험 투자가 뛰어난 수익률을 기록하는 건 아닙니다. 꼭 그래야 할 필요도 없죠. 우리는 모든 경험에서 수익을 얻기 때문에 경험에 돈을 씁니다. 금융 수단에 돈을 투자하는 이유와 같습니다. 더 많은, 더 나은 경험을 발생시키려는 궁극적인 목적과 함께 돈이 더 늘어나도록 만들려는 것이죠.

다시 말하지만 (아무리 강조해도 지나침이 없습니다.) 우리가 돈을 벌고, 저축하고, 투자하는 포인트가 여기에 있다는 점을 잊은 듯이 사는 사람이 너무나 많습니다. 왜 돈을 모으는지 사람들에게 물어보면 '은퇴 준비'라고 답하는 경우가 많죠. 어느 정도는 이해가 됩니다. 더는 급여를 받지 못하게 될 때를 대비해 얼마간 돈을 모으고 투자해야 하니까요. 나이 들어서 가난해지고 자식에게 손 벌리고 싶은 사람은 아무도 없습니다. 하지만 잘 생각해 보세요. 돈을 모으는 목적이 경험에 있다는 점을 생각한다면, 결국 경험을 얻는 데 쓸 수익을 얻기 위해 돈을 투자하는 것은 경험을 얻는 우회적인 방식일 뿐입니다. 그냥 직접 경험에 투자해서, 경험에서 수익을 낼 수 있는데 왜 굳이 그런 과정을 거쳐야 합니까? 게다가, 나이가 들수록 실제 접근 가능한 경험의 숫자도 줄어든다는 점도 중요합니다. 은퇴 이후에도 살아남기 위해서 돈이 필요한 건 맞습니다만, 은퇴 이후에는 주로 추억에 기대어 살게 될 것이라는 점을 감안한다면, 그 추억에 충분히 투자해야 옳겠죠.

무조건 일찍 시작하라

추억 배당금을 염두에 두기 시작하면 확실해지는 건 하나입니다. '일찍 투자할수록 좋다.' 일찍 투자를 시작할수록, 추억 배당금을 받을 수 있는 시간도 그만큼 늘어나는 것이죠. 예를 들어 (30대가 아니라) 20대에 경험 투자를 시작한다면 추억 배당금의 꼬리가 길어집니다. 그러면 투자 수익의 머리(맨 처음에 얻게 되는 경험 점수)보다 합산된 꼬리가 더 높은 수치를 기록할 가능성도 그만큼 커지고요. 멋진 경험을 누리기 시작할 때가 죽는 날에 더 가까울수록 추억 배당금의 누적액이 적어지는 건 당연한 일입니다.

따라서 '경험에 투자해야 한다'는 조 패럴 조언은 아주 표준적인 제안인 겁니다. "일찍 투자를 시작하라. 그리고 특정 연령에 도달했을 때 얼마나 많은 돈이 쌓였는지 알게 되리라."라는 워런 버핏의 조언과도 진배없죠. 많은 투자 전문가가 퇴직 연금 납입을 일찍 시작하라고 조언합니다. 대부분의 조언은 다음과 같이 요약됩니다. "일찍 시작하라. 일찍 시작하라. 또 일찍 시작하라." 워런 버핏을 비롯한 여러 투자 전문가의 조언이 돈을 불리기 위해 노력하라는 것이라면, 제 말은 될 수 있는 한 가장 부유한 삶을 누리기 위해 노력하라는 겁니다. 그리고 제가 말하는 '부유함'이란 경험, 모험, 기억의 영역이죠. 여러분에게 돈이 있어야 하는 이유를 제공하는 그 영역에서 부유해지라는 뜻입니다. 저의 투자 조언을 간단히 요약해 보겠습니다. "여러분 인생의 경험에 투자하세요. 그리고 무조건 일찍 시작하세요."

이렇게 이야기하는 사람이 있을지도 모르겠군요. "나는 지금 빈털터리인데 대체 어떻게 일찍부터 경험에 투자하라는 겁니까?" 그러나 경험에 투자하라는 건 갖지도 않은 돈을 쓰라는 의미가 아닙니다. 일반적으로 경험에서 얻는 즐거움과 만족감은 시간과 돈, 둘이 함께 작용하는 함수입니다. 일반적인 경우, 더 많은 돈과 시간을 경험에 쏟을수록 그로부터 얻는 만족감도 커지죠. 하지만 젊고, 건강한 상태일 때라면 굳이 많은 비용이 들어가지 않더라도 커다란 즐거움을 얻을 수 있습니다. (제 친구 제이슨이 싸구려 호스텔에서 자고 공원에서 바게트를 씹으며 인생 경험을 얻었던 사례를 떠올려 보세요.) 그러니 젊지만 가난한 당신에게 드리는 제 조언은, 될 수 있는 한 공짜나 공짜에 가까운 경험들을 찾아보라는 겁니다. 공짜 야외 콘서트나 공공기관에서 주최하는 페스티벌은 어떨까요? 친구들과 수다를 떨고, 함께 어울리고, 게임을 즐길 수도 있습니다. 혹은 걸어서, 혹은 대중교통으로 시내를 둘러볼 수도 있죠. 공짜거나 거의 무료로 얻을 수 있는 이런 즐거움들을 우리는 대부분 충분히 이용하고 있지 않습니다. 제 경우는 그렇습니다만, 여러분은 어떤가요?

자신의 모험을 직접 선택하라

특히 성장 과정에서는, 우리에게 수많은 경험이 강요됩니다. 학교에 가야 하고, 과학 수업에서는 개구리를 해부해야 하죠. "저는 개구리를 해부하고 싶지 않은데요."라고 말하면 선생님은 "개구리를 해부하지 않는다면 F학점을 받게 될 거야."라고 경고합니다. 그럼 "알겠어요. 해부하면 되잖아요."라고 할 수밖에 없죠. 이럴 때는 선택의 여지가 별로 없습니다. 하지만 어른이 되고 나면 수많은 경험을 스스로 선택할 수 있죠. 인생을 어떻게 탐구하고 싶은지 생각하고 자신의 돈과 시간을 어디에 투자할지, 언제 투자할지 스스로 결정하게 됩니다.

하지만 안타깝게도, 이러한 자유를 대부분 충분히 활용하지 못합니다. 일정 범위 내에서는 주의 깊게 선택을 합니다. 직업이나 취미, 인간관계나 휴가지 같은 것들이죠. 하지만 인생의 상당 부분을 그냥 자동 조종 모드에 맡겨 버리죠. 마치 다른 누군가가 우리의 행동을 조작이라도 하듯 세상을 살아가면서 돈과 시간을 어떻게 사용할지에 대해 충분히 고민하지 않습니다.

커피를 마시는 습관을 보면 금방 알 수 있습니다. 너무 흔해서 아예 '라테 펙티Latte Factor라는 별명까지 붙었죠.[7] 매일 커피 전문점에 들러 한 잔씩 주문하는 사람이 많지만, 그중에서 이 작은 사치들이 1년 동안 모이면 얼마나 큰돈이 되는지 자각하는 사람은 거의 없습니다. 여러분에게 매일 커피 한 잔 마실 돈을 아껴서 "부자가 되어라."라고 하려는 게 아닙니다. 사실 제가 제발 하지 말라고 말리는 일이 돈은 많지만 즐거운 경험이 빈곤한 사람이 되는 거잖아요? 하지만 모카, 라테, 프라푸치노에 매일 쓰는 돈 수천 달러를 가지고 즐길 수 있는 경험이 얼마나 많은지 한번 생각해 보세요.

제가 이 문제를 제기할 때마다 주로 돌아오는 응답은 "하지만 전 1일 1스타벅스가 좋은 걸요."입니다. 꼭 그렇다는데 제가 뭐라고 할 수 있겠어요? 각자 자기 하고 싶은 걸 하고 살아야죠. 하지만 저도 할 말은 있습니다. "최소한 1일 1스타벅스 방문 습관이 본인에게 부담시키는 비용이 얼마나 되는지는 알아 두세요." 예를 들어 이렇게 자문할 수 있죠. '내가 스타벅스에다 쓰는 돈이면 몇 달에 한 번씩은 미국 어디든지 다녀올 수 있는 왕복 항공권을 구할 수 있어. 그럼 그 왕복 항공권을 선택해야 할까, 아니면 내 커피 습관을 유지해야 할까?' 어느 쪽을 고를지는 여러분의 몫이고 얼마든지 라테를 선택해도 되지만, 적어도 이 질문을 진지하게 고민하고 신중한 결정을 내린다면, 되는대로 사는 삶은 멈출 수 있을 겁니다.

자신의 돈과 시간을 어떻게 사용할지 신중한 선택을 내리는 것이 곧 생명 에너지 최대 활용의 본질입니다.

역전 포인트

▶ '일찍'이라는 말은 '바로 지금'이라는 점을 명심하세요. 전에 고려
해 보았던 경험 중에서 오늘, 이번 달에, 혹은 올해에는 무엇에 투
자하는 게 좋을지 생각해 보세요. 지금 그 경험을 누리는 걸 가로
막는 마음이 든다면, 지금 하지 않음으로써 어떤 위험이 발생할
수 있을지 따져 보세요.

▶ 누구와 경험을 함께 나누고 싶은지 생각해 보고, 그 경험을 더 일
찍 누림으로써 얻게 될 추억 배당금을 떠올려 보세요.

▶ 어떻게 하면 추억 배당금을 늘릴 수 있을지 적극적인 방법을 생
각해 보세요. 경험을 사진으로 많이 남겨 놓는 게 도움이 될까요?
과거에 좋은 시간을 함께 보냈던 사람들과 다시 만나는 건 어때
요? 영상이나 사진 앨범을 제작하는 건요?

3장 왜 다 쓰고 죽어야 하는가?

RULE 3
'다 쓰고 죽기'를 목표로 삼아라

자동 조종 모드는 편리합니다. 이것이 우리가 그 모드를 사용하는 이유죠. 하지만 저항이 가장 적은 길이 아니라 최적의 충만한 삶을 살고자 노력하는 사람이라면, 자동 조종 모드로는 원하는 바를 얻을 수 없습니다. 단순한 생존이 목표가 아니라 온전하게 삶을 누리고 싶다면, 아무 생각 없이 조종하기를 멈추고 자신이 원하는 경로를 향해 적극적으로 삶을 이끌어 가야 합니다. 제가 이런 말을 하는 건 이번이 마지막은 아닐 겁니다. 여러분이 삶을 더욱 신중하게 살아가도록 돕는 것이 제가 이 책을 쓴 가장 큰 목적이니까요. 우리는 이 책 전반에 걸쳐 이 주제를 계속 들여다봐야 합니다. 돈을 버는 방법부터 남에게 돈을 주는 방법에 이르기까지, 우리 삶의 여러 영역에서 자동 조종 모드가 작용하기 때문입니다. 자동 조종 모드는 각 유형마다 생명 에너지를 낭비시키는 고유한 형태를 만들어내기 때문에, 낭비를 제거하기 위한 전략도 각기 달라야 합니다. 이번 장에서는 평생 누릴 수 있는 양보다 더 많은 돈을 벌고 아끼는 데서 비롯되는 '과잉 유형'을 집중적으로 다룰 예정입니다. 이런 종류의 낭비를 제거하는 데는 신중한 해결책이 필요하죠.

제 주장을 설명하기 위해 존 아놀드라는 사람을 소개하겠습니다. 존은 백만장자가 되기 전부터 저와 친구로 지내왔죠. 저와 알게 된 후 그는 '켄타우루스'라는 헤지펀드 기업을 차렸습니다. 그리고 에너지 거래 분야에 관한 전문성을 바탕으로 로 부자가 되고 좋은 삶을 꾸려 나가려는 목표를 세웠습니다. 하지만 켄타우루스에서 존과 함께 일했던 저는 알 수 있었죠. 돈을 벌면 벌수록 그 대가로 '좋은 삶'은 계속해서 한편으로 밀려 나가고만 있었습니다. 회사에서 영혼까지 탈탈 털린 어느 날, 존이 제게 이렇게 말하더군요. "1,500만 달러만 벌고 나면 그만둘 거야. 만약 그 이후에도 내가 계속 이 일을 하고 있으면 내 얼굴을 한 대 때려줘."

하지만 존이 그 목표를 달성했을 때 저는 주먹을 아꼈고, 그는 투자 일을 계속 이어 나갔습니다. 존은 정말 똑똑한 친구였죠. (사람들은 엄청난 수익을 내는 그를 일컬어 '천연가스의 제왕'이라고 불렀습니다.) 그도 일정 시점 이후로는 단순히 돈을 버는 것보다 자신이 사랑하는 일에 돈을 쓰는 게 훨씬 더 합리적이라는 것을 충분히 완벽하게 이해하고 있었죠. 하지만 문제는 그의 목표 수치가 계속 달라졌다는 것이었습니다. 1,500만 달러를 달성했음에도 존은 멈추지 않았죠. 뛰어난 투자 실력 덕택에 1,500만 달러는 2,500만 달러로 불어났고, 마침내 1억 달러에 도달했으며, 또 계속 늘어났습니다. 큰판에서 계속 이기는데 멈추기는 힘듭니다. 아무리 이성적 목소리가 그만두라고 설득한다고 해도요.

존은 늘 일에만 파묻혀 살진 않았습니다. 중요한 행사를 보러 가끔 여행을 다니기도 했습니다. 그렇다고 백만장자를 떠올리면 연상되는 그런 대단한 휴가는 아니었죠. 사실 재산이 점점 늘어날수록 존의 여가 시간은 점점 줄어들었습니다. 돈을 더 많이 번 다음에 여가를 더 즐기면 된다고 생각하는 듯했지만, 실제로는 그러지 못했죠.

그럼에도 그는 계속해서 켄타우루스 기업을 운영했고 심지어 총자산이 1억 5,000만 달러에 이르렀음에도 그만두지 않았습니다. 2010년이 되자 존과 그의 아내가 설립한 자선 재단에는 7억 1,100만 달러의 기금이 쌓였습니다. 수백만 달러를 기부할 수 있을 만큼 부자가 된 겁니다. 하지만 그는 일을 그만두지 않았습니다. 자신의 직업을 그다지 좋아하지 않았음에도 말이죠. 그리고 마침내 2012년 서른여덟의 나이에 일을 그만뒀을 때 그의 개인 재산은 무려 40억 달러가 넘었습니다.

현재 38세라는 꽤 이른 나이에 은퇴한다는 걸 겨우 꿈만 꾸는 사람들이 많지만, 존에게는 사실 몇 년이나 더 늦은 은퇴 시기였습니다. 왜 그럴까요? 두 가지 측면에서 그렇습니다. 첫째, 오직 돈을 버는 데만 써 버린 그 몇 년의 시간을 그는 결코 되돌려 받을 수 없죠. 존은 결코 다시 서른 살이 될 수 없으며 그의 자녀들이 다시 어린아이로 되돌아갈 수도 없습니다. 둘째, 돈을 너무 많이 번 탓에 존은 일명 '백만장자 브루스터'(주인공이 3억 달러의 유산을 상속받기 위해서는 30일 안에 3천만 달러를 다 써야 하는 상황에 빠진다는 설정의 1985 년 영화)의 함정에 빠졌습니다. 자신의 재산을 충분히 빨리 써 버리는 게 사실상 불가능해진 것이죠. 존은 이미 궁궐 같은 집 에서 살면서 원하는 것은 모조리 할 수 있는 상태였습니다.

존이 돈을 다 쓸 수 없는 이유 중 하나는 자녀들이었죠. 예 를 들자면 그는 자기 집 뒷마당에 인기 절정의 밴드 '마룬파 이브'를 불러 자신만을 위한 콘서트를 열 수도 있었지만, 혹 여 자녀들을 망치게 될까 봐 그런 일은 절대 벌이지 않았습니 다. 그는 아이를 갖기로 결정했고, 그 결정이 돈과 시간을 사 용하는 방식에 제약을 건 것이죠. 우리가 내리는 모든 선택이 이후의 선택에 영향을 끼친다는 점을 명심해야 합니다. 가장 흔한 것이 자녀를 낳기로 하는 선택이죠.

이제 존은 만약 자신이 1,500만 달러를 벌었을 때 그만두 었더라면 결코 40억 달러를 벌 수 없었을 거라고 이야기합니 다. 덕분에 자신이 중시하는 사회적 대의에 훨씬 더 강력 한 영향력을 발휘할 수 있게 되었다고 말이죠. 옳은 말입니 다. 하지만 그에 앞서 존은 돈이 최적 효용을 발휘할 수 있는 지점을 지나서까지 돈을 벌기 위해 일했다는 점부터 인정해 야겠죠. 그 최적점은 20억 달러였을까요? 아니면 15억 달러? 누가 알겠습니까. 다만 우리는 그 최적점이 40억 달러보다는 분명 아래에 있을 거라는 사실을 압니다.

여러분이 이렇게 생각할지도 모르겠습니다. 그렇게 오랫동안 그 일을 계속해 왔다니, 존은 돈을 벌면서 분명 훌륭한 시간을 보냈음이 분명하다고 말입니다. 투자 일이 주는 흥분감이 그 무엇보다도 더 흥미로웠기 때문에 그 자리를 지키고 있었을지도 모른다고요.

하지만 천만에요, 존은 일이냐 가정이냐, 혹은 돈을 벌기위해 일할 것이냐 아니면 가진 돈, 시간, 재능으로 할 수 있는수백만 가지 다른 일을 해볼 것이냐 중에서 치밀한 선택을 내린 게 아니었습니다. 그가 일을 계속한 이유는 단지 일하는게 습관이 되어버렸기 때문입니다. 10대 때부터 여자애들에게 멋져 보이려다가 담배 피우는 습관이 형성된 흡연자와 비슷합니다. 하지만 여자친구를 사귀는 데 성공한 이후에도 왜담배를 끊지 못할까요? 이미 중독성 습관에 빠져들어서 끊을수가 없게 됐기 때문이죠. 돈을 벌기 위해 일할 때도 같은 원리가 적용되는 경우가 있습니다. 그냥 하던 대로 계속하는 게쉬운 겁니다. 더구나 일을 잘 해냈다며 사회에서 보편적으로인정되는 형태의 보상, 즉 돈을 받게 되는 경우라면 더욱 그렇죠. 이렇게 생계를 위해 돈을 버느라 일하는 습관에 일단빠져들면, 돈을 버는 데서 얻는 흥분감이 실제 삶이 선사하는흥분감을 넘어서 버립니다.

물론 존의 경우는 극단적인 경우고, 그가 처했던 상황은 아주 고난도의 문제였다고 할 수 있겠습니다. 하지만 존이 처한 상황이 그에게만 유일하거나, 혹은 아주 부유한 사람들에게만 국한된다고 할 수는 없습니다. 자신이 충분히 갖지 못했다고 생각하는 사람이 너무나 많은데, 이런 사람들은 재산이 불어나더라도 목표치를 계속 수정합니다. 하지만 회사의 수장부터 일반 직장인에 이르기까지 그 누구라도 피할 수 없는 사실이 하나 있죠. 자신에게 주어진 시간을 돈 버는 데 다 쓰고, 그렇게 번 돈을 다 쓰지도 못하고 죽는다면, 인생의 소중한 시간을 너무나 많이 의미 없이 허비해 버리는 것이라는 점입니다. 그렇게 허비한 시간을 되돌려 받을 수는 없습니다. 백만 달러를 남기고 죽는다면, 그 백만 달러만큼의 경험을 누리지 못한 셈입니다. 5만 달러를 남기고 죽는다면, 5만 달러만큼의 경험을 놓친 것이죠. 절대 효율적이었다고는 할 수 없는 겁니다.

생명 에너지의 낭비 : 왜 공짜로 일해 준 셈인가

이런 관점에서 생각해 볼 수도 있습니다. 결국 쓰지도 않을 돈을 버느라 얼마나 많은 시간을 허비했는가 말이죠. 가상의 45세 싱글 여성인 엘리자베스를 예로 들어 봅시다. 텍사스주

오스틴에서 사무직으로 일하는 그녀의 연봉은 6만 달러입니다. 이는 미국 45세 전체 소득자 중에서 상위 절반에 해당합니다.[8] (이후 이 사례에서 제시하는 금액은 모두 인플레이션 조정을 거친 실제 달러 금액입니다.) 대개의 미국인처럼 엘리자베스도 사회 보장세와 의료세를 비롯한 소득세를 내야 하므로 세금을 제외한 실질 소득은 대략 연 4만 8,911달러입니다.[9] 일을 즐기는 그녀는 주당 50시간씩 일하니까 시간당 실질소득은 19.56달러가 되겠군요. 즉 이 금액이 사무실에서 일하느라 보내는 시간마다 엘리자베스가 집에 가져가게 되는 액수인 것이죠.

검소한 그녀는 몇 년 전에 학자금 대출금을 전액 상환할 수 있었고 30대 초반에 본인 주택도 구입했습니다. 오스틴의 집값이 상대적으로 싼 덕분이기도 했죠, 주택 융자금도 다 갚아서 이제 이 집은 온전히 엘리자베스의 소유가 됐습니다. 만약 지금 시세대로 판다면 45만 달러를 받을 수 있을 겁니다.

엘리자베스는 작년에 예년과 비슷하게 3만 2,911달러를 썼고 정확히 1만 6,000달러를 저축했습니다. 20년 안에 은퇴하는 게 그녀의 바람이기에, 그녀는 급여 중 상당액을 401(k) 퇴직 연금과 은행 저축 계좌에 넣습니다. 퇴직 연금에는 과세가 유예되기 때문에 일반 저축 계좌에 돈을 넣는 것보다 세금을 낮게 물 수 있다는 걸 그녀는 잘 알고 있습니다.

엘리자베스는 안정적인 대기업에서 일하고 있기에 실직에 대한 걱정이 적습니다. 퇴직할 때까지 조금이더라도 꾸준히 급여가 오르리라 기대하고 있죠. 하지만 이 계산을 단순화하기 위해서 퇴직할 때까지 그녀의 급여가 계속 동일하게 유지된다고 가정하겠습니다. 또한 45세 이전까지 그녀가 은퇴를 대비한 다른 저축을 시작하지 않았다고도 가정하죠. 만약 계획한 대로 65세에 퇴직한다면 엘리자베스는 총 32만 달러를 저축하게 되는 겁니다(매년 1만 6,000달러×20년). 그렇다면 65세에 그녀의 순자산은 총 77만 달러가 됩니다. 각종 은퇴 자금 계좌에 32만 달러가 들어 있고 주택 자산이 45만 달러니까요(주택의 가치가 동일하게 유지된다고 가정).

이 77만 달러는 엘리자베스를 얼마나 오래 부양해 줄까요? 글쎄요, 결국 그녀가 얼마나 쓸지에 달려 있겠죠. 사람들의 은퇴 후 실질 지출액에 관한 조사 결과를 보면 연간 지출액은 일정하지 않으며 대개는 점점 줄어드는 경향을 보입니다. 하지만 계산 단순화를 위해 여기서도 엘리자베스가 은퇴 이후 매년 정확히 3만 2,000달러씩 지출한다고 가정하겠습니다. 직장에 다닐 때에 비해 대략 1,000달러 정도 덜 쓰는 셈입니다. (역시 계산 단순화를 위해 퇴직 이후 투자 수익도 연간 생활비 상승분과 정확히 상쇄된다고 가정하겠습니다.)

이런 가정하에서 엘리자베스의 보유액은 약 24년 조금 넘게 지속됩니다(77만 달러 ÷ 3만 2,000달러). 하지만 그녀는 24년의 생을 추가로 누리지 못했죠. 은퇴하고 20년 후인 85세에 사망합니다. 13만 달러의 돈을 남기고 떠난 거죠.

제가 이렇게 설명하는 이유는 여러분이 13만 달러 뒤에 숨은 진짜 비용, 끔찍한 낭비에 대해 진지하게 생각해 봤으면 하는 마음 때문입니다. 저는 이미 여러 번 이 돈을 '빼앗긴 경험'이라는 측면에서 봐야 한다고 주장했습니다. 13만 달러라는 돈으로 엘리자베스가 할 수 있었던 그 많은 일을 생각해 보세요. 그 자체만으로도 충분히 안타깝지만, 여기서 끝이 아닙니다. 엘리자베스의 시간당 소득이라는 관점에서 보면 결국 쓰지도 않을 돈을 모으기 위해 그녀가 사무실에서 보내야 했던 시간이 얼마나 되는지 계산할 수 있습니다. 13만 달러를 19.56달러로 나누면 약 6,646시간이라는 결과가 나오죠. 6,646시간 동안 그녀는 쓰지도 못할 돈을 버느라 일한 겁니다. 주당 50시간씩 일했으니 약 2.5년이 넘는 기간이죠! 무려 2.5년 동안을 공짜로 일해 준 셈입니다. 이 얼마나 심각한 생명 에너지 낭비란 말입니까.

만약 저축으로 인한 (물가 상승률 이상의) 이자까지 계산한다면 이 숫자는 더 늘어나겠죠. 게다가 사회보장연금(은퇴자, 유족에게 지급하는 연금 제도)에서 나왔을 돈까지 생각한다면…. 하지만 아주 보수적으로 추정한다고 해도 엘리자베스가 일찍 은퇴해서 남은 삶 동안 돈을 더 썼어야 하는 이유는 이미 충분하죠. 누군가는 엘리자베스라는 사람만 가지고 지나치게 일반화해서는 안 된다고 말할지도 모르겠습니다. 네, 그렇습니다. 그녀보다 훨씬 더 많은 시간당 소득을 버는 사람들의 경우를 생각하면 옳은 지적이죠. 이런 고소득자에게는 3만 달러를 '불필요한 노동 시간'으로 환산했을 때의 값이 그리 높지 않습니다. 물론 그렇죠. 하지만 그런 사람은 죽을 때 13만 달러보다 훨씬 많은 돈을 남기고 세상을 떠난다는 사실을 생각해 보세요. 시간당 소득 혹은 연간 수입이 높은 사람은 계속해서 일하고 돈을 벌려는 의지가 훨씬 더 강할 수도 있습니다. 그러면 마찬가지로 자신이 생명 에너지를 고갈시키고 마는 것이죠.

여러분의 소득은 제가 든 예시보다 더 높거나 낮을 수도 있겠죠. 그러나 상관없습니다. 결론은 변하지 않습니다. 생명 에너지를 낭비하고 싶지 않다면, 죽기 전에 돈을 전부 써버리는 걸 목표로 삼아야 합니다.

저에게 이 논리는 논쟁의 의지가 전혀 없는 명약관화한 결론입니다. 제가 공학을 전공했기 때문에 이런 결론에 이르렀을 수도 있고, 또는 애초에 제가 효율성을 선호하고 낭비를 싫어해서 공학을 전공으로 선택한 것일 수도 있겠죠. 자신의 생명 에너지를 낭비해 버리는 것보다 더 나쁜 형태의 낭비를 저는 알지 못합니다. 그러니 제가 '다 쓰고 죽기'를 바라는 건 완벽히 합리적인 선택입니다. 죽기 전에 '제로' 상태에 이르지 못한다면, 즉 정말 최소한의 돈만 남긴 채 싹 비우지 못한다면, 그 돈을 버느라 사용된 모든 시간과 에너지는 쓰이지도 못한 채 버려지는 셈이죠.[10]

합리적인 삶의 방식인 '다 쓰고 죽기'를 제안하는 사람은 제가 처음이 아닙니다. 1985년 노벨 경제학상을 받은 프랑코 모딜리아니라는 경제학자는 1950년대에 생애 소득 가설Life-Cycle Hypothesis이라는 개념을 내놓았습니다. 사람들이 생애에 걸쳐 돈을 최대한 활용하기 위해 소비와 저축을 어떻게 관리하는지에 대한 이론이었습니다. 이에 따르면 평생 돈을 최대한 활용하기 위해서는 "재산이 사망일까지 0에 수렴할 것"이 요구되었죠. 다시 말해서, 만약 자신이 언제 죽을지 미리 알고 있다면 한 푼도 남기지 말고 죽어야 한다는 이야기입니다. 그렇지 않고 뭔가를 남긴다는 것은, 돈에서 최대한의 즐거움(효용)을 얻지 못했다는 뜻이니까요. 그렇지만 우리는 자신이 언제 죽을지 모릅니다. 이에 대해 모딜리아니는 아주 간단한 답을 내놓습니다. 불필요하게 돈을 남기고 떠나지 않기 위해 각자 최대한의 생존 가능 연령을 가정하면 된다는 것이죠. 이런 관점에서 보자면, 합리적인 사람은 자신이 살 수 있는 최대 연령을 기준으로 자신이 가진 재산을 골고루 배치

해 놓을 것입니다.

 이렇게 합리적인 최대 효용의 삶을 사는 사람들도 있긴 하지만, 대개는 그렇지 않죠. 너무 많이, 혹은 너무 적게 돈을 저축해 놓습니다. 평생에 걸쳐 저축과 소비를 최적화하려면 엄청난 계획과 생각이 필요합니다. 장기적 관점에서 자신에게 더 나은 결과를 가져올 행동을 선택하기보다 단기적인 보상에 매달리거나(근시안적) 자동 조종 모드에 몸을 맡기는 편(관성적)이 더 편합니다. 이러한 경향은 개미와 베짱이 모두에게 영향을 미치죠. 근시안이 주로 재미를 추구하고 돈을 펑펑 쓰는 베짱이에게 벌어지는 문제라면, 관성은 책임감이 강한 개미에게 타격을 줄 수 있습니다. 근면한 저축가가 인생 후반부에 애지중지 기른 둥지의 알을 갑자기 깨뜨려야만 한다고 상상해 보세요. 행동경제학자들은 단지 어떤 행동(이 경우, '저축'에서 '소비'로의 전환)이 합리적이라는 이유만으로는 사람들이 쉽게 그 행동을 실행하지 못한다는 점을 이해하고 있습니다. 관성은 그만큼 아주 강력한 힘이죠. 경제학자 허쉬 세프린과 리처드 탈러는 이렇게 표현했습니다. "오래된 가정에 새로운 규칙을 가르치기는 어렵다."[11]

 '다 쓰고 죽기'가 이처럼 명확하고 중요한 목표이기에 저는 곧장 다음 단계로 나아가고 싶습니다. 이 목표를 실제 달성할 방법을 여러분이 찾도록 돕는 일이죠. 하지만 그동안 이 아이디어를 여러 사람과 논의하면서 이제는 곧바로 방법론을 향해 돌진해서는 안 된다는 점을 깨닫게 되었습니다. 똑같은 의심들과 반대들을 계속 접하면서 그것들을 무시할 수 없다는 생각에 이른 것이죠. 그래서 우선 일반적인 대응에 답해 보고 그 이후에도 여전히 여러분이 '다 쓰고 죽기'의 가치와 실현 가능성에 동의한다면, 여러분의 실현을 도울 몇 가지 방법들을 소개하는 다음 단계로 넘어가겠습니다.

"하지만 나는 일하는 게 너무 좋은데!"

제가 돈을 남기고 죽는 것은 생명 에너지를 낭비하는 것이며 공짜로 일해 주는 것이나 마찬가지라고 말하면, 자신은 본인의 일을 너무도 사랑하기 때문에 그 주장이 적용되지 않는다고 맞서는 사람들이 가끔 있습니다. 심지어 한발 더 나아가서 자신이 좋아하는 일을 하기 위해서라면 돈을 내겠다는 사람까지 있죠. 저는 전문 댄서와 연애를 하기 전까지는 의심했습니다. 하지만 댄스계는 매우 경쟁이 심한 곳으로, 돈을 내고 공연을 보러 오는 사람보다는 오디션에 도전하는 춤꾼들이 더 많더군요. 연기나 다른 경쟁이 심한 영역들과는 달리, 아무리 큰 성공을 거두더라도 '부자 춤꾼'은 되기 어렵다는 특징이 있습니다.

그런데도 뒤처지지 않기 위해서는 계속해서 댄스 교습을 받으며 춤을 연습해야 하고, 또 댄스계의 중심이라 할 수 있는 뉴욕이나 LA 등 거주비가 많이 드는 도시 근처에서 살아야만 합니다. 그래서 댄서들은 대개 별도의 다른 직업을 가질 수밖에 없습니다. 그러면서 춤을 향한 열정을 근근이 이어 나가는 거죠. 이렇게 자기 일을 사랑하고 그 일 자체에서 삶의 만족을 느끼는 사람들이 존재한다는 것은 압니다. 물론 참 멋지다고 생각합니다. 우리 모두 그렇게 운이 좋다면 얼마나 좋을까요!

그러나, 이것저것 따져 보아도, 저는 여전히 다 쓰고 죽는 편이 더 좋다고 생각합니다. 그 이유는 다음과 같습니다. 첫 번째, 이런 주장을 펼치는 사람들의 논리를 살펴보면 이런 식이죠. "당신의 일이 그 자체로 재미있고 만족스러운 경험이라면, 그 일을 하면서 버는 돈은 전부 부산물일 뿐이다. 장작이 타서 숯을 남기듯이. 그런데 장작을 태우는 목적은 숯을 만드는 게 아니다. 모닥불의 따스함과 너울대는 불꽃을 얻기 위함이 아니냐. 다만 불을 피우는 과정에서 숯까지 덤으로 얻게 됐을 뿐이다. 이게 아무런 문제가 되지 않는 것처럼, 자신이 좋아하는 일을 좇다가 돈까지 벌게 되는 것 역시 아무 해가 될 게 없다!"

하지만 이렇게 생각해 봅시다. 아무리 일을 놀이의 한 형태로 여기는 사람일지라도, 자신의 시간 중 일정 비율을 돈을 벌기 위한 일과 관련 없는 경험에 투자하는 편이 더 좋지 않을까요? 아무리 춤이 당신 인생의 전부라고 해도, 24시간 내내 춤만 추는 게 즐겁지 않을 수도 있으니까요. 게다가 나중에 40대, 50대, 60대가 되면 20대나 30대보다는 춤을 추는 시간을 더 줄이고 싶은 마음이 들 수 있지 않겠습니까?

물론 나이가 들어도 춤에 투자하는 시간을 줄이고 싶지 않을 수도 있겠죠. 숟가락 들 힘이 남아 있는 한 계속 춤을 (혹은 법이나 정신의학이나 당신이 좋아하는 어떤 직업이든지 마찬가지로) 즐기면서 또 돈도 벌고 싶은 마음이 정말 굴뚝 같을 수도 있습니다. 그거야 여러분 마음입니다! 다만 그렇게 일해서 번 돈은 여러분이 가치 있다고 생각하는 것에 써야 합니다. 일등석 여행을 더 많이 즐겨도 되고, 더 멋진 파티를 여는 것도 좋고, 좋아하는 댄서의 라이브 공연을 보러 가는 것도 괜찮습니다. 그 돈을 벌게 해 준 일에 투자한 모든 시간이 즐거웠다고 해도, 만약 그 돈을 쓰는 데 실패한다면 여전히 그 시간은 '낭비'가 되어 버리는 것이니까요.

비디오 게임에 비유하자면, 추가로 생명 에너지를 얻었는데 그걸 그냥 버리는 셈인 거죠. 슈퍼마리오 게임에서 버섯 왕국을 경유하지 않고 그냥 점프해서 넘어가는 거나 마찬가지입니다! 그런 짓을 한다는 건 결국 추가 생명 따위 중요하지 않다는 뜻 아닌가요? 그렇지 않고서야 그러거나 말거나 하는 태도를 왜 취하겠습니까? 여러분이 버는 돈에 관해서도 똑같은 논리를 적용할 수 있습니다. "자신의 인생을 극대화한다."라는 명제에서 돈을 어디서 어떻게 벌었는지는 중요하지 않습니다. 그 돈을 자신이 좋아하는 직업을 통해 벌었든 아니면 증조할아버지에게 상속받았든, 열정을 좇다가 얻은 부산물이든 부모 잘 만난 덕이든, 한번 여러분에게 주어진 건 그냥 여러분 것입니다. 그리고 일단 여러분인 것이 되었다면 그건 곧 여러분 인생의 시간을 대변하여 무엇이든 여러분이 누릴 수 있는 최고의 삶을 살 수 있도록 돕는 것과 교환할 수 있는 거죠. 만약 춤을 추는 게 여러분의 인생이고 춤을 통해 돈도 벌었다면, 춤과 관련된 경험에 그 돈을 쓰세요. 최고의 개인 댄스 교습을 받거나, 춤에 집중할 수 있도록 집을 관리해줄 가정부를 고용해도 됩니다. 어떻게 번 돈인지를 따지느라 그 돈을 그냥 놔두고 낭비하지 마세요. 여러분 돈의 출처가 어디냐에 따라 인생을 극대화하는 법에 대한 계산법이 바뀌지는 않으니까요.

"그렇지만... 그래도..."

제가 "다 쓰고 죽어라."라고 이야기하면 대개는 곧장 낯빛에 두려움을 내비치고는, 돈을 남기고 죽는 게 완전히 낭비는 아니지 않냐고 항변합니다. 그 돈이 자손에게 갈 수도 있고 혹은 기부될 수도 있다고 하면서요. 이런 생각은 가장 흔하게 다음과 같이 표현됩니다. "그럼 애들은 어떡해요?"

자녀에 관련한 질문과 자선적인 기부에 대한 이야기는 자주 제기되기 때문에 별도의 장에서 다루겠습니다. 하지만 지금은 이 자녀 질문에 관한 제 답을 살짝 보여드리도록 하죠.

첫 번째로 네, 여러분은 분명 자신이 아끼는 사람이나 관심 있는 일을 위해 돈을 남길 수 있습니다. 하지만 그 사람이나 일의 입장에서, 이왕이면 여러분의 돈을 더 빨리 받는 편이 더 좋지 않겠습니까? 여러분이 죽을 때까지 기다려야만 할 이유가 있을까요?

두 번째, 얼마를 주든지 당장 남에게 돈을 줘 버리면 그 돈은 여러분의 것이 아니라 받은 사람의 소유가 됩니다. 하지만 제가 '다 쓰고 죽기'에서 다루는 건 여러분 소유의 돈입니다. 자녀에게 준 것은 자녀의 소유가 될 테니 자녀를 위해 남길 돈에 대한 계획은 세울 필요가 없죠. 무엇을 누구에게 언제 남길지에 대해 신중하게 계획하는 법에 대해서는 5장에서 훨씬 더 자세하게 다루겠습니다.

마지막으로 '두려움'에 대해 이야기해 봅시다. 많은 사람이 제게 두렵다고, 심지어 겁이 난다고 말합니다. 죽기 전에 돈이 바닥나면 어떡하냐고요. 그 마음이 이해가 됩니다. 누군들 인생의 마지막을 빈곤하게 보내고 싶겠습니까. 그러니 미래를 위해 저축하겠다는 마음이 이해됩니다. 그런데 제 말은 미래를 위해 저축하지 말라는 게 아닙니다. 삶 중에서도 너무 늦은 시기를 위해 너무 과하게 저축하는 사람들에게 경고하는 것이죠. 이런 사람들은 너무나도 한참 뒤의 미래에 존재할 자신을 돌보기 위해 현재의 자신에게서 돈을 빼앗고 있는 겁니다. 그 돈을 쓸 수 있을 만큼 자신이 오래 살 수 있을지 알지 못한 채.[12]

너무 많이 저축하는 사람들

너무 늦은 시기를 위해 너무 과하게 저축하는 사람들을, 저는 어떻게 알게 됐을까요? 통계 자료에서 찾아낼 수 있었습니다. 연령별 순자산에 관한 데이터를 보면, 사람들 대부분이 수십 년간 재산을 축적하면서 대개는 인생의 아주 늦은 시기까지 그 돈을 쓰지 않는다는 걸 알 수 있습니다.

연방준비제도이사회에서는 미국인이 각각의 인생 단계별로 얼마나 재산을 축적하는지를 조사합니다.[13] 예를 들어 2016년 소비자금융조사에서는 45세부터 54세가 세대주인 미국 가구의 중위 순자산이 12만 4,200달러라고 밝혔습니다. 이를 통해 알 수 있는 것은 해당 연령 집단에 속하는 가구 중 절반은 적어도 12만 4,200달러를 저축했고, 나머지 절반의 저축액은 그보다 적으며, 누군가는 훨씬 더 많이, 또 누군가는 훨씬 더 적게 저축했다는 사실뿐입니다. 이 연령대의 중위 값보다 전반적인 트렌드가 훨씬 더 흥미롭죠. 전체 연령대의 순자산을 보면 명확한 패턴이 드러납니다. 연령이 늘어남에 따라 중위 순자산도 함께 상승한다는 겁니다.

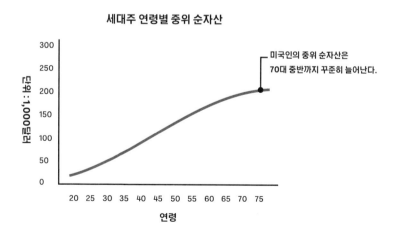

세대주 연령별 중위 순자산

미국인의 중위 순자산은 70대 중반까지 꾸준히 늘어난다.

단위 : 1,000달러

연령

그 이유를 추정하는 건 어렵지 않습니다. 연령이 높아질수록 연간 소득이 늘어남과 동시에 쓰지 않는 돈을 계속 저축하므로, 저축액 또한 계속 늘어나는 거죠. 이 점에 주목해야 하는 이유는 누구나 인생에서 부의 결실을 가장 즐길 수 있는 최적의 시기란 것이 존재하기 때문입니다. 문제는 사람들이 그 최적점을 훨씬 지난 다음에도 계속 저축을 한다는 것이죠. 65~74세 가구의 중위 순자산은 22만 4,100달러로, 55~64세 가구의 중위 순자산 18만 7,300달러에서 훨씬 더 증가한 수치입니다. 말도 안 되는 일이죠. 70대에 이르러서도 여전히 미래를 위해 저축하고 있다니요! 심지어 70대 중반이 되어도 해당 인구의 절반은 저축액을 사용하지 않습니다. 75세 이상 가구의 중위 순자산은 26만 4,800달러로, 모든 연령대 집단 중에서 가장 높죠. 따라서 설령 기대 수명이 늘더라도 수많은 미국인이 힘들게 번 돈은 그 주인보다 오래 살아남게 될 겁니다. 물론 나이가 들면 의료비 지출을 대비해 돈을 저축해 두곤 하죠. 하지만 금방 알게 될 내용대로, 의료 비용을 포함하더라도 전체 비용 지출은 연령 증가에 따라 감소합니다.

다른 데이터도 동일한 문제를 지적합니다. 미국 근로자복지연구소가 2018년 수행한 연구에서는 은퇴 후 20년간 사람들의 자산이 얼마나 변했는지 파악하기 위해 노령 인구의 재산(수입 및 자산)과 소비에 관한 데이터를 사용했습니다.[14]

(이 연구 보고서의 저자들은 마치 누구나 "은퇴 후 20년"을 즐길 수 있는 건 아니라는 점을 상기시키고 싶었는지 그 뒤에 "또는 사망 시점까지"란 표현을 덧붙였죠.) 과연 사람들은 재산을 계속 소비할까요, 아니면 대부분 남겨놓을까요? 연구진은 다음과 같은 발견을 얻었습니다.

▶ 전반적으로, 사람들은 자산을 매우 느리게 소비한다(감소시킨다).

▶ 60대 퇴직자든 90대 퇴직자든 전 연령대에 걸쳐, 가계 소득 대비 가계 지출의 중위값은 1:1에 가깝다. 즉 사람들의 지출이 소득을 계속해서 근소한 차이로 따라붙는다는 뜻이다. 소득이 줄어들면 지출도 줄어든다. 여기서도 은퇴자들이 저축한 돈을 전부 쓰지 않는다는 점을 확인할 수 있다.

▶ 은퇴 직전 50만 달러 이상을 보유했던 상위급 은퇴자는 20년 후 또는 사망 시점에 그 돈 중 단 11.8퍼센트만을 지출한 상태였다. 보유 자산 중 88퍼센트 이상을 남기고 떠난 것이다. 65세에 50만 달러를 갖고 은퇴했던 사람이 85세가 되어서도 여전히 44만 달러가 넘는 돈을 갖고 있다는 이야기다!

▶ 은퇴 시점에 20만 달러 이하를 보유했던 하위급 은퇴자의 지출 비율은 더 높았으나 (예상할 수 있듯, 애초에 지출할 일 자체가 적다.) 이 집단의 중위 구성원들조차 은퇴 후 18년

간 총자산 중 겨우 4분의 1을 쓰는 데 그쳤다.

▶ 전체 은퇴자 중 3분의 1은 은퇴 후 자산이 오히려 늘었다! 느리든 빠르든 자산을 감소시킨 게 아니라 계속해서 부를 축적했던 것이다.

▶ (은퇴 후에도 지속적인 수입이 보장된) 연금을 수급받는 은퇴자는 연금 비수급 은퇴자(총자산 중 34퍼센트 소비)에 비해 은퇴 후 18년간 훨씬 더 적은 자산(단 4퍼센트)을 소비했다.

그러니까 이렇게 분명히 보이듯이, 일하면서 늘 '은퇴 이후를 위해 저축하는 것'이라고 이야기했던 사람들이, 이제는 은퇴를 했는데도 '은퇴 이후를 위해 저축했던 그 돈'을 사실상 쓰지 않고 있다는 겁니다! '다 쓰고 죽기'의 길과는 확실히 멀죠. 애초에 그럴 생각조차 없는 듯 보이는 사람들도 있습니다. 연금 수급자들을 보면 명확히 드러나죠. 연금 수급자는 평생 수입이 보장되어 굶어 죽을 걱정은 절대 안 해도 되는 만큼, 그 누구보다도 더 기존 저축액을 마음 편히 써도 되는 사람들입니다. 하지만 재미있게도 보유 재산이 가장 적은 비율로 감소하는 이들이 바로 연금 수급자입니다. 데이터에서 알 수 있듯, 그 이유는 아마도 처음에 보유하고 있던 재산이 많았기 때문일 겁니다.

그래서 여전히 의문점이 남습니다. 왜 은퇴자들은 충분히 소비를 즐길 수 있을 만큼 젊을 때 가진 돈을 더 많이 쓰지 않았을까요? 대체 그들은 무엇을 기다리고 있는 걸까요?

이 질문에 대해 몇 가지 답을 제시해 볼 수 있습니다. 첫 번째는, 원래는 돈을 쓸 생각과 의도가 있었으나, 특정 연령에 도달하자 이전에 가졌던 요구 사항이 변하거나 사라졌다는 겁니다. 은퇴 계획 전문가들은 심지어 이러한 소비 패턴을 일컬어 '고속기go-go years', '쇠퇴기slow-go years', '중단기no-go years'라는 별도의 용어까지 만들었습니다.[15] 여기서 전제는, 처음 은퇴하는 시점에 우리에게는 은퇴 이후에 도전하려고 미뤄 왔던 갖가지 경험들이 존재하며, 또한 그 경험에 도전할 재산과 에너지를 (대개는) 여전히 갖추고 있다는 겁니다. 이 때가 바로 '고속기'인 거죠. 이후에, 보통은 70대에 이르면 우리 인생의 버킷리스트는 점차 지워지고 기력도 떨어집니다. 시간이 더 흘러 80대 이상이 되면 우리에게는 하고 싶은 일이 거의 남아 있지 않게 됩니다. 돈이 아무리 많아도 소용없죠. "아버지가 올해 86세인데 이제 더 이상 어디 가시고 싶은 곳도 없고 그냥 집에 편히 있길 바라세요."라는 어느 은퇴 계획 상담사의 말이 이런 상태를 정확히 표현합니다.[16]

제가 이런 모습을 처음 접한 건 제 할머니가 70대 후반이셨을 때입니다. 저는 그때 20대 후반이었죠. 당시 저는 막 증권 거래업을 시작했던 터라 새롭게 얻은 부를 주변 사람들과 함께 나누는 일이 즐거웠습니다. 할머니도 그중 한 분이셨죠. 그래서 1만 달러를 선물로 드렸습니다. 지금 돌이켜 보면 참 어리석은 선물이었죠. 지금 알고 있는 걸 그때도 알았더라면, 돈 대신에 정말 기억에 남는 경험을 대신 선물해드렸을 겁니다. 다른 지방에 사는 친척 집에 여행을 보내드린다든지 말이죠. 하지만 당시에 저는, 자신에게 무엇이 가장 좋을지는 본인이 다른 누구보다도 제일 잘 안다고 생각하고 있었습니다. 그리고 저라면 돈이 가장 간절했을 테기에 할머니께 바로 그 선물을 드린 것이었죠.

할머니는 당시에 제 어머니와 함께 지내고 계셨기에, 할머니가 돈을 어디에 쓰셨는지 어머니께 가끔 물어볼 수 있었습니다. 그리고는 할머니가 제가 드린 돈을 한 푼도 안 쓰셨다는 걸 알게 됐습니다. 할머니가 가난해서 그 돈을 다른 청구서를 갚는 데 쓰셔야 했기 때문이 아니었습니다. 그저 이제는 그 돈을 쓸 데가 별로 남아 있지 않은 것이었죠. 그해 크리스마스에 할머니는 제게 스웨터 한 벌을 선물로 주셨습니다. 제가 알기로 선물로 드린 1만 달러 중에서 할머니가 유일하게 사용하신 돈은, 그 스웨터 한 벌 사는 데 쓴 약 50달러가 전부입니다. 1만 달러라는 돈에서 할머니가 가져가신 즐거움이라고는, 저에게 그 스웨터를 선물한 기쁨, 혹은 당신의 손자가 할머니께 돈을 선물하고 싶어 한다는 걸 알게 됐다는 점이 고작인 것이죠.

하지만 할머니는 그저 그 돈을 어떤 이유로도 쓸 수가 없었습니다. 자신의 편의를 위해 돈을 쓰기엔 너무 검소하신 탓이기도 했죠. 실제로 집 안의 모든 소파와 안락의자가 닳지 않도록 비닐 덮개를 씌워 두는 분이셨으니까요. 물론 그 덮개들 때문에 가구를 이용하기가 불편했죠. 한번은 제가 친척 장례식 때문에 할머니네 집을 방문해서 특별한 날인 만큼 덮개를 벗겨 둔, 예쁘고 편안한 소파에 앉았던 적이 있습니다. 하지만 다음번에 다시 가니 비닐 덮개들이 원래대로 모두 씌워져 있더군요. 그리고 할머니의 남은 평생 동안 그 상태 그대로 유지되었습니다. 저는 도저히 이해가 되지 않았습니다. 효용을 누리지도 않을 거면서 대체 왜 돈을 들여 가구를 산다는 말인가? 소파 위에 씌워져 있던 비닐 덮개는 제가 이 책에서 이야기하려는 바의 축소판과도 같습니다. '무한히 지연된 만족의 무의미함'이죠.

언뜻 생각하기에는, 사람들은 나이가 들수록 정말 너무 늦기 전에 본인의 순수한 욕구를 채우고자 가진 돈을 더 자유롭게 쓸 것만 같습니다. 하지만 정반대의 현상이 일어납니다. 일반적으로 나이가 들수록 미국 가구의 지출액은 감소합니다. 미국 노동통계국이 수행한 소비자지출조사에 따르면 2017년 55~64세가 세대주인 가구의 평균 연간 지출액은 6만 5,000달러였습니다. 반면 65~74세 세대주 가구는 5만 5,000달러였고, 75세 이상 세대주 가구는 4만 2,000달러로 지출액이 더 줄었죠.[17] 의료비 지출이 상승함에도 불구하고 이런 전반적인 감소가 발생했는데, 의복 구입비나 유흥비 등 다른 대부분의 지출이 훨씬 낮아졌기 때문이었습니다. 또한 JP모건 자산운용사가 50만 명 이상의 고객 데이터를 분석한 다른 조사 결과에서는, 백만 달러 이상의 자산을 보유한 은퇴자의 경우에 이런 시간 경과에 따른 지출 감소세가 더욱 두드러지는 것으로 나타났습니다.[18]

자산 관리사들은 이런 패턴에 매우 익숙합니다. 은퇴 관련 조언을 제공하는 웹사이트에서는 '쇠퇴기'와 '중단기'에 관한 언급을 쉽게 찾아볼 수 있죠. 그러나 이런 욕구 감소에 관한 정보가 일반 대중에게까지 널리 알려진 것 같지는 않습니다. 충분히 예측 가능한 이 패턴을 만약 잘 인지하지 못한 사람이라면 은퇴 시점부터 사망 시점까지 경험에 대한 지출이 꾸준히 이뤄질 거라고 잘못 이해하고 있을 겁니다. 이것이 바로 우리가 과잉 저축하고 과소 소비하는 이유 중 하나죠.

예방은 지금부터

하지만 너무 많이 저축하고 너무 적게 소비하는 일이 반복되도록 만드는, 그래서 사람들이 죽을 때 돈을 남기고 떠나게끔 하는, 더욱 계획적인 원인은 따로 있습니다. 인생 경험에 돈을 쓸 계획을 세우는 대신 노년에 찾아올지도 모르는 예상치 못한 비용, 특히 의료비 지출을 위해 저축해 두는 사람들이 있습니다. 단순히 나이가 들면서 건강 상태가 나빠지고 의료비용이 더 많이 들기 때문만이 아닙니다. 실제로 얼마나 돈이들지, 예측조차 어려운 게 문제죠. 관상동맥우회로이식술이나 다년간의 항암 치료를 받게 되면 어쩌지? 요양원에서 몇년을 보내야 한다면?

　이론적으로, 바로 이럴 때를 위해 '보험'이란 게 존재합니다. 어떤 재난이 닥치더라도 보호막이 되어 주는 거죠. 하지만 보험을 들었더라도 때로는 막대한 의료비를 청구받기도합니다. 높은 공제비나 값비싼 처방약의 공동 부담금 때문일수도 있고, 어떤 이유로든 보험사가 보장을 거부해서 그런 일이 발생할 수도 있죠. 병에 걸린다고 해서 다 사망에 이르는건 아니기 때문에 의료비 지출을 대비해 저축하는 건 자연스럽고 합리적인 선택입니다. 그리고 치료 비용이 얼마나 될지불확실할수록 사람들은 더 많이 저축하는 경향을 보입니다.[19]

그렇지만 이러한 비용의 불확실성을 고려하더라도 과도하게 저축하는 사람들이 여전히 너무 많습니다.[20] 제가 볼 때는 '외계 로봇 침공을 대비한 보험'에 가입하는 것만큼이나 어리석은 구매 행위인 거죠. 외계 로봇이 실제로 지구를 침공해 우리의 터전을 파괴할 가능성이 아주 적게나마 있다고 해도, 몸을 숨길 특별 피난처를 짓는 게 옳겠습니까? 저라면 차라리 제 운을 믿고 그 돈을 더욱 유용하고 즐길 만한 곳에 쓰겠습니다.

물론 중무장한 초지능 외계인을 만날 가능성보다는 값비싼 의료비를 감당해야 할 가능성이 훨씬 더 큽니다. 그렇더라도 돈을 모아서 의료비를 감당하겠다는 계획이란 건 그와 흡사한 겁니다. 좀 거칠게 말하자면, 대부분의 사람들이 저축 가능한 금액으로는 혹시나 필요하게 될지도 모를 가장 비싼 의료비를 충당할 수 없습니다. 예를 들어서 항암 치료비는 보통 연간 50만 달러를 가뿐히 뛰어넘어 버리죠.

만약 본인이 전액 부담해야 할 의료비가 입원 1일당 5만 달러에 달한다면(바로 제 아버지가 임종 직전에 부담했던 병원비였죠.) 1만 달러, 5만 달러, 아니 25만 달러를 저축해 뒀다고 한들 무슨 의미가 있을까요? 저는 그럴 가치가 없다고 생각합니다. 5만 달러로 하루를 더 입원할 수 있을 뿐인데, 그 하룻밤을 위해 여러분은 1년을 일해야 하는 거니까요! 마찬가지로 몇 년에 걸쳐 저축한 25만 달러도 단 5일 만에 모두 사라져 버릴 겁니다.

병원에 그런 돈을 다 뜯기지 않기 위해 병원비 청구서를 꼼꼼히 살펴야 한다는 이야기를 하려는 게 아닙니다. 고가의 임종 치료비에서 벗어날 수 없다는 말을 하고 싶은 겁니다. 무보험 의료비는 너무 비싸기 때문에 미리 저축하든 하지 않든, 우리 대다수에게 실질적인 차이는 없습니다. 정부가 그 돈을 부담하거나, 아니면 우리가 죽거나, 둘 중 하나겠죠.

그렇지만 여러분이 이런 '대다수'에 포함되지 않는다고 해보겠습니다. 수백만, 수천만 달러의 갑부라고요. 그럼 어떨까요? 만약에 제게 병원에서 몇 달간 여생을 보낼 수 있을 만큼의 돈이 있다고 해도, 그래야 할 합당한 논리를 댈 수가 없습니다. 인생을 누리는 것과 단지 생명을 유지하는 것 사이에는 커다란 격차가 존재합니다. 저라면 당연히 전자를 택하겠습니다. 따라서 저는 인공호흡기에 의존해 삶의 질이 '제로'인 상태, 혹은 고통의 정도에 따라 더욱 나쁠 수도 있는 상태로 몇 달을 더 살기 위해 몇 년간을 일해서 돈을 모으지는 않겠습니다. 경제학자들이 말하는 '예방적 저축'에 매달리느니, 일이 어떻게 흘러갈지 그냥 지켜보는 쪽을 택하겠다는 거죠. 우리는 모두 언젠가는 죽습니다. 그러니 겨우 인생 말년의 며칠을 위해 화려한 몇 년을 희생하기보다는 제때 죽고 마는 게 나을 수 있습니다. 제가 즐겨 하는 말처럼 "나중에 무덤에서 만나자고요!".

게다가 의료 비용을 인생의 후반부보다 전반부에 지출하는 편이 더 현명한 선택입니다. 건강을 유지하고 질병을 방지하기 위한 효율성 측면에서 훨씬 낫죠. 실제로 여러 보험사가 유방 조영술 같은 예방 진료를 보장할 뿐만 아니라, 보험 가입자가 정기 검진 및 기타 예방 치료를 받을 수 있도록 실질적으로 지원합니다. (예를 들면 상품권 등의 형태로) 따라서 질병 예방을 통한 장기적인 비용 절감 효과는 충분합니다.[21] 어떻게 하더라도 모든 질병을 예방하는 건 불가능하지만, 일부 건강 문제는 상당 부분 발생 가능성을 크게 낮출 수 있으며 그럼으로써 더 나은 삶의 질을 누릴 수 있죠.

제 말이 "오직 젊은 시절에만 모든 관심을 집중하고 늙고 연약해질 때 벌어질 수 있는 일들에는 신경 쓰지 말라."라는 뜻으로 들릴지도 모르겠습니다. 하지만 그건 제 의도를 크게 왜곡하는 겁니다. 노년기 삶의 질을 위해 지금의 삶의 질을 크게 희생하는 건 커다란 실수지만, 늙고 약해질 때 돌봄을 보장받고 싶은 마음은 저도 충분히 이해합니다. 그렇다면 문제는 이겁니다. 돌봄 간호에 쓰일 큰돈을 저축하지 않고도 장기 간호가 필요하게 될 경우를 보장받고 싶다면 어떻게 해야 하는가? 이 경우를 위해 '장기요양보험'이 존재합니다. 이 보험을 잘 살펴보면 생각보다 비용이 많이 들지 않는다는 걸 알 수 있을 겁니다. 특히 65세 이전에 보험료를 납부하기 시작한 다면 말이죠.[22]

제가 강조하고 싶은 좀 더 일반적인 포인트가 하나 있습니다. 여러분이 본인 미래에 대해 걱정할 수 있는 모든 지점마다, 그에 상응해 여러분을 보호해 줄 보험 상품이 다 존재합니다. 그렇다고 그 모든 보험 상품에 일일이 가입하라고 권하는 건 아닙니다. 명백하게도 보험 가입에는 돈이 드니까요. 하지만 다양한 위험 요소에 대해 보험사가 상품을 개발해 판매하려는 것은 해당 위험들을 정량화할 수 있으며, 그 위험을 감수하고 싶지 않은 사람들을 위해 위험을 제거할 수 있다는 점을 보여 줍니다.

이번 장에서 저는 왜 '다 쓰고 죽기'가 생명 에너지의 주된 낭비를 예방해 줄 가치 있는 목표인지 그 이유를 여러분께 알려 드리고자 했습니다. 하지만 어떻게 실행할 수 있을까요? 일반적인 사람이라면 이 목표가 실제 달성 가능한 것인지를, 특히 우리가 얼마나 오래 살지 알 수 없는 상황에서 이 목표의 타당성을 여전히 의심하고 있을 겁니다. 바로 다음 장에서 '다 쓰고 죽기'를 실행할 수 있는 방법에 대해 본격적으로 다뤄 보도록 하죠.

역전 포인트

▶ 아직도 '다 쓰고 죽기'라는 개념이 우려스럽고 못마땅하다면, 그런 심리적 저항이 어디서 기원한 것인지 한번 따져 보세요.

▶ 자신의 직업을 사랑하고 매일의 출근길이 즐겁다면, 업무 일정과 동시에 소화할 수 있는 활동에 돈을 쓸 방법을 찾아봅시다.

4장 (죽기 전에 거지가 되지 않고) 돈을 쓰는 법

RULE 4

'다 쓰고 죽기'를 도울 가용 수단을 총동원하라

여러분이 아직 이 책을 붙들고 있다면, 아마도 '다 쓰고 죽기'가 좋은 아이디어라고, 적어도 원칙적으로는 그렇다고 여기기 때문이겠죠. 하지만 이 목표의 실행 가능성에 대해서는 여전히 회의적일 거라 짐작합니다.

그리고 그 회의적인 태도가 옳습니다. 사실, 정확히 다 쓰고 죽는다는 건 불가능한 목표죠. 그러려면 자신이 정확히 언제 죽을지를 알아야 하는데, 신도 아닌 우리가 죽는 날을 미리 알 수 있을 턱이 없습니다.

그러나 단지 '정확한 사망일'을 우리가 알 수 없다는 것뿐, 어림값에 도달할 수 없다는 건 아니죠. 한번 설명해 보겠습니다. 혹시 여러분은 '기대 수명 계산기'라는 걸 써 본 적이 있나요? 여러 보험사 웹사이트에서 이 계산기를 무료로 제공하고 있으니 한번 써 보시는 것도 재미있을 겁니다. 이런 계산기들은 물론 그리 정확하지 않은 도구지만, 여러분이 앞으로 얼마나 살지 예측하기 위해 여러분의 현재 나이, 성별, 신장, 체중(체질량지수는 얼마인지), 흡연과 음주 패턴, 그리고 전반적인 건강을 예측할 수 있는 다른 지표들에 대한 질문을 던집니다. 가족력이나 평소에 안전띠를 잘 채우는지를 묻는 경우도 있죠. 이 모든 질문에 답을 하면, 기대 수명 계산기는 숫자를 내놓습니다. "당신의 기대 수명은 94세입니다! (단, 체중 40킬로그램을 줄이고 술을 진창 퍼마시는 습관과 하루 한 갑 피우는 담배를 버리지 않으면 55세까지 살게 됩니다.)"

앞으로 얼마나 살지 알게 되는 건 여러분 입장에서 유쾌한 생각은 아닐 수도 있습니다. 죽을 연습을 하는 것도 아니고, 당장 장례식 계획을 세우고 생명 보험 양식에 수혜자 이름을 적어야 할 것만 같죠. 좋습니다. 해야 할 가치가 있는 일이라고 해서 반드시 그 일을 사랑해야 하는 건 아니니까요. 기대 수명 계산기를 쓰고 싶지 않다면, 그건 여러분의 선택입니다. 다만 앞으로 제게 얼마나 살지 모른다는 말을 하거나, 그걸 150살까지 살 것처럼 돈을 모을 핑계로 삼지는 말아 주길 바랍니다.

계산기에서 나온 숫자가 몇 살이든, 그건 단지 보험 계리사가 도출한 추정치일 뿐이죠. 이들은 관련 통계를 바탕으로 위험도를 예측하기 위해 보험사가 고용한 전문가입니다. 만약 계산기가 어떤 숫자를 내놨다면, 그건 여러분과 비슷한 사람들의 과거 수명을 바탕으로 도출된 경험적 추정치라고 보시면 됩니다. 여러분과 비슷한 사람 중에서 그 평균보다 더 일찍 죽은 사람들도 많고, 더 오래 산 사람들도 많은 거죠. 그렇게 평균값과 범위가 정해집니다. 이런 점을 반영하여 일부 기대 수명 계산기는 결과값을 '확률'의 형태로 내놓습니다. 예를 들면 이렇게 이야기하는 것이죠. "당신이 92세까지 생존할 확률은 50퍼센트이고, 100세까지 생존할 확률은 10퍼센트입니다." 이렇게 확률로 표시된다는 사실 자체가, 한 개인의 기대 수명을 예측한다는 것이 부정확한 과학임을 입증할 뿐입니다. 하지만 특정 연령까지 생존할 가능성을 단순히 알기만 해도, 아예 모르는 것보다는 여전히 낫습니다. 언제 죽을지 아예 모른다면 우리는 최적점에 근접한 결정을 내릴 수가 없을 테니까요. 여러분이 평소 조심성이 많은 유형이라면, 150살까지 살 수 있다는 생각을 바탕으로 저축하고 소비하게될 거란 말입니다. 아니, 아예 영원히 죽지 않을지도 모르는 것처럼 살 수도 있죠. 원금은 손도 대지 않고 이자만으로 근근이 살아가는 사람들처럼요. 그 결과, 여러분은 결국 '제로'보다 훨씬, 훨씬 더 많은 돈을 갖고 죽는 겁니다. 즉, 즐기지도 못할 재산을 벌기 위해 수많은 생명 에너지를 낭비하게 된다는 뜻이죠. 자신이 언제 죽을지를 최소한 근사치라도 아는 것은 여러분이 소득, 저축, 지출에 대해 훨씬 더 좋은 결정을 내릴 수 있도록 도와줍니다. 그래서 저는 기대 수명 계산기를 써 보길 권합니다.

기대 수명 계산기를 사용해 봤다면, 어떤 점을 발견했습니까? 여러 계산기를 써봤을 때 일관된 결과가 나오던가요? 여러분이 생각했던 것보다 더 늦게 죽게 될 것 같습니까? 생활 방식을 바꾸고 몇 년 뒤에 다시 계산기를 돌려 보고 싶다는 마음이 들었나요? 이 모두가 좋은 질문이며, 이런 생각을 갖는 자체가 우리의 지출을 최적화하기 위한 첫걸음입니다.

하지만 어떻게 그럴 수 있을까요? 다 쓰고 죽고 싶은데, 정확히 다 쓰고 죽는 게 불가능하다면, 어떻게 '제로' 상태에 근접할 수 있을까요? 인간사의 변화무쌍함에 어떻게 대처해야 할까요?

가장 먼저 직면해야 할 항목은 '불확실성'입니다. 생각보다도 오래 살게 될 가능성을 가리켜 우리는 '장수 리스크'라고 부릅니다. 누구도 일찍 죽고 싶어 하지는 않지만 (이럴 가능성은 '사망 리스크'라고 하죠.) 돈이 다 떨어진 채 살다가 죽고 싶어 하는 사람도 없습니다. (돈이 없다면 삶의 질은, 그나마 겸손게 말해서, 큰 폭으로 떨어지니까요.) 그러니 사망하는 시점이 늦든 이르든 우리의 예상 수명의 양면 모두에 불확실성이 존재하며, 우리는 이러한 불확실성이 가져올 부정적인 재정적 결과를 어떻게 처리해야 할지 미리 대비해 두길 원합니다.

앞서 언급한 대로, 바로 이런 필요성을 충족시킬 금융 상품이 존재하죠. 하지만 지금 저는 그런 금융 상품을 내세우고 싶은 마음이 없으며, 제 전문 분야도 아닌 그 상품들의 세부 사항에 대해 더 파고들고 싶지도 않습니다. 하지만 '다 쓰고 죽기'가 자신에게는 맞지 않는다고 결론을 짓기 전에 여러분이 정말 이해해야 할 필요가 있는 몇 가지 기본 요소가 있습니다. 그리고 공인 자산 관리사가 아니어도 이 기본 요소에 관해 설명할 수 있죠. 자동차 정비사가 아니어도 전국 횡단 자동차 여행을 떠나려면 우선 차가 있어야 한다는 사실을 이야기해 줄 수 있는 것처럼요.

당신은 뛰어난 보험 설계사가 아니다!

여러분은 사망 리스크, 즉 생각보다 일찍 죽게 될 위험을 처리하기 위해 고안된 이 금융 상품에 대해 이미 알고 있을 겁니다. 바로 생명 보험입니다. 우리가 정확히 언제 죽을지는 우리뿐 아니라 생명 보험 회사도 모르지만, 그럼에도 우리가 사망하는 일이 발생하면 언제든 지정해 둔 수익자에게 돈을 지급할 수 있습니다. 보험사가 자신 있게 이런 서비스를 제공할 수 있는 이유는, 수백만의 사람들에게 동시다발적으로 보험을 제공하고 있기 때문입니다. 이들 중에는 평균보다 일찍 죽는 사람도 있고 반대로 더 오래 사는 사람도 있기 때문에 양측의 '오류'가 각기 서로를 상쇄하는 겁니다. 이렇기에 보험사는 우리가 죽는 시점을 알 필요가 없죠. 단지 전체 보험 가입자의 기대 수명 데이터를 알고 있으면 돈을 지불하고도 수익을 낼 수 있는 겁니다.

이렇게 다수의 사람에게 위험을 분산시킬 수 있는 능력 덕
분에 보험사는 개인인 우리들보다 우위를 점할 수 있습니다.
그래서 사람들은 위험으로부터 자신을 보호하기 위해 애쓰는
대신 온갖 종류의 보험 상품에 기꺼이 돈을 내고 가입하는 것
이죠. 우리는 뛰어난 보험 설계사가 아니기 때문입니다.

　생명 보험이란 이처럼 우리가 사망 리스크를 처리할 수 있
게 도와주기에 전체 미국인 중 60퍼센트가 적어도 두 개 이상
의 생명 보험에 가입되어 있습니다.[23] 반면 장수 리스크에 대
응하기 위해 고안된 금융 상품도 존재한다는 사실을 아는 사
람은 이보다 적습니다. 죽기 전에 돈이 떨어질까 봐 두려워하
는 많은 사람이 반드시 주시해야 할 상품이 있는 겁니다. 이
런 상품을 가리켜 연금Annuities이라고 부릅니다. 연금은 기본
적으로 생명 보험과는 반대입니다. 생명 보험에 가입하면 우
리는 자신이 너무 일찍 죽을 위험으로부터 남아 있는 가족을
보호하기 위해 돈을 내죠. 반면에 연금에 가입하는 것은 너무
늦게 죽을 위험, 가진 저축액을 다 쓰고도 살아 있을 위험으
로부터 자기 자신을 보호하기 위함입니다.

　제 말보다는 「뉴욕타임스」에 "당신의 돈" 칼럼을 쓰는 론
리버의 설명을 참고하는 게 좋겠습니다. "연금 상품을 내놓는
보험사는 대개 그 상품이 마치 투자 상품처럼 보이도록 만듭
니다." 론은 연금에 대해 이렇게 썼습니다. "하지만 사실은 보

험에 더 가까운 상품입니다. 재정적 위기를 방지하기 위해 보험에 가입하는 것처럼, 연금 보험은 우리가 오래 살아도 돈이 바닥나지 않으리라 보증받기 위해 가입하죠."[24]

실제로, 연금 보험은 투자보다는 보험으로 여기는 편이 훨씬 더 합리적입니다. 투자 상품으로서는 전혀 좋은 선택이 아니기 때문이죠. 하지만 그건 연금 보험의 목적이 다르기 때문입니다. 연금 보험의 목적은 우리가 가진 돈이 떨어지는 시기보다 더 오래 살게 될 위험에서 우리를 보호하는 것이죠.

그럼 연금 상품은 이 목적을 어떻게 달성하는 걸까요? 연금 보험에 가입한다는 것은, 우리가 보험사에 일시불을 납입한다는 의미와 같습니다. 예를 들어, 60세에 50만 달러를 납입한다고 가정하죠. 그리고 대신에 남은 평생 월별로 일정 금액(예를 들어 매달 2,400달러)을 지불받을 권리를 보장받는 겁니다. 그 기간이 아무리 길어지더라도 말이죠. 모든 보험 상품이 그렇듯이, 연금 보험 또한 공짜가 아닙니다. 보험사도 수수료로 돈을 벌어서 사업을 운영해야 하니까요! 하지만 지금껏 번 돈으로 인생 경험을 극대화하려는 목표를 가진 사람에게는 매우 합리적인 해결책입니다. 그 이유 중 하나는, 보험사가 수수료를 떼어간 후 우리에게 주는 월별 지불액 총액이, 우리가 살아 있는 동안 가진 돈이 다 떨어지지 않으리란 보장을 받기 위해 스스로에게 지급할 금액보다 더 많기 때문이죠. 예를 들어서, 은퇴 지출에 관한 인기 있는 경험 법칙 중 하나로 '4퍼센트 법칙'이란 게 있습니다. 은퇴 후에는 매년 가진 저축액 중의 4퍼센트만 인출해 쓰라는 거죠. 그런데 연금 보험에 가입할 경우 우리가 받을 연간 지불액은 아마도 연금에 납입한 금액의 4퍼센트 이상일 겁니다. 그리고 4퍼센트를 인출하는 경우와는 달리, 이 지불액은 남은 평생 계속 지급되는 게 보장되죠.

보험사가 이처럼 안정적이고 합리적으로 높은 이율을 제공할 수 있는 이유는, 여러분이 돈을 두고 갔기 때문입니다. 납입한 원금을 영원히 포기하는 거죠. 극단적인 경우로 만약 여러분이 연금 보험에 가입한 다음 날 사망한다면 여러분은 납입금을 다시는 볼 수 없게 되며, 그 돈은 대신 90세에 접어든 운 좋은 누군가(또 다른 연금 보험 가입자)의 지불액으로 처리될 겁니다. 반면에 연금 보험에 가입하지 않는다면, 여러분은 직접 자신의 보험 설계사가 되어 자가 보험을 들어야만 합니다. 이게 그리 좋은 생각이 아닌 이유는, 대형 보험사를 위해 일하는 보험 설계사와는 달리, 여러분에게는 장수와 사망 양쪽 모두의 리스크를 분산시킬 능력이 없기 때문입니다. 따라서 죽는 날까지 재정적 안전을 도모하고자 한다면 최악의 시나리오에까지 대처할 대형 완충막을 갖춰야 하죠. 이를 위해 과잉 저축을 해야 하므로, 십중팔구 상당한 액수의 돈을 남기고 죽게 됩니다. 결국 다 쓰지도 못할 돈을 버느라 수년 간 일해야 하겠죠. 따라서 자신의 보험 설계사 역할까지 하겠다는 건 인생을 극대화하는 일과는 완전히 거리가 먼 이야기인 겁니다. 다시 말하지만, 여러분은 뛰어난 보험 설계사가 아닙니다!

경제학자들은 보통 연금 보험이 장수 리스크를 다루는 꽤 합리적인 방법이라고 생각합니다. 그래서 여러 전문가들은 왜 더 많은 사람이 연금 보험에 가입하지 않는지 오랫동안 궁금해하면서 이 질문에 '연금 수수께끼Annuity Puzzle'라는 이름을 붙이기까지 했습니다.[25]

그런데 제가 여러분에게 모든 저축액을 전부 연금 보험에 집어넣으라고 했나요? 아뇨, 물론 그러지 않았습니다. 제가 말하고자 하는 바는, 돈이 다 떨어지지 않고도 '다 쓰고 죽기'를 실천하는 문제에 대한 해답이 존재하며, 적어도 그 방법을 살펴보지 않으면 여러분 자신에게 해가 될 거라는 점입니다.

우리의 목표가 최대한 낭비를 제거하는 것이라는 점을 잊지 마세요. 이 목표에 얼마나 가까이 다가갈 수 있는지 여부는 여러분 자신의 위험 감내도에 달려 있습니다. 만약 여러분의 위험 감내도가 매우 낮다면, 즉 생전에 돈이 다 떨어질 아주 작은 가능성마저도 감수하지 못하는 사람이라면, 연금 보험에 가입하거나 혹은 자가 보험의 대형 완충막을 갖춰야 합니다. 여러분이 123세까지 살게 될 가능성은 현재로서는 매우 낮습니다. (지금까지 가장 오래 산 사람의 기록은 122년 164일이었습니다.) 하지만 위험 회피 성향이 극도로 강한 사람은 123세까지 버티게 해 줄 만큼 충분히 거대한 완충막을 필요로 하겠죠.

만약 여러분이 위태롭게 사는 걸 즐기는 쪽이라면 이 책이 필요하지 않을 겁니다. 아마도 '다 쓰고 죽기'가 이미 예정돼 있을 테니까요. 그런데 정말, 과연 그럴까요? 그렇더라도 여러분에게는 여전히 이 책이 필요합니다. 왜냐하면, 위태로운 삶을 살면 돈이 바닥나는 시점보다 더 오래 살 위험이 있기 때문입니다. 일반적으로는 강수 리스크에 대한 감내두가 높을수록 완충막이 덜 필요합니다. 더 많은 리스크를 감당할수록 절대 쓰지 않을 돈을 위해 생명 에너지를 덜 낭비해도 된다는 것이죠.

예를 들어서, 여러분의 기대 수명이 85세인데 5~6퍼센트의 오차가 예상된다고 칩시다. 이런 경우라면 여분의 몇 년을 위해 저축을 해야겠다고 결심하겠죠. 90세까지 쓸 돈을 마련하려 할 겁니다. 하지만 자신이 85세에 사망할 경우 5년 치 저축액이 낭비되기를 원치 않는다면, 그보다 덜 저축하여 그 낭비 요소를 제거해 버릴 수 있습니다. (그리고 지금부터 조금이라도 더 나은 삶을 즐기는 거죠.) 단, 90세까지 살 수도 있다는 장수 리스크를 참아낸다면 말입니다.

저는 어느 쪽이 더 옳다고 이야기하지 않습니다. 위험 감내도는 개인마다 다르죠. 다만 본인의 위험 감내도에 대해 생각해 보는 것과 막연한 두려움 속에서 선택하는 것 사이에는 커다란 차이가 있다는 사실을 여러분이 알았으면 합니다. 그러니 자신의 기대 수명을 알아보고, 위험 감내도를 고려하고, 몇 년 치를 저축해야 할지 계산해 보는 게 좋습니다. 하지만 돈이 바닥난 이후까지 오래 살게 될까 봐 두려워서, 혹은 죽음에 대한 공포 때문에 그런 숫자들을 아예 쳐다보지조차 않으려 해서는 안 됩니다. 그런 두려움과 회피 속에서 인생을 살아간다면, 분명 돈을 조금씩 다 써 버리거나, 너무 안 쓴 나머지 지난 세월 동안 힘들게 번 돈을 다 남기고 떠나게 될 게 분명하니까요. 결국은 그 오랜 세월을 본인이 만든 두려움의 노예가 되어 일하게 된다는 거죠.

내게 당면한 문제는 무엇인가?

경고하자면, 연금 보험은 매우 복잡할 수 있습니다. 연금 보험을 다룬 책이 수없이 출간된 이유죠. 우선 몇 가지 각기 다른 유형이 존재합니다. 또한 연령, 건강, 총저축액, 위험 감내도 등 수많은 요인에 따라 차라리 연금 보험을 그냥 건너뛰거나 여러 은퇴 대비 투자 중 한 방편으로만 사용하는 편이 나을 수도 있습니다.

이 문제에 관해 재정 전문가의 상담을 받아볼 수 있습니다. 그러니 연금 보험에 관한 책을 한 권도 읽지 않았다고 제가 여러분에게 뭐라 하진 않을 겁니다! 하지만 아무것도 몰라서는 안 됩니다. 그리고 전문가가 어떻게 도와주기를 원하는지는 명확히 알고 있어야 합니다. 우선 일부 재정 전문가가 고객들에게 연금을 권하려 하지 않는 이유부터 이해할 필요가 있습니다. 여러분의 재정 전문가가 만약 금융계 용어로 '운용 자산' 중의 일정 퍼센트를 받는 경우라면, 이들은 그 운용 자산을 늘리고자 할 겁니다. 이런 경우 재정 전문가 입장에서 정말 피하고 싶은 것은 여러분을 위해 관리 중인 포트폴리오에서 돈을 다 빼내는 일이죠. 결국 이들에게 연금 보험은 경쟁자인 셈입니다.

하지만 오직 수수료만을 받는 전문가, 재정적 조언을 제공하는 대가로 정액 요금만 지불하면 되는 경우를 봅시다. 이런 유형의 전문가에게는 굳이 연금 보험을 피해야 할 동기가 없으며, 또한 연금 보험을 판매한다고 수당을 받는 것도 아니죠. 어느 쪽이든 이해 충돌이 전혀 없는 겁니다. 여러분의 재정 전문가는 여러분에게 알맞은 재정 계획을 짜내기 위해서라면 충분히 머리를 싸맬 수 있는 사람들입니다. 하지만 선행되어야 할 것은, 여러분의 목표가 무엇인지, 해결하고 싶은 문제가 무엇인지에 대해 명확히 말해 주는 일입니다. 지붕을 고쳐야 하는데 배관공을 부르면 안 되죠. 세계 제일의 배관공이라고 할지라도 물이 새는 지붕을 고치는 일은 하지 않습니다. 마찬가지로 재정 전문가는 어떤 주식에 투자할지에 대해서는 뛰어난 실력을 발휘할 수 있지만, 이들의 쓸모는 오로지 여러분이 해결하고자 하는 문제가 '부자 되기'일 때에만 발휘됩니다. '전반적인 인생의 즐거움'을 높이는 것이 아니라 말이죠.

다시 한번 이야기하겠습니다. 우리가 지금 해결하고자 하는 문제는, 여러분의 '전반적인 인생의 즐거움'을 높이는 데 관한 것입니다.

이 책의 전제는 여러분이 '부의 극대화'가 아니라 '인생의 즐거움의 극대화'에 중점을 두어야만 한다는 겁니다. 이 두 가지는 서로 매우 다른 목표입니다. 돈은 그저 목적을 위한 수단에 불과합니다. 돈이 있으면 인생을 즐긴다는 더욱 중요한 목표를 달성하는 데 도움이 되죠. 하지만 돈을 최대한 많이 가지려 한다면 더 중요한 목표를 달성하는 데 실질적으로 방해가 됩니다.

따라서 항상 이 최종 목표를 마음속에 새겨야 합니다. '인생의 즐거움을 극대화한다'를 주문처럼 외우면서 모든 결정을 내리는 데 지표로 삼으세요. 물론 재정 전문가에게 무엇을 중점적으로 요구할지까지 포함해서 말입니다. 일정 수수료만을 받는 재정 전문가에게 여러분의 목표가 살아 있는 동안에 빈털터리가 되는 일 없이 가진 돈으로 최대한의 즐거움을 얻는 것이라는 점을 밝힌다면, 그들은 그 목표가 실현되게 만들 계획을 세우도록 도와줄 겁니다.

이번 장에서 저는 주로 빈털터리가 되는 것을 피하는 법, 과잉 지출로 인해 가진 저축을 다 써 버리지 않는 법에 대해 이야기했습니다. 하지만 이것은 다 쓰고 죽는 법에 관한 문제 중에서 절반에 불과합니다. 다른 절반은 과소 지출로 인해 생명 에너지를 낭비하지 않는 법에 관한 것이죠. 그렇다면 재산을 남긴 채 커다란 후회에 짓눌려 죽지 않으려면 어떻게 지출 계획을 세워야 할까요? 재정 전문가의 용어를 빌리자면, 다년간 축적해 온 돈을 어떻게 '처분'할 건가요? 이 질문에 대한 저의 종합적인 해답은 8장에서 다룰 테니, 여기서는 간단한 단서만 제공하도록 하겠습니다. 그 방법은 자신의 건강 상태를 체크하여 버는 수입보다 쓰는 지출을 늘리기 시작할(즉 비상금을 깨기 시작할) 시점을 파악하는 데서 출발합니다. 이 이야기는 자신의 사망 예정일과 연간 생존 비용을 알아야 한다는 뜻이기도 합니다. 이 두 가지 숫자를 통해 현재부터 사망일까지 필요한 최소한의 금액을 파악할 수 있기 때문이죠.

그리고 해당 금액을 초과하는 모든 저축은 곧 여러분이 즐기는 경험에 공격적으로 지출해야 하는 돈입니다. 제가 '공격적'이라는 표현을 사용한 이유는 나이가 들면서 점점 쇠퇴하는 건강과 약해지는 관심사로 인해 여러분의 가용 활동 범위가 축소될 것이고, 따라서 지출 속도 또한 계속 유지되지 않을 것이기 때문입니다. 다 쓰고 죽기를 실천하면서 삶의 모든 순간에 자신이 보유한 체력을 최대한 누리고 싶다면, 60대보다는 50대에, 70대보다는 60대에 더 많이 지출해야 합니다. 물론 80대, 90대와 비교해도 마찬가지고요! 8장에서는 이런 아이디어를 더 자세히 설명하고 본인이 직접, 혹은 재정 전문가의 도움을 받아 실천할 방법 또한 알려 드리도록 하겠습니다.

죽음을 기억하라

모든 생명체와 마찬가지로 인간 또한 생존을 위해 진화해 왔습니다. 물론 우리는 단순한 생존 이상을 바랍니다. 예를 들어 제가 여러분에게 생존과 번영 중에 무엇을 택하겠냐고 묻는다면 분명히 '번영'이라는 답이 나오리라고 확신합니다. 하지만 최고의 삶을 누리려는 우리의 노력은 생존 본능만큼 자연스럽거나 강력하게 발휘되지는 않는 것 같습니다. '죽음 회피'는 인간의 최우선 과제이며 다른 모든 것을 압도하는 단일 목표라고 할 수 있죠. 제 친구인 쿠퍼 리치는 이 점을 다음과 같이 잘 표현했습니다. "인간의 뇌는 죽음에 관해서는 비합리적으로 작동하도록 설계돼 있다." 사람들은 죽음이라는 주제를 꺼리며 죽음이 절대 다가오지 않을 것처럼 행동합니다. 그에 대비한 계획을 세우지 않는 경우도 너무나 많죠. 그저 우리가 '만료'되는 미래의 미스터리한 어느 날 정도로만 여깁니다.

죽음에 대한 전면적인 거부는 왜 그토록 많은 사람이 단 몇 주를 더 살기 위해 수만, 심지어 수십만 달러를 지출하는지를 설명해 줍니다. 잘 한번 생각해 봅시다. 그 돈은 그 사람들이 수년, 혹은 수십 년을 열심히 일해서 번 돈이잖아요. 병들고 움직일 수 없는 상태로 겨우 몇 주간의 생명을 구입하기 위해서 건강하고 활기찼을 때의 생명 몇 년 치를 대가로 치른 셈이죠. 이보다 더 비합리적인 거래가 어디 있겠습니까!

죽고 나면 돈은 아무런 가치가 없습니다. 그래서 여러분에게 다 쓰고 죽어야 한다고 이야기하는 겁니다. 그렇다면 죽음에 가까이 이르렀을 때 조금이라도 더 생명을 연장하기 위해 가진 돈을 다 쓰는 것은 어쩌면 비합리적인 선택이 아니라고 할 수 있을 겁니다. 그 순간에는 쓰지 않으면 그 돈은 다 없어지는 거니까요. 저명한 경제학자 세 명이 적은 표현대로, "재

산을 남길 가치가 없을 때는 무용한 돌봄에 상당한 금액을 지출하는 것이 합리적"입니다.[26]

그러나 이러한 진술은 오직 우리가 죽음을 대비하는 데 실패하여 벌어진 나쁜 상황을 어떻게든 극복하려고 애쓰고 있는 경우에만 옳습니다. 그런데 왜 굳이 그런 나쁜 상황을 자초해야 하나요? 다른 목적이 없는 한, 꼭 그래야 할 이유가 없습니다. 여러분이 건강할 때 미리 합리적으로 사고하고 계획을 세워 놓는다면 절대 그런 상황에 놓이지 않을 겁니다. 자신이 가진 재산 중 대부분을 인생의 마지막 몇 주 동안 쓰겠다는 계획은 말이 안 됩니다. 완전히 비합리적이죠.

하지만 여기서 문제가 있습니다. 인간은 죽음에 관해 비합리적이고, 그건 죽음이 가까운 순간에서도 마찬가지죠. 그래서 우리는 죽기 전에 돈이 바닥날 수 있다는 공포를 더욱 키워 왔습니다. 이 공포는 많은 사람이 먼 미래를 위해 과도하게 저축하도록, 그리고 그 결과 현재의 삶을 제대로 즐길 수 없도록 만들 만큼 충분히 거대해졌죠.

그러나 죽음과 건강 악화는 누구에게나 실제로 일어날 수 있는 일이므로, 미래에 찾아올 사망일은 현재 우리의 행동에 당연히 영향을 미칩니다. 한 단계씩, 우선 가장 극단적인 경우부터 생각해 봅시다. 만약에 여러분이 내일 당장 죽게 될 걸 알게 됐다면, 오늘 여러분의 행동과 활동은 분명히 달라질 겁니다. 심지어는 180도로 완전히 바뀔 수도 있겠죠. 이제 수위를 한 단계만 낮춰서, 앞으로 이틀 뒤에 죽는 경우에는 방금 전 경우와는 '약간' 다르겠지만, 50년 혹은 70년 더 살 날이 남은 경우에 비하면 여전히 '크게' 다르겠죠. 이제 죽는 날까지 사흘이 남은 경우, 여러분의 행동이 어떻게 달라질지 생각해 봅시다. 혹은 365일이 남았다면 어떨까요? 이제 여러분에게 남은 날이 1만 4,000일, 혹은 2만 5,000일이라고, 아니 그 이상의 어떤 숫자에 도달할 때까지 이러한 루프가 계속 반복된다고 상상해 보세요. 이런 생각을 실제 죽는 날까지 계속하면 여러분의 계획은 어떻게 바뀌게 될까요?

제가 여러분에게 오늘이 인생의 마지막 날인 것처럼 살아야 한다고 이야기하지 않는다는 점에 유의해 주세요. 우리는 늘 현재를 살아가는 일과 미래를 계획하는 일 사이에서 균형을 맞춰야 하지만, 사망일에 따라 이 균형은 조금씩 기울어집니다. 죽음이 가까울수록 현재를 누려야 할 필요가 더 긴급해질 것이고, 죽음이 멀어질수록 미래를 위한 계획을 세울 수 있는 여유와 필요성이 더 높아질 겁니다. 하지만 우리가 자신의 사망일을 전혀 살펴보지 않는다면, 마치 영원히 살기라도 할 것처럼 군다면, 올바른 균형을 맞출 방법은 없습니다.

마찬가지로 죽음에 대한 생각은 괴로움을 유발할 수 있기에 우리는 죽음에 대해 생각하는 것을 되도록 피하려고 합니다. 죽음이 결코 찾아오지 않을 것처럼 행동합니다. 그렇게 멋진 경험을 계속 미루면서, 인생의 마지막 한 달 동안 평생 미뤄 두기만 했던 모든 경험을 손쉽게 누릴 수 있을 것처럼 행동하죠. 물론 불가능한 일입니다. 완전히 비합리적인 이야기죠.

이런 이야기가 끔찍하게 들릴 수 있고 여러분을 불편하게 만들 거라는 점을 잘 압니다. 하지만 그럼에도 저는 저의 사망 예정일까지 남은 (연, 월, 주 단위까지 포함된) 일자를 계산해 주는 '파이널 카운트다운'이라는 앱을 사용하고 있으며 주변 친구들에게도 권해 왔습니다.[27] 이 앱이 사람을 얼마나 불안하게 만드는지도 압니다만, 죽음을 상기하는 것은 한 사람의 인생에 절실한 긴급성을 부여합니다.

예를 들어서, 마지막 날까지 몇 주가 남아 있는지를 보면서 저는 제가 누릴 수 있는 주말이 얼마나 많은지 (혹은 적은지) 스스로 상기하곤 합니다. 남아 있는 연수를 보면서는 몇 번의 크리스마스를 즐길 수 있을지, 또 몇 번의 여름 혹은 가을을 누릴 수 있을지 떠올려 보죠. 이런 알림들을 눈으로 직접 확인하면서 제 생각과 행동은 바뀌었습니다. 어떤 사람을 만날 것인지와 주변 사람들에게 사랑한다고 말하는 횟수 같은 것들 말이에요. '파이널 카운트다운' 앱은 죽음이 존재하지 않는 듯이 행동하게 만드는 자동 조종 본능에 제가 대항

할 수 있게 해 줍니다. 물론, 죽음은 존재합니다. 이후에 설명하겠습니다만, 실제로 우리 모두는 마지막 최후의 죽음에 앞서 1,000번의 죽음을 경험하게 됩니다. 그리고 '파이널 카운트다운'은 우리가 그런 현실을 더욱 절감하면서 인생을 살 수 있도록 도와주는 도구인 것이죠.

제가 말하려는 바는, 다 쓰고 죽기란 단지 '돈'에 관한 것만이 아니라는 점입니다. '시간'에 대한 이야기이기도 한 거죠. 한정된 시간과 생명 에너지를 어떻게 사용할지에 대해 더 많이 생각해 보세요. 그러면 누릴 수 있는 가장 충만한 삶에 순조롭게 이를 수 있을 겁니다.

역전 포인트

▶ 죽기 전에 빈털터리가 되는 게 신경 쓰인다면, 해결책 중의 하나로 연금 보험에 관해 알아보는 시간을 가져 봅시다.

5장 아니 그럼 내 자식들은 어쩌라고?

RULE 5
가장 효과가 좋을 때
증여하고 기부하라

제가 다 쓰고 죽기에 관해 이야기할 때마다 형식은 조금 달라도 결국은 똑같은 질문을 받곤 합니다. "애들은 어떡하라는 거죠?" 누구에게 이야기하든 언제나 예외 없이 등장하는 질문이죠.

심지어는 이 질문에 도덕적이고 자기희생적인 어조가 배어 있는 경우도 있습니다. 실제로 제게 "글쎄요, 자녀가 없는 사람이나 당신처럼 말하겠죠."라고 하는 사람도 있었고요. 어떤 사람들은 제게 두 딸이 있다는 걸 알고 있는데도, 다 쓰고 죽기란 것이 극단적으로 이기적인 행동임을 넌지시 암시하기도 했습니다. 어떤 식으로 표현하든, 자녀를 걱정하는 질문을 던지는 사람들 대부분은 이렇게 말하고 싶었을 겁니다. "다 쓰고 죽는다는 건 자기 자신만 생각하는 사람에게는 좋을지 모르겠지만, 자녀의 앞날도 걱정해야 하지 않겠소? 자신 외의 다른 누군가를 아낀다면 다 쓰고 죽어서는 안 되지. 애들을 위해 돈을 남겨야 하는 거요." 여기에 숨겨진 의미는 이런 것이겠죠. '만약에 다 쓰고 죽기가 이기적인 놈들에게나 어울리는 삶의 태도라면, 나처럼 배려심 깊고 좋은 사람에게 맞을 리가 없어!'

이렇듯 고결한 척하는 소리를 많은 사람에게서 들었지만, 저는 너무나도 위선적이라서 도저히 참아줄 수가 없습니다. 다 쓰고 죽기 방식에 반대하기 위해 자녀를 핑계로 삼는 사람들은, 사실 정말로 자녀를 우선시하는 게 아니라 오히려 뒷전으로 미뤄 두고 있는 겁니다. 왜 이렇게 말하냐고요? 자, 저의 친한 친구들과 나누게 되는 전형적인 대화를 예로 들어 보겠습니다.

이 좋은 친구들 중 한 명이 "그럼 애들은 어떡해?"라는 필연적인 질문을 던지면, 저는 우선 우리가 자녀에게 남기는 돈은 우리의 돈이 아니라는 점을 설명해 줍니다. 즉, 제가 '다 쓰고 죽어야 한다'고 말할 때는 '자녀들의 돈까지 다 쓰고 빈털터리로 죽으라'는 게 아닙니다. 다만 '당신이 가진 돈을 전부 쓰라'는 것이죠.

다시 말하자면, 자녀 몫으로 떼어 놓은 것이 무엇이든 여러분이 죽기 전에 그냥 다 주라는 겁니다. 왜 본인이 죽을 때까지 기다려야 하나요?

다음의 대화가 평소 툭 터놓고 이야기를 나누는 절친들 사이에서 오가는 것이라는 점을 기억해 주세요. 저는 대놓고 이렇게 말합니다. "너 지금 앞뒤가 전혀 안 맞아! 그럼 애들을 위해 신탁 펀드는 들어 놨어? 금액은 얼마나 설정해 놨는데? 상속은 언제 개시되지? 아니, 이거에 대해 알긴 알아? 어디서 주워들은 대로 막 읊는 건 아니고?"

제가 무슨 말을 하려는 건지 아시겠죠? 만약 정말 자녀를 우선시한다면, 그 마음을 보여 주기 위해 구태여 본인이 죽을 때까지 기다릴 필요가 없다는 겁니다! (저는 '죽은 사람은 돈을 줄 수가 없다'고 표현하길 좋아하죠. 네, 시체는 아무것도 하지 못합니다.) 자녀를 우선시한다면 그보다 훨씬 일찍 베풀어야 마땅하며, 현재 본인이 가진 것이 자녀에게 가장 큰 영향을 미칠 수 있을 때 도달할 수 있도록 미리 신중한 계획을 세워야 하죠. 다 쓰고 죽기를 위한 실제 계획에는 (자녀가 있다면) '자녀'도 포함되어야 하는 겁니다. 그렇게 자녀를 위한 돈을 따로 분리해 놓고 (본인은 손대지 못하게 만들고) 그 다음에 남은 돈을 다 쓰라는 것이죠. 이것이 "그럼 애들은 어떡하지?"라는 질문에 대한 제 대답의 짧은 버전입니다. 그리고 이제부터 전체 버전을 풀어 보겠습니다.

돈을 다 주고 죽기 : 상속의 문제

자녀를 키우는 사람 중에 '다 쓰고 죽기'라는 건 유산을 남기지 않겠다는 뜻이라고 말하는 사람들이 있습니다. 아이가 유산을 한 푼도 받지 못한다니, 얼마나 끔찍하냐고 말이죠. 그런데 이렇게 말하는 사람들이 "언제 죽을지 모르니 은퇴를 대비해 최대한 돈을 많이 모아 둬야 해."라고 말하는 사람들과 대개는 똑같은 사람입니다. 글쎄요, 언제 죽을지 모른다면,

그리고 본인의 자녀를 그렇게나 아낀다면, 당신의 자손이 당신의 것을 가지게 되기까지 왜 임의의 날짜를 기다리고 있습니까? 아니, 당신이 죽을 때까지 자녀가 살아 있으리라고 어떻게 확신할 수 있나요?

이것이 상속에 내재되어 있는 문제입니다. 너무 많은 부분을 운에 맡겨야 한다는 것이죠. 아시다시피, 인생이란 너무도 변덕스럽잖아요. 얼마나 많은 돈을 남기느냐와는 별개로, 여러분의 상속인이 가장 그 돈을 필요로 할 때 정확히 상속금이 도달하기 위해서는 엄청난 운이 작용해야 합니다. 상속인의 삶의 질에 최대의 영향을 미치기에는 상속금의 도달이 너무 늦어질 가능성이 훨씬 높죠. 사람들이 유산을 상속받는 가장 일반적인 연령이 과연 몇 살일까요? 연방준비제도이사회에서 조사해 봤더니 소득 계층을 막론하고 '상속금 수령' 연령은 약 60세가 가장 많은 비중을 차지하는 것으로 드러났습니다.[28] 다시 말하자면, 누군가 돈을 상속받을 때 그 사람이 과연 몇 살에 받게 될지에 내기를 걸 경우(상속받을 거라는 점 외에는 아무것도 모른 채로), 60세에 걸었을 때 내기에서 이길 확률이 가장 높다는 이야기입니다. (가장 일반적인 인간의 수명이 80세이고 부모와 자녀 간의 연령 차이 중 가장 흔한 것이 20년이기 때문에 이 결과가 자연스럽다고, 해당 보고서는 지적합니다.)

물론 수령 연령은 60세를 정점으로 다른 연령대에도 분포되어 있습니다. 60세보다 일찍 유산을 상속받는 사람도 많고 그보다 늦게 상속받는 사람도 많죠. 전반적으로 데이터는 거의 종 모양의 정규 분포를 그립니다. 즉 (상속의 정점 연령보다 20년 빠른) 약 40세에 상속받는 사람이 100명 있으면, 약 80세에 상속받는 사람도 100명이 있다는 뜻이죠! 일부는 부모 외 다른 사람에게 상속받기도 합니다. 상속인이 나이가 많을수록 이럴 가능성이 큽니다. 하지만 이건 중요하지 않습니다. 부모에게 상속받든, 혹은 다른 누군가에게 상속받든, 인생의 후반에야 상속을 받는 사람들이 많다는 점을 데이터는 명확하게 보여 주고 있으며, 그때는 결코 '최적의 타이밍'은 아니죠.

이 모든 것을 종합했을 때, 만약 여러분이 죽은 뒤에 자녀가 유산을 상속받게 된다면 그 결과는 운에 맡겨야 합니다. 저는 이것을 '세 가지 임의'라고 부릅니다. '임의의 액수'를 '임의의 시기'에 '임의의 사람'(여러분이 죽을 때 여러분의 상속인 중 누가 살아 있을지는 모를 일입니다.)에게 상속한다는 것이죠.

이렇게 임의적인 것을 어떻게 관리할 수 있겠습니까? 이는 관리하는 것과는 정반대입니다. 이 모든 결과를 운에 맡겨 둔다는 건 명백하게, 임의의 어떤 사람을 위해 인생의 몇 년을 소비해 버려도 개의치 않겠다는 뜻이며, 여러분과 가장 가까운 사람이 실제로 얼마를, 언제 받게 되든 신경 쓰지 않겠다는 의미인 겁니다. 이런 것들을 운에 맡겨 버림으로써, 여러분은 자녀에게 남기는 유산이 자녀의 인생에 좋은 영향을 끼칠 수 있는 시기보다 너무 늦게 도착하게 될 가능성을 더욱 키우고 있는 거죠.

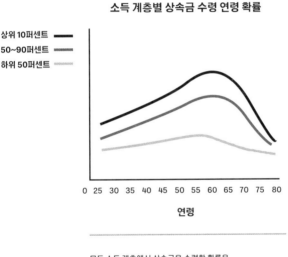

소득 계층별 상속금 수령 연령 확률

상위 10퍼센트
50~90퍼센트
하위 50퍼센트

0 25 30 35 40 45 50 55 60 65 70 75 80

연령

모든 소득 계층에서 상속금을 수령할 확률은
약 60세에서 가장 높았다(2013~2016년).

이 책의 집필과 자료 조사를 도와준 제 동료 마리나 크라코프스키는, 부유한 어머니를 두었음에도 심각한 재정적 곤경에 처한 어느 여성을 다룬 기사를 읽고는 해당 여성을 조사한

끝에 다음과 같은 사실을 알게 됐죠.[29]

　버지니아 콜린은 이혼 후 오랫동안 재정적으로 고통받았다. 전남편에게 자녀 양육비를 사실상 받지 못한 채 네 자녀를 홀로 키워야 했기 때문이다. "거의 가난의 밑바닥에 있었어요."라고 그녀는 말했다. 결국 다른 사람을 만나 재혼을 했고, 그럭저럭 안정적인 시간제 근무 일자리를 얻어 재정적인 안정을 찾을 수 있었다. 그러다가 49세가 되던 해 버지니아의 어머니가 76세의 나이로 사망하면서 그녀에게 큰 유산을 남겼다. 버지니아를 비롯한 다섯 명의 자녀가 각각 13만 달러씩 상속받게 된 것이다. "상속세를 내지 않고 한 개인이 상속할 수 있는 최대 금액이 65만 달러였던 것 같아요." 버지니아가 이렇게 말한 것으로 보아 그녀의 부모는 자녀들에게 남긴 돈보다 훨씬 더 부유했을 가능성이 있다.

　13만 달러라는 횡재는 의심할 나위 없이, 분명 기쁜 일이었다. "하지만 더 일찍 받았다면 그 가치가 훨씬 더 높았을 거예요." 이제 68세가 된 버지니아는 말한다. "저는 이제 밑바닥 생활은 벗어났어요. 부자는 아니지만 이제는 안락한 중산층 정도는 되니까요." 일이십 년쯤 전에 받았다면 구명줄이 되었을지 모르지만, 현재 그 유산은 그저 멋진 보너스에 더 가깝다.

정말 안타까운 상황이죠. 오랫동안 간신히 자녀들을 부양하면서 살아왔다니요. 버지니아의 부모는 부유했지만, 우리 사회의 수많은 사람과 마찬가지로, 그 재산이 자녀에게 상속되는 걸 본인이 죽을 때까지 마냥 기다리고 있었던 겁니다.

버지니아의 부모는 이제 세상에 없으니, 만약 그들이 '다 쓰고 죽으라'는 제 말을 들었다면 뭐라고 했을지는 그저 추측해 볼 수밖에 없습니다. 아마도, 제가 그간 만나 본 사람들 대부분처럼 이렇게 말하지 않았을까요? "하지만, 애들은 어떡해요?"

정확히 필요한 곳에 돈을 넣어라

앞으로 제가 할 이야기가 너무 가혹하게 들릴 수도 있을 겁니다. 제가 누군가를 '위선자'라고 욕하려는 의도가 아니라는 것만 알아 주길 바랍니다. 사람들은 대개 본인과 자녀를 향해 좋은 의도를 품고 있습니다. 설령 위선적인 태도를 보인다 해도 그건 실수로, 좋은 의도대로 행동하지 못해서 발생하는 일이죠. 본인이 말한 바와는 다르게 행동하는 모든 순간이 다 그렇습니다. 그 불일치가 의도된 것이든, 아니든 간에요. 예를 들어서, 마음속 깊은 곳에서는 여가를 즐기고 싶지만 현실에서는 업무 이메일을 확인하는 데 많은 시간을 보내야 하는 것처럼요. 혹은 자녀에게 재정적 안정을 제공하고 싶지만 결국에는 실제 자녀가 얼마를 언제 받게 될지 우연에 맡겨 버리는 일처럼 말이죠.

반면에 '다 쓰고 죽기' 방식은 여러분이 좋은 의도대로 실천하도록 만들어 줍니다. 사안의 심각성은 물론 자녀를 위한 배려까지 두 가지를 동시에 해결해 주므로 훨씬 사려 깊은 접근법이라고도 할 수 있죠. 자녀 입장에서, 다 쓰고 죽기는 여러분이 자신을 우선시한다는 점을 알게 해 줍니다. 여러분이 자신에게 얼마를 남길지 신중하게 숙고했으며, 또 죽기 전에 그 생각을 실천했다는 점을 말이죠.

이는 자녀에게 유산을 상속하는 문제에 관해 미국의 (대부분은 아닐지라도) 많은 사람이 접근하는 방식과는 확연히 다릅니다. 죽을 때까지 기다리지 않고 자녀에게 미리 돈을 증여하는 사람도 있긴 합니다만, 경제학자들이 '생존 중 자산 이전'이라고 부르는 이런 경우는 전체 자산 이전 중 소수에 불과하죠. 1989년에서 2007년까지 어떤 식으로든 자산을 이전받은 전체 가구 중 절대 다수(연도에 따라 80~90퍼센트)는 유산을 상속받은 경우였습니다.[30] (저는 이 비율이 0까지 떨어지길 바라지만, 일찍 사망하는 사람도 있을 테니 현실적으로 20퍼센트만 되어도 좋겠군요.) 그리고 과연 피상속인이 실제로 상속인에게 그렇게 많이 남겨 두려고 했는지에 대한 여부도 분명하지 않습니다. 유산 상속에 관한 데이터를 연구하는 경제학자들에 따르면, 자녀와 손주에게 돈을 남길 때 피상속인의 동기에는 의도적인 측면과 비의도적인 측면이 섞여 있다고 합니다. 이 중 의도적인 측면은, 상속인이 일정한 금액을 갖길 바라면서 그 금액을 남기는 것입니다. 반면에 비의도적인 측면은 그저 예방적 저축으로 인해 발생된 임의적 부산물에 불과합니다. 예를 들어 예기치 못한 의료비 지출을 대비하기 위해 돈을 모아 뒀지만 그 돈을 다 쓰지 못하고 사망하는 바람에 결국 자녀들이 남은 돈을 갖게 되는 경우죠. 그런데 실제 유산 상속에 대한 데이터를 경제학자들이 들여다보아도, 어떤 유산이 의도적이고 어떤 유산이 비의도적인지 구분하기는 어렵습니다.[31] 이 두 가지 유형의 유산이 결국에는 똑같아 보이기 때문이죠. 우리가 나중에 알 수 있는 것은, '죽은 사람이 남긴 재산 중의 일정 금액을 산 사람이 받았다'는 사실뿐입니다.

　제가 난감해하는 부분은, 경제학자와 상속인이 의도성 여부를 구분할 수 없다는 지점이 아닙니다. 유산을 남기는 본인조차도 그 여부를 명확히 알지 못한다는 게 문제죠. 만약에 자신의 의도를 정확하게 알고 있다면 유산을 남길 때 의도적인 선물과 비의도적인 선물(남은 저축)을 일부러 섞을 리는 없지 않습니까? 그러는 대신 자신이 상속인에게 무엇을 남기고 싶은지 파악하여 죽기 전에 제대로 전해 주겠죠. 여러분은 본인 자녀가 여러분의 재산 중에서 5만 달러를 받기 원합니까, 아니면 2만 달러만 받길 원합니까? 액수가 얼마든지 간에, 자녀에게 그 돈을 주고 싶은 게 본인의 의도라면, 딱 그 액수의 돈을 실제로 자녀에게 증여함으로써 여러분의 의도를 실천하기 바랍니다. 제가 여러분 자신에 대해서도 신중하기를 바랐듯이, 여러분의 자녀에 대해서도 의도적인 신중함을 기하세요. 돈은 정확히 필요한 곳에 넣어야 합니다.

합리적 사고의 적 : 자동 조종과 두려움

도대체 왜 많은 사람이 자녀와 재산 상속에 관해 더욱 신중하게 행동하지 않는 걸까요? 그 이유 중 하나는 신중한 행동의 정반대 격인 '자동 조종 모드' 때문입니다. 자동 조종은 쉽기도 하고 주변 사람들 대부분이 그렇게 하고 있습니다. 그러니 주변을 둘러보면서 누구나 하는 대로 따라 하면 다른 사람들과 마찬가지로 그냥 자동 조종 모드로 흘러가는 거죠. 사실은 본인이 그렇게 하고 있다는 점조차 깨닫지 못할 겁니다. 안타깝게도 자신의 삶에 대해 신중하게 행동하지 못하기 때문에 자녀에 관해서도 신중하지 못한 결정을 내리고 말죠.

하지만 자녀에 관해 진지하게 고민하여 최상의 방안을 마련한다고 하더라도, 합리적 사고와 신중한 행동을 가로막는 강력한 또 하나의 요인이 있습니다. 바로 '두려움'이죠. 앞서 버지니아 콜린의 부모가 가난에 허덕이는 버지니아에게 재산을 나눠 주지 못했던 이유가 바로 이것입니다. "제 아버지는 대공황 시절에 독일 이민자 가정에서 자라셨어요." 버지니아는 이렇게 설명했습니다. "그래서 심지어 충분한 상태 이상을 가졌을 때조차 여전히 충분치 못할까 봐 두려워하셨죠. 만약에 정말 심각한, 돈이 많이 드는 병에 걸리기라도 하면 어떡하냐면서요."

버지니아의 부친은 (모친보다 더 오래 살아남아) 90세를 넘겼는데, 큰 의료 문제가 몇 번 발생하긴 했지만 개인 의료 보험과 메디케어(미국의 노인 의료 보험)로 비용 대부분이 해결되었습니다.

압니다. 지나간 일 가지고 이야기하는 건 쉬운 법이죠. 버지니아의 아버지가 그냥 운이 좋았던 건지도 모릅니다. 만약 알츠하이머처럼 오랫동안 높은 비용을 부담해야 하는 질병에 걸렸다면, 이런 경우에는 저축해 둔 돈이 없다면 큰일이지 않겠어요? 앞에서도 이야기했지만, 이런 이유 때문에 계속해서 저축하는 거라면 장기요양보험이 있다는 걸 기억하세요. 아예 발생하지 않을지도 모를 위기에 대비한 큰돈을 저축하는 것보다 비용이 훨씬 더 적게 듭니다. 다른 보험 상품들처럼요.

어쨌든 버지니아는 부모의 경험을 통해 교훈을 얻었습니다. '자녀에게 돈을 주는 시기를 본인의 사망 뒤로 미루지 마라.' 버지니아는 현재 슬하에 29세에서 43세 사이의 다섯 자녀를 두고 있습니다. 그녀와 남편은 각각의 사정에 따라 조만간 자녀들에게 재산을 증여할 계획입니다. "서른 살에 돈을 물려받게 된다면 좋은 집을 사고 바람직한 환경에서 아이를 키울 수 있을 거예요. 저처럼 엉망진창으로 살지 않아도 되겠죠."

타이밍이 전부다

버지니아의 사례에서 알 수 있듯이 타이밍이 정말 중요합니다. 우리는 이미 죽을 때까지 기다리는 건 바람직하지 않다는 점을 확인했습니다. 그럼 과연 자녀에게 돈을 증여할 최적의 시기는 언제일까요?

이 질문에는, '언제가 최적이 아닌가'를 말하는 편이 분명 더 답하기 쉽겠습니다. 자녀에게 증여할 자산을 가진 사람 대부분은, 자녀가 12세, 혹은 16세일 때 돈을 주지는 않겠죠. 어린 아동이나 10대 청소년이 재산을 관리하기가 어렵다는 건 자명합니다.

하지만 그렇다고 해서 '늦을수록 좋다'고는 할 수 없습니다. 자녀에게 돈을 증여하기에 너무 늦은 나이가 따로 있다고 말하기는 어렵지만 (어쨌든 늦더라도 안 주는 것보다는 나으니까요.) 60세가 50세보다, 50세가 40세보다는 더 나쁜 시기라는 건 확실합니다. 왜일까요? 선물에서 진정한 즐거움을 뽑아낼 수 있는 능력은 나이가 들수록 쇠퇴하기 때문입니다. 특정 연령을 지나면 돈을 즐거운 경험으로 바꾸는 능력이 감소하는 것과 성확히 끝은 이유입니다. 또한 어떤 종류이 활동이든지 잘 즐기기 위해서 필요한 최소한의 정신적, 육체적 상태가 있는 법이죠.

예를 들어서, 돈의 최대 효용 시기, 돈이 최적의 유용성이나 즐거움을 유발할 수 있는 때가 30세라고 하고, 30세에 쓰는 1달러는 1달러만큼의 즐거움을 발생시킨다고 가정해 봅시다. 그런데 50세에는 돈의 효용이 급격히 감소합니다. 그 나이에는 1달러에서 얻을 수 있는 즐거움이 훨씬 적거나, 건강하고 활기찼던 30세에 1달러에서 얻을 수 있었던 만큼의 즐거움을 얻기 위해서는 더 많은 돈(예컨대 1.5달러)이 필요하죠. 이와 똑같은 이유에서, 여러분의 성인 자녀 또한 점점 나이가 들수록 여러분이 증여하는 달러의 가치가 점점 줄어듭니다. 마침내 아예 쓸모없는 지경에 이르고 말죠.

좀 더 구체적으로 살펴보겠습니다. 여러분이 죽기 전에 자녀에게 돈을 증여하라는 제 조언을 무시하고 본인이 죽은 다음에 자녀에게 돈을 남기는 전통적인 방식을 취하는 경우를 생각해 봅시다. 여러분의 기대 수명은 86세이며 가장 나이 많은 자녀는 여러분보다 28세 더 어립니다. 그리고 여러분이 사망하여 58세인 자녀가 유산을 상속받았습니다. 그 나이라면 자녀는 현재 유산으로부터 즐거움을 얻을 수 있는 최적의 나이는 한참 지났다고 할 수 있겠죠. 그 최적 연령이 정확히 몇 살인지는 모르겠습니다만, 인간의 생리와 정신적 성장에 관해 제가 알고 있는 지식에 비춰 보면 대략 26세에서 35세 사이라고 할 수 있을 겁니다. 분명한 건 58세는 그 최적점이 지난 나이라는 거죠.

저는 실제로 최근에 트위터에서 비공식 설문 조사를 통해 사람들에게 유산 상속을 받기에 적절한 연령이 몇 살인지 물었고, 대부분이 설문에 응해 주었습니다. 총 3,500명 이상의 응답자 중에서 돈을 상속받기에 이상적인 연령이 46세 이상이라고 답한 사람은 매우 소수(6퍼센트)에 불과했습니다. 36~45세라고 답한 응답자는 29퍼센트였고, 18~25세를 선택한 응답자는 12퍼센트에 그쳤죠. 결국 절반 이상의 응답자가 고른 26~35세가 확실한 승자였고요. 왜 이런 결과가 나왔을까요? 돈의 시간적 가치와 복리의 힘을 언급하면서 돈을 더 일찍 받을수록 좋다고 하는 사람도 있을 겁니다. 반대로, 너무 어리고 미성숙한 상태로 돈을 받는 것의 문제점을 지적하는 사람도 많죠. 이 두 가지 고려 사항 외에, 저는 '건강'이라는 요소도 추가하겠습니다. 어쩔 수 없이 건강이 나빠지는 연령에 이르기 전이, 돈에서 조금이라도 더 많은 가치를 뽑아낼 수 있는 시기인 거죠. 그럼 이 모두를 고려하여 종합하면? 돈을 쓸 줄 알 만큼 성숙하면서 그 혜택을 충분히 누릴 만큼 젊은, 26~35세라는 결과가 나오는 겁니다.

제가 여기서 지적하고자 하는 바는, 사람들이 자신들의 바람이라고 말하는 것과, 미국의 상속금 수령 데이터가 가리키는 실제 수령 연령이 극명한 차이를 나타낸다는 점입니다. 언제나 바람대로 결과가 나오는 건 아니지만, 여러분은 곧 잠재적인 피상속인이기도 하니 제가 이렇게 말씀드리고 있는 겁니다. 여러분이 자녀에게 돈을 증여할 수단을 갖고 있다면, 그것은 곧 자녀가 그 돈을 받는 시점을 좌우할 힘 또한 여러분에게 있다는 뜻입니다. 그 기회를 절대 낭비하지 마세요! 여러분의 자손이 증여받을 최적의 나이를 지난 후에는 무엇을 주든 그 가치가 떨어지고 맙니다. 여러분이 전하는 돈의 영향력을 최대한으로 높이려 한다면(돈의 절대량을 최대화하는 대신에) 가능한 한 상속인이 최적의 나이일 때 돈을 주는 것을 목표로 삼아야 마땅합니다.

본인의 자산을 자녀에게 넘겨줄 최적 연령이 몇 살인지에 대해 저와 생각이 다를 수도 있습니다. 하지만 이런 경우라도 여러분은 시간의 경과에 따라 후손에게 남기는 돈의 가치가 줄어든다는 점은 분명 인식하고 있을 겁니다. 극단적으로 생각해서, 여러분이 아주 오래 살고 난 다음에 유산을 남긴다고 칩시다. 76세 노인에게 돈을 물려줄 때까지 기다린다는 게 과연 합리적인가요? 아뇨, 너무 늦은 나이라고들 이야기할 겁니다. 제 친구 베어드에게는 76세의, 이제 죽기 전에는 본인이 더는 돈을 쓸 수가 없다는 걸 알고 있는 어머니가 있습니다. 그녀가 마지막으로 떠났던 여행은 5일짜리 일정이었는데, 베어드 말로는 어머니에겐 이틀도 너무 길었다고 했죠. 이제 어머니는 본인이 돈을 쓰는 게 제한적이니 베어드에게 돈을 주려고 하지만, 이제 50세가 된 베어드에게는 그 돈이 별로 필요하지 않습니다!

최적화는 부모든 자식이든 가리지 않습니다. 시간 경과에 따른 돈의 가치 감소 같은 동일한 원칙이 사람을 가리지 않고 적용되죠. 만약 여러분의 목표가 자신의 인생에서 얻는 것을 최대화하려는 것이라면, 여러분의 자녀가 그들의 삶에서 얻는 것 역시도 최대화하기를 바라는 게 합리적입니다. 만약 자녀에게 주는 선물을 최대한으로 활용하고 싶다면, 선물 받는 사람의 나이를 고려하는 게 마땅하죠. 이런 사고방식을 적용한다면, 인생의 즐거움이라는 측면에서 돈이 갖는 효용을 극대화할 수 있게 됩니다.

저는 제 아이들에게 바로 이런 방식을 적용하고 있습니다. 아직 25세가 되지 않은 제 딸들을 위해 교육용 저축 펀드와 신탁 펀드에 가입해 뒀죠. 이 펀드에 들어 둔 돈은 그들의 것이지 제 돈이 아니며, 저는 남겨 주고자 하는 최대한의 금액까지 넣고 있습니다. 좀 더 나이가 많은 의붓아들(29세)은 이미 본인 상속분의 90퍼센트를 주택 구입 자금의 형태로 받았죠. (이런 식으로 증여를 분산하는 것이 좋습니다. 하지만 나머지를 주기 위해 아들이 65세가 될 때까지 기다리지는 않을 겁니다!)

저는 유언장을 미리 써 놓았습니다. 오직 제가 갑자기 죽을 경우를 대비하여 유산 처분 방법만을 적어 놓았죠. 저는 얼마 전 유언장에 저보다 나이가 많은 사람들, 어머니와 형제자매에게 줄 돈에 대해 명시해 놓았다는 점을 깨달았습니다. 그리고 생각했죠. '그냥 지금은 어떨까? 나중보다는 그 사람들이 선물을 더 즐길 수 있는 지금 주는 게 낫지 않을까?' 이 질문에 대한 제 마음속 답은 '예스'였습니다. 그래서 저는 해당 금액을 이들에게 증여했습니다.

정리하자면, 저는 자녀들과 다른 사람들의 삶에 가장 큰 영향을 미칠 수 있을 때 제 돈을 줌으로써 그 돈을 제 것이 아닌 그들의 것으로 만들고 있습니다. 여기에는 분명한 차이가 존재하며 저는 이로 인해 자유로워졌음을 느낍니다. 저 자신을 위해 돈을 최대한 쓸 자유를 얻은 셈이죠. 미칠 듯이 돈을 쓰고 싶은 곳이 있을 때, 제 자식들에게 끼칠 영향을 고민하지 않고도 돈을 지출할 수 있게 되었습니다. 그들에게는 자기들 바람대로 쓸 돈이 있고, 저는 저만의 것을 가진 거니까요.

당신의 진정한 유산은 돈이 아니다

이번 장에서 저는 자손에게 돈을 주는 문제를 주로 이야기했습니다. 사람들이 "그럼 애들은 어떡해요?"라고 질문할 때 주로 돈 문제를 언급하기 때문입니다. 하지만 아시다시피, 돈은 그저 목표를 달성하기 위한 수단에 불과합니다. 여러분의 삶을 구성하는 의미 있는 경험을 사기 위한 방법일 뿐이죠. 2장에서 설명했듯이, 저는 여러분 인생의 목표가 수입과 재산이 아니라 인생 만족도의 최대화라고 생각합니다. 그리고 그것은 인생의 경험과 그 경험이 만든 추억에서 발생하죠. 그리고 여러분은 자기 인생의 만족도를 극대화하려고 노력하는 것처럼 자녀 인생의 만족도 또한 극대화하려고 합니다.

추억도 마찬가지입니다. 자녀들과 보내는 시간을 추억으로 만들려고 노력하는 것처럼, 여러분과 보내는 시간이 자녀에게도 추억이 되기를 바라는 게 합리적이죠. 이 두 가지 추억 모두 추억 배당금을 형성합니다. 하나는 여러분 자신을 위한, 또 하나는 자녀를 위한 추억 배당금이죠. 그렇다면 자녀가 여러분을 어떻게 기억하기를 원하나요? 이렇게 물어볼 수도 있습니다. 여러분은 자녀들이 어떤 종류의 경험을 여러분과 함께하기를 원합니까?

이는 너무 늦기 전에 생각해 봐야 할 중요한 질문입니다. 부모와의 경험을 빼앗긴 자녀의 관점에서 살펴봅시다. 아버지에게 막대한 부를 물려받은 제 친구는 자라면서 아버지와의 교류가 거의 없었습니다. 아버지가 늘 돈을 버는 일에 매달려 있었기 때문이었죠. 그렇게 해서 비록 집안은 부유해졌지만, 제 친구는 꽤 불행한 어린 시절을 보내야 했습니다. '부유한 집안의 불쌍한 소년'의 전형이었다고 할까요. 정서적 소홀함은 이들 부자 관계에 걸림돌이 되었죠. 나중에 함께 시간을 보낼 수 있게 되었을 때, 두 사람은 서로의 존재를 견디기가 어렵다는 점을 발견했습니다. 잃어버린 오랜 시간과 관심을 보상할 수 있는 방법이 없었던 겁니다. 이제 제 친구가 아버지에 대해 떠올릴 때 간신히 고마움을 느낄 수 있는 것은 물질적 재산밖에 없습니다.

마치 "Cat's in the Cradle"이라는 노래 같죠. 이 노래의 가사는 그야말로 가슴 아픕니다. '타야 하는 비행기와 지불해야 하는 청구서' 때문에 어린 시절의 아들과 보내야 했던 시간을 통째로 날려 버리고 아쉬워하는 남자의 이야기죠.

수많은 사람이 "Cat's in the Cradle"의 가사를 인용하는 이유는 정서적인 감동을 줄 뿐 아니라 현실적으로 들리기 때문입니다. 저도 이 노래를 사랑합니다. 자녀와의 경험을 언제까지나 미룰 수 없다는 노래의 메시지를 좋아하죠. 하지만 이 메시지는 불완전합니다. 물론 많은 사람이 자녀와 의미 있는 경험을 나눌 수 있는 시간이 바로 지금뿐이라는 걸 깨닫지 못한 채 미래의 이익을 위해 이런저런 일들을 좇느라 너무 바쁘게 지내죠. 하지만 이렇게만 표현하는 건 너무 단순화시키는 겁니다. 자녀와 보내는 시간이 주는 이점에는 한계가 있거든요. 모든 걸 다 미룰 순 없지만 어떤 건 미뤄도 됩니다.

저는 여러분이 자녀에게 남기는 진정한 유산은 자녀와 나누는 경험, 특히 자녀의 성장기에 함께하는 경험이라고 굳게 믿습니다. 그럼으로써 교훈이나 다른 추억거리들을 남기는 것이죠. 하지만 '인생에서 최고는 공짜' 같은 감상적인 톤으로 이야기하는 게 아닙니다. 실제로 인생에서 최고인 것들은 공짜가 아닙니다. 우리가 취하는 모든 것은 우리가 할 수 있었던 다른 것의 대가이기 때문이죠. 가족과 시간을 함께 보낸다는 건 보통 돈을 버는 등의 다른 일에 시간을 쓰지 못한다는 의미입니다. 이렇게 생각하기보다는 시간을 어떻게 보낼지 더 좋은 결정을 내리도록, 좀 더 정량적인 방식으로 경험에 대해 생각해 볼 수 있는 방법들이 있습니다.

하지만 그 이야기를 하기 전에 먼저 제 요점을 분명히 하겠습니다. 여러분이 자녀와 함께하는 시간은 여러분이 자녀에게 물려줄 수 있는 모든 경험 중 하나라는 것입니다.

자녀와 여러분이 보내는 시간은 중요합니다. 자녀가 여러분에 대해 갖는 추억이 좋든 나쁘든 그 경험들은 자녀의 삶에 지속적인 영향을 끼치기 때문입니다. 과학자들은 연구를 통해 어린 시절 부모에게 애정을 더 받은 젊은 성인이 일반적으로 더 나은 인간관계를 누리며 약물 남용과 우울증의 비율도 더 낮다는 사실을 밝혀냈습니다. 또한 7,000명이 넘는 중년 성인을 대상으로 한 연구의 결과, 우리는 부모의 사랑과 관심이 주는 긍정적인 효과가 청년기 이후에도 지속된다는 점도 알게 되었습니다. 연구진은 이 성인들에게 부모에 관한 추억과 관련된 여러 질문을 던졌습니다. "당신의 부모는 당신이 필요할 때 얼마나 많은 시간과 관심을 주었습니까?", "부모는 삶에 대해 얼마나 가르쳐 주었습니까?", "성장기 동안 당신과 부모와의 관계에 몇 점을 주겠습니까?"

이 질문들에 대한 점수가 더 높을수록 어린 시절 부모에 대한 추억이 더 긍정적이라는 점은 자명해 보입니다. 그렇다면 연구진은 무엇을 발견하게 됐을까요? 이 평가들을 특정 결과에 관한 질문의 응답과 상호 연관시킴으로써, 부모의 애정이 더 크게 느껴진 추억을 가진 성인일수록 더 나은 건강 상태와 더 낮은 우울증 레벨을 보인다는 결론에 이를 수 있었습니다.[32] '경험'이라는 단어가 인생에 관해 배웠던 어린 시절이나 부모에게 받았던 관심과 시간을 떠올리게 하지는 않을 수도 있습니다. 하지만 이 모든 것들은 실제로 '경험'입니다. 그리고 때로는 놀라운 보상을 안겨 줍니다. 자녀에게 이러한 종류의 경험과 추억 배당금을 전해 주길 원치 않는 사람은, 제가 아는 이들 중에는 없죠.

그렇다면 이런 것들을 어떻게 수량화할 수 있을까요? 긍정적인 추억의 가치는 얼마라고 해야 합니까? 여러분은 직감적으로, 이는 '답할 수 없는 질문'이라거나 '추억은 값을 매길 수 없다'고 말하고 싶을 겁니다. 하지만 이렇게 다시 물어보겠습니다. "여러분에게 호숫가의 오두막에서 보낸 일주일의 가치는 얼마입니까? 혹은 사랑하는 가족들과 보낸 하루의 가치는요?" 그 가격은 매우 높거나 상대적으로 낮을 수도 있겠지만, 심지어 야구장에도 가격을 매길 수 있듯이 모든 경험의 가치는 정량화될 수 있습니다. (실제로 앞의 2장에서 '경험 점수'

에 대해 그렇게 했던 걸 떠올려 보세요.)

제가 자녀와의 경험이 지닌 가치를 정량화하는 데 매달리는 이유는 여러분에게 무엇이 자녀를 가장 위하는 길인지 잠시 생각해 볼 기회를 주고자 함입니다. 때에 따라 돈을 더 많이 버는 것일 수도, 자녀와 시간을 보내는 것일 수도 있습니다. 자신이 일하는 이유가 자녀 때문이라고 스스로에게 말하는 사람들이 너무 많습니다. 그들은 돈을 더 많이 버는 것이 자녀에게 이득이 된다고 맹목적으로 가정하는 겁니다. 하지만 더 많은 돈을 벌기 위해 자녀와 보내는 시간을 희생하는 것이 여러분의 자녀에게 순익을 안겨 줄지 실제 수치를 따져 보기 전에는 알 수 없습니다.

숫자에 대해 생각해 보는 것이 우리에게 무엇을 알려 줄 수 있을까요? 좀 극단적인 예를 들어 보겠습니다. 여러분이 야생에서 생활한다고 가정했을 때, '일하러 간다'는 건 가족이 머물 쉼터를 만들기 위해 나무를 베어 낸다는 뜻이라고 칩시다. 이렇게 가족의 생존을 위해 일해야 한다면, 가족과 시간을 보내기보다는 일을 해야 하는 게 물론 합리적이겠죠. 하지만 기본 욕구 충족을 위해 일하고 부정적인 경험을 피하는 단계를 넘어서면, 그다음부터는 긍정적인 인생의 경험을 얻기 위해 노동을 교환하는 단계를 시작할 수 있습니다. 자녀의 경우에는 여러분이 자녀가 바라는 경험을 위해 돈을 더 많이 벌거나, 본인과 자녀가 함께 시간을 보낼 수도 있겠죠.

또 다른 극단적인 예로 오랜 시간 일과 출장으로 자녀와 전혀 함께할 시간이 없는 백만장자를 떠올려 봅시다. 만약 여러분이 이미 그런 백만장자라면, 설령 본인의 경력에 손해가 되더라도 자녀와 조금이라도 더 시간을 보내는 편이 자녀 입장에서 이익이라고 생각하는 게 안전합니다. 여러분의 경력에 끼칠 재정적 손해 비용은 적은 데 비해 자녀에게 미칠 이익은 거대할 것이기 때문이죠. 그러니 여러분 자신을 포함해 가족 전체로 보면 순이익이 남는 겁니다.

자녀와 함께 보내는 시간의 가치는 마치 물의 가치와 같습니다. 만약 이미 50갤런(약 190리터)의 물을 가지고 있다면 1갤런(약 3.7리터)을 추가로 얻기 위해서 돈을 더 내지는 않겠죠. 하지만 사막에서 갈증으로 죽기 일보 직전이라면 팔을 기꺼이 잘라 주고서라도 1갤런의 물을 얻으려 할 겁니다.

물론, 우리는 이 양극단 사이 어딘가에 있습니다. 단지 생존을 위해 종일 일하지도 않지만 자녀를 완전히 내버려 두고 살지도 않죠. 한편으로는 돈과 시간 가운데서 더 어려운 거래에 맞닥뜨리고 있는 셈입니다. 그러나 비록 답이 명확하지는 않더라도, 생각의 과정만큼은 극단적인 경우와 똑같아야 합니다. "과연 내가 추가로 일하는 한 시간이 나와 내 아이에게 정말 가치가 있을까?", "내 일이 내 유산에 정말 도움이 될까?

아니면 실제로는 내 유산을 갉아먹는 게 아닐까?"

소득 수준을 막론하고, 부모의 직업은 자녀에게 은총이자 저주입니다. 부모가 일로 인해 벌어들이는 수입은 여러 면에서 자녀의 삶을 향상시켜 줄 수 있지만, 경제학자 캐롤린 하인리히의 지적대로 직업(특히 오랜 노동 시간과 야간 근무의 경우)은 부모-자식 간의 유대가 형성될 시간을 빼앗을 수 있고 자녀의 삶에 스트레스를 유발할 수 있습니다. 특히 저소득 부모는 오랜 시간 스트레스가 가득한 환경에서 일할 가능성이 크죠.[33] 하지만 우리 대부분은 가족을 먹여 살리기 위해 일을 해야 하고, 자녀와 보내는 시간과 일 사이 최적의 균형점은 늘 명확하지 않습니다.

또한 여러분과 자녀가 여러분의 삶에서 어디에 있는지도 중요합니다. 스키를 타기 위해 필요한 최소한의 기본 체력에 도달하지 못했다고 해서 스키 여행을 마냥 미룰 순 없듯이, 여섯 살짜리 자녀와 보내는 시간을 계속 미뤄 둘 순 없습니다. 여러분의 자녀가 마냥 여섯 살에 머물러 있진 않을 테니까요. 혹은 일곱 살, 아니 계속해서 어린아이로 머물러 있진 않을 겁니다. 이런 기회가 점차 사라져 간다는 사실 때문에 우리는 그런 경험을 누리기 위해 얼마의 돈을 포기해야 할지 계속 재평가해야 하죠.

이제 여러분 자녀의 관점에서 이 문제를 살펴봅시다. 여기서 우리가 극대화하려고 노력 중인 대상은 바로 우리 자녀의 만족도니까요. 자녀가 부모와 함께 보내는 하루, 방과 후 집에 돌아왔을 때 부모가 집에서 반겨 주는 일, 혹은 자신의 축구 경기나 음악 발표회에 부모가 참석하는 것의 가치가 자녀에게는 얼마나 된다고 생각하나요? 여러분의 자녀가 이런 경험을 누리고 있는 순간에는 별 가치를 두지 않으리라는 점을 저는 잘 알고 있습니다. 자녀가 어릴수록 더 그렇죠. 만약 제 큰딸에게 '아빠가 너의 축구 경기를 보러 가는 것'의 가치가 얼마인지 물었다면, 제가 무슨 말을 하는지조차 이해하지 못했을 겁니다. 하지만 이렇게 공유된 경험은 분명히 가치가 있습니다. 특히 나중에 되돌아보았을 때 더욱 그렇죠. 꼭 기억하세요. 돈의 목적은 경험을 얻는 것이며, 자녀에게는 여러분과 시간을 보내는 것이 그러한 경험 중 하나입니다. 따라서 여러분이 돈을 벌기 위해 자녀와의 경험을 누리지 못한다면 그것은 자녀와, 또 여러분 자신에게 무언가를 빼앗고 있는 겁니다.

여러분의 유산이 자녀와 함께한 경험으로 구성된다는 말의 의미를 곰곰이 따져 본다면, 여러분이 다다르게 될 결론은 다소 과격할 수 있습니다. 즉, 가족의 기본 욕구를 충족시킬 만큼의 돈을 이미 벌었다면, 그 이후부터는 돈을 벌기 위해 일하러 감으로써 실제로는 자녀의 유산을 박탈하게 될 수 있다는 것입니다. 자녀와 보내는 시간이 줄어들 수밖에 없으니까요! 그리고 당신이 부유할수록 이 주장이 진실일 가능성은 더욱 커집니다.

자선 단체는 기다릴 수 없다

그거 아세요? 자녀에게 돈을 제때 증여하는 일에 관해 제가 지금까지 이야기한 거의 모든 것이 자선 단체에 기부하는 일에 그대로 적용됩니다. 돈 혹은 시간을 쓰는 대상이 자녀든, 자선 단체든, 여러분 자신이든, 핵심 개념은 똑같습니다. 최적의 시기라는 게 따로 있고, 그 시기가 본인의 사망 시점은 아니라는 겁니다.

'게재된 주에 가장 많이 이메일로 발송된 기사'로 선정됐던 「뉴욕타임스」의 "96세 비서가 조용히 막대한 부를 모아 820만 달러를 기부하다"라는 기사를 생각해 봅시다. 이 기사는 실비아 블룸이라는 브루클린의 한 여성이 법률 비서로 일하면서 어떻게 그토록 많은 부를 쌓을 수 있었는지 설명해 줍니다. 결혼한 적은 있지만 자녀는 없고, 월 스트리트의 한 법률 회사에서 67년간 일하면서 임대료 규제 적용 아파트에 거주해 왔으며, 90대의 나이에도 지하철로 통근하고, 자신이 일하는 법률 회사의 변호사들이 투자하는 방식을 더 작은 규모로 복제하여 저축을 늘려 왔다고 하죠.

블룸 여사와 가까웠던 사람들조차 그녀가 죽을 때까지 그녀의 재산에 대해 전혀 몰랐습니다. 그녀는 헨리 스트리트 세틀먼트라는 사회봉사 단체에 624만 달러를 기부했고 헌터대학의 장학 기금에도 200만 달러를 남겼습니다. 헨리 스트리트 세틀먼트의 모두가 깜짝 놀랐죠. 이 단체의 재무를 담당했던 블룸 씨 조카는 특히 더 놀랐습니다. 이 단체의 125년 역사상, 개인이 낸 가장 큰 기부금이었고, 단체의 임원은 이 기부를 가리켜 '이타심의 본보기'라 칭했습니다.

왜 이런 표현이 나왔는지 이해는 합니다. 그렇게 적은 돈으로 살면서 이렇게 많은 돈을 남기다니 분명 이타적으로 보이고, 선한 의도 역시 있는 그대로 봐야겠죠. 하지만 솔직히 말해서 저는 블룸 여사의 행동이 이타심의 극치라고 생각하지 않습니다.

시체는 자선을 베풀지 못한다

블룸 여사의 행동이 그다지 이타적이지 않은 이유를 설명하기 전에, 우선 타인의 속마음을 알지 못하는 상태에서 그 사람의 결정이 좋은지 나쁜지, 이성적인지 비이성적인지 판단

할 수 없는 이유를 설명하겠습니다. 예를 들어 저는 개인적으로 동물보다는 사람에게 제 돈과 시간을 쏟는 걸 더 선호합니다. 하지만 누군가 노숙자 보호소보다 동물 구조대에서 봉사하기를 더 좋아하는 사람이 있다면, 그 행동이 비합리적이라고 제가 과연 말할 수 있을까요? 그들의 행동이 실제 원하는 바와 일치하는 한, 저는 그들의 결정을 존중해야만 합니다. 비록 저였다면 그런 결정을 내리지 않았을지라도 말이죠. 취향에는 따로 설명이 필요 없는 겁니다.

그러므로, 제가 실비아 블룸이 평생 일하고 아껴 모은 돈을 결국은 다른 사람에게 몽땅 줘 버린 것에 대해 실수를 저질렀다고 비난할 수는 없습니다. 그녀가 타인들에게 더 큰 선물을 안겨 주기 위해 자신의 이익을 억제했는지(참으로 너그러운 일입니다.), 아니면 단지 검소한 자동 조종 모드에 따라 살았는데 남은 돈을 수익자들이 받게 된 것인지(너그럽다고는 볼 수 없겠죠.), 우리는 그저 추측해 볼 뿐입니다. 왜 그럴까요? 일단 우리가 죽으면, 남은 자산은 법에 따라 강제로 이전됩니다. 그 사안에 대해 우리가 할 수 있는 (죽기 전에 만들어진 유언을 통해) 유일한 발언은 '자산이 이전될 곳'에 대한 사항뿐입니다. 하지만 어떻게든 여러분의 돈은 빼앗기게 되어 있습니다. 그런데 어떻게 너그러울 수 있겠습니까? 시체는 세금을 내지 않습니다. 유산의 상속인이 세금을 내죠. 따라서 우리가 너그러울 수 있는 건 오직 실제로 선택하여 결과를 책임질 수 있는 살아 있는 동안뿐입니다. 이때에만 우리는 돈과 시간을 어디에 바칠지 선택할 수 있죠. 누군가 생전에 관대하게 베푼다면 저는 그 사람을 이타적이라고 여길 수 있습니다. 하지만 죽은 뒤엔 선택할 수 없죠. 따라서 개념적 정의에 따르면, 죽은 뒤에는 너그러울 수가 없는 겁니다.

끔찍한 비효율

제가 이타심, 관대함, 선택의 의미에 대해 지나치게 따지고 드는 게 아니냐고 생각할지도 모르겠습니다. 블룸 여사는 결국 아끼고 모은 돈을 자신의 유언을 통해 자선 단체에 기부했으니 분명 관대한 의도를 가졌음이 틀림없어 보입니다. 그리고 언젠가는 그 돈이 자신이 관심 가졌던 대의에 쓰일 것이라고 생각하며 기쁜 마음으로 돈을 모았을 가능성도 있습니다. 어쨌거나 자선 기부 또한 경험을 쌓는 방법 중 하나니까요.

그런데 뭐가 문제라는 걸까요? 끔찍한 비효율성이 문제입니다. 그녀가 살아 있는 동안에는 그녀가 주는 혜택이 필요한 사람들이 도움을 받지 못했습니다. 여기 자신의 선택에 따라 재산을 매우 적게 소비하고 자신의 수입보다 한참 낮은 수준의 생활을 영위하는 사람이 있습니다. 이 사람은 지하철로 통근하고 임대료 규제 적용 아파트(덧붙이자면 이 아파트 또한 더 절실한 사람이 있었을 겁니다.)에서 살기를 선택했습니다. 이 사람이 돈을 모은 이유가 자선 단체에 기부하기 위해서였다고 가정해 봅시다. 그렇다면 도대체 왜 이 사람은 자선 단체에 좀 더 일찍 기부하지 않은 것일까요? 분명히 그렇게 할 수 있었을 텐데요?

글쎄요, 어쩌면 그녀가 저축한 동기 중 일부는 예방 차원이었을지도 모릅니다. 자신을 돌보려면 72세에도 200만 달러가 필요하다고 생각했을 수도 있죠. 또는 자신의 계좌에서 불어나고 있는 돈을 자신이 얼마나 잘하고 있는지 측정하는 일종의 점수라고 생각했을 수도 있습니다. 세상에 영향력을 끼칠 수단으로 본 게 아니라 말이에요. 혹은, 이런 고민을 실제로는 하지 않았을지도 모릅니다. 사후에 큰 후원금을 남기는 건 미국 사회에 깊이 뿌리내린 문화니까요. 잘 모르겠습니다. 우리는 그저 추측할 수 있을 따름입니다. 하지만 제가 확실히 아는 건, 그녀의 늦은 기부가 비효율적이었다는 점입니다. 자선 단체에 그 돈이 좀 더 일찍 전해졌다면 분명 수많은 사람이 더 일찍 혜택을 누렸을 테니까요.

예를 들어 로버트 스미스가 2019년 모어하우스대학 학생들의 학자금 대출 전부를 갚아 줬던 놀라운 선물을 떠올려 봅시다. 그의 동기가 어떤 것이었는지, 그의 선물 총액이 얼마였는지와는 별개로 여기서 중요한 점은 스미스가 이 기부를 자신의 유언장에 적은 게 아니라는 것입니다. 그는 자신이 아직 팔팔하게 살아 있는 동안에 베풀었고, 덕분에 지금 졸업하는 학생들이 빚 없이 대학을 떠날 수 있게 만들었죠.

실비아 블룸 역시 교육적 목적으로도 기부했습니다. 교육 관련 기부가 특히 우리에게 흥미로운 이유는, 교육에 대한 투자의 이점이 기존에 잘 정리되어 있기 때문입니다. 이 이점은 단지 (교육의 결과, 더 나은 직업과 건강을 누릴 수 있는) 개별 학생에게만 국한되지 않고 사회 전체에서 발생합니다. 빈곤율과 범죄와 폭력 빈도가 낮아지는 것은 교육의 가장 명백한 사회적 혜택입니다.[34] 경제학자들 또한 교육에 대한 투자 수익률을 정량화하려고 노력해 왔으며, 그 결과 전 세계적으로 중등 및 고등 교육 수준에서 학교 교육에 대한 사회적 수익이 연간 10퍼센트 이상이라는 점을 발견했습니다.[35] 다른 어떤 투자처가 이토록 높은 수익률을 안정적으로 낼 수 있을까요? 현재 가진 돈을 교육 관련 자선 단체에 기부하는 대신 자신이 선택한 다른 곳에 투자하는 것을 정당화하려면, 그 투자처가 이 수익률보다 더 높은 이익을 낼 수 있다는 점을 증명해야만 할 겁니다. 자선 단체는 분명 지금 당장 여러분의 돈을 받는 쪽을 더 선호합니다. 하지만 일부 자선 단체, 특히 재단이나 기부금 비영리 단체는 받은 돈을 당장 쓰지 않고, 매년의 지출액보다 더 많이 기부받음으로써 기부금 총액을 늘리는 것을 목표로 삼습니다. 예를 들어 1999년에 재단들은 900억 달러가 넘는 기부금을 받았지만 250억 달러보다 적게 분배했죠. 이렇기 때문에 어떤 분석에서는 "기부자들은 자신의 기부금이 어떻게 사용될 것인지가 아니라 얼마나 빨리 사용될지를 물어야 한다."라고 지적했던 적이 있습니다.[36] 저도 옳은 지적이라고 생각합니다. 하지만 여러분이 선호하는 자선 단체가 어떻게 돈을 사용하든지, 자선 단체란 항상 돈을 더 빨리 받음으로써 더 많은 것을 얻게 됩니다.

당신의 유산은 바로 지금이다

여러분은 이미, 지출 타이밍에 관한 저의 견해를 알고 있습니다. 그 사실이 중요합니다. 저의 첫 번째 법칙은, 인생 경험을 극대화하라는 것입니다. 그래서 살아 있는 동안 돈을 써야 한다는 것이죠. 지출 대상이 자기 자신이든, 사랑하는 사람이든, 자선 단체든 간에. 그리고 그다음으로는 돈을 쓸 최적의 타이밍을 찾아야 합니다.

자녀에게 돈을 증여하는 경우 최적의 타이밍은 제가 이번 장의 앞부분에서 제안했듯이 자녀의 나이가 26~35세 사이일 때입니다. 큰 영향력을 발휘하기에 너무 늦지도 않고 돈을 낭비해 버릴까 봐 걱정할 만큼 너무 이르지도 않죠. 하지만 자선 단체에 돈을 기부하는 경우는 어떨까요? 이 경우 '너무 이를 때'란 없습니다. 예를 들어 의료 연구 기관에 돈을 빨리 기부할수록 그 돈은 질병 퇴치에 더 빨리 도움이 될 겁니다. 의료 연구 분야의 투자 수익률에 관한 연구 결과에서 확인할 수 있는 사실입니다.[37] 매일 생명을 살리는 새로운 기술적 진보가 발생하고 있으며, 시간이 흐름에 따라 이러한 진보들이 모여 거대한 차이를 만들어 내죠. 하지만 이런 일들이 일어나기만을 그저 기다려서는 안 됩니다. 현재 자신이 가진, 그리고 앞으로 자신이 가지게 되리라 기대되는 자원에 근거하여 기부해야 하는 것이죠.

제 친구 중 한 명은 제게 창업을 하려고 한다면서, 그 사업이 성공하면 이익을 자선 단체에 기부하고 싶다고 이야기했습니다. 자신이 사업하는 목적은 막대한 자선적 영향력을 창출하는 것이라면서요. 제가 이 친구에게 뭐라고 했을지, 여러분은 아마 짐작할 수 있을 겁니다. 그 자선 단체는 바로 지금 그의 돈을 원하고 있다고 말해 주었죠. 만약 여러분에게 새로운 사업에 투자할 돈이 있고 그 투자의 목적이 결국 자선 단체에 기부할 돈을 버는 것이라면, 그 돈을 그냥 자선 단체에 바로 기부하는 편이 여러분과 그 자선 단체 모두에게 더 좋습니다. 비록 지금 줄 수 있는 돈이 나중에 주려고 하는 돈보다 더 적더라도 말이죠. 고통은 지금 발생하고 있습니다. 그 고통을 치료해야 할 때는 바로 지금이지, 먼 미래의 어느 날이 아닌 겁니다.

이러한 방식을 취하는 자선가들이 점점 늘어나고 있습니다. 그중 한 명인 억만장자 자선가 척 피니는 이 방식을 일컬어 '살아 있을 때 기부하기'라고 부릅니다. 우리가 공항에서 흔히 볼 수 있는 면세점 기업인 듀티 프리 쇼퍼스 그룹Duty Free Shoppers Group을 창업하여 부를 일군 피니는 제가 옹호하는 방식의 훌륭한 롤모델이라 할 수 있습니다. 그는 일찍이 (익명으로) 기부를 시작했고 80대에 이르러서는 누적 80억 달러가 넘는 돈을 기부하기에 이르렀습니다. 법률 비서 실비아 블룸처럼 그 역시 검약한 생활을 선택했으나 블룸과는 달리 그는 자선 단체에 돈을 기부하기 위해 자신의 죽음을 기다리지 않았죠. 이제 80대가 된 그는 아내와 함께 임대 아파트에서 삽니다. 그의 순자산은 약 200만 달러로 줄었지만 여전히 남은 평생 자신을 부양하기에 충분하며 그가 기부해 온 돈에 비하면 아주 작은 일부에 불과하죠.

척 피니는 빌 게이츠와 워런 버핏을 포함한 여러 부자에게 본보기가 되어 왔습니다. 하지만 살아 있을 때 기부하기 위해 꼭 부자가 되어야 하는 건 아니죠. 가진 재산이 10억 달러든,

수천 수백 달러든 상관없이 어떤 규모라도 같은 원칙을 적용할 수 있습니다. 개발 도상국의 사람들에게 주목할 만한 영향을 미치는 데는 큰돈이 들지 않습니다. 세이브 더 칠드런Save the Children이나 컴패션 인터내셔널Compassion International 같은 조직을 통해서 연간 500달러 미만의 금액으로 한 아동을 후원할 수 있습니다. 또한 그 아이가 안전하고, 건강하고, 더 잘 교육받으며 자라서, 미래 세대를 위해 긍정적인 순환을 시작하도록 도와줄 수 있습니다.

자신이 원하는 만큼 기부할 돈이 많지 않다고 해도, 여전히 여러분에게는 기부할 수 있는 '시간'이 남아 있습니다. 그러니 기억하세요. 제가 '다 쓰고 죽으라'고 이야기하는 건 자선 단체에 기부하려는 돈을 남기고 죽으라는 뜻이 아닙니다. 기부할 생각이 있다면, 살아 있는 동안 기부하세요. 그리고 빠를수록 좋습니다. 여러분의 자선 단체는 기다릴 수가 없습니다.

역전 포인트

▶ 자녀가 몇 살일 때 돈을 얼마나 증여하고 싶은지 생각해 보세요. 자선 단체 기부에 관해서도 마찬가지입니다. 이런 문제들을 배우자나 파트너와 상의해 보세요. 바로 오늘!

▶ 부동산 전문가나 변호사 같은 전문가들과 이런 문제들에 관해 상담해 보세요.

6장 산다는 건 결국 균형을 맞추는 일이다

RULE 6
자동 조종 모드에
인생을 맡기지 마라

이 책을 시작하면서 제가 상사에게 멍청이 소리를 들었던 순간에 대해 언급했었죠. 이야기했다시피 20대의 저는 푼돈에도 벌벌 떠는 구두쇠였고, 쥐꼬리만한 월급에도 근근이 저축까지 하는 자신을 자랑스러워했습니다. 그러나 제 상사였던 조 패럴은 앞으로 제가 훨씬 더 많은 돈을 벌 수 있는 일을 하고 있으니, 현재 버는 돈을 쓰지 않는 건 바보 같은 짓이라는 점을 상기시키며 일종의 깨달음을 줬습니다.

이 조언은 패럴이 혼자 만들어 낸 것이 아닙니다. 젊을 때 돈을 더 자유롭게 쓰는 게 합리적이라는 생각은 여러 경제학자에 의해 뒷받침되고 있습니다. 하지만 우리 대부분이 자라면서 들었던 조언과는 상반되죠. 우리는 여덟 살, 혹은 아홉 살 즈음 부모에게 생일 때 받은 용돈을 다 쓰지 말고 저축하라는 말을 듣습니다. 그리고 성인이 된 다음에는 재정 전문가에게 월급 중 일부를 저축하기 시작하는 데 너무 이른 때란 없다는 조언을 듣습니다.

반면에 많은 경제학자는 젊은이의 절약이 일반적으로는 나쁜 아이디어라고 생각합니다. 『괴짜 경제학』으로 유명한 경제학자 스티븐 레빗은 시카고대학 교수로 부임한 첫해, 선배 교수였던 호세 생크만에게 더 많이 쓰고 덜 저축하라는 충고를 들었습니다. 바로 생크만 교수 본인이 시카고대학 유명 경제학자 밀턴 프리드먼에게 들었던 것과 똑같은 충고였죠. "자네 월급과 수익 창출력은 앞으로 계속 오를 거야." 레빗은 선배의 충고를 이렇게 떠올립니다. 마치 조 패럴이 제게 해줬던 말의 메아리 같죠. "그러니 지금 저축을 해서는 안 돼. 돈을 빌려 써야지. 앞으로 10년, 15년 뒤에 살게 될 방식처럼 지금 살아야 마땅해. 아끼고 저축하는 건 미친 짓이라고. 중산층 가정에서 자란 나 같은 사람은 그렇게 해야 한다고 배웠지만 말이야."[38] 레빗은 이 말이 평생 들어 본 최고의 재정적 조언이었다고 밝혔습니다.

조 패럴이 해준 조언 역시 제게 그랬다고 말하고 싶군요. 비록 한동안 선을 넘었던 때가 있긴 했습니다만, 패럴의 충고 덕분에 지는 수입과 지출의 균형에 대해 완전히 새로운 사고 방식에 눈을 뜨게 됐습니다. 마치 열성적인 개종자와도 같았죠. 패럴에게 그 이야기를 듣기 전의 저와 이후의 저는 완전히 다른 사람이었습니다. 이전에 저는 오늘날의 파이어족들처럼 살았죠. 미래를 위해 가능한 뭐든 값싼 것으로 사고, 지출을 일일이 챙기고, 최대한 저축했습니다. 그러다가 패럴의 충고가 제 안의 스위치를 누른 겁니다. 파이어족이었던 저는 순식간에 정말 돈을 불태우는 남자로 바뀌어 버렸습니다. 이후 몇 년간, 패럴이 말한 대로 제 수입은 계속 올랐고, 마찬가지로 제 지출 또한 계속 늘어났습니다.

그 몇 년간 저는 재미있는 일을 많이 즐겼지만, 안타깝게도 추억 배당금을 만들어 낼 만큼 특별했던 경험을 딱히 짚어 내지는 못하겠군요. 그 이유는 제가 당시 그냥 되는 대로 살았었기 때문입니다. 선별해서 쓰는 게 아니라 그저 돈을 쓰기 위해 돈을 썼던 겁니다. 예를 들어 제 귀로는 식별할 수도 없는 고급 사운드 기능을 갖춘 오디오 기기를 산다든가, 원래 다니던 식당과 차이가 없지만 무조건 더 비싼 곳에 가서 식사한다든가 하는 식이었죠. 기본적으로 뭐든 좀 더 비싼 버전이 있으면 효용 가치는 생각하지도 않고 무조건 돈을 썼습니다. 말하자면 '자동 저축 모드'에서 '자동 지출 모드'로 바뀌었던 셈입니다.

제 씀씀이는 미래까지 위협했습니다. 재량 소득 전부를 지출하는 데 그치지 않고 비상용 안전 금고까지 손을 댔죠. 만약 직장을 잃는다면? 실업 급여 외에는 기댈 곳이 없었죠. 한 달 치 월급조차 없었으니까요.

저는 여전히 단점을 극복하기에 충분할 만큼 젊을 때 위험을 감수해야 한다고 강하게 믿는 쪽입니다. 다만 그 위험을 보상할 만한 장점이 존재한다면 말이죠. 항상 위험과 보상을 함께 생각해야 합니다. 예를 들어 나중에는 가정도 꾸려야 하고 여러 책임질 일들이 생기므로 평생 한 번뿐일지 모를 네팔 여행을 지금 떠난다면, 그건 감수할 가치가 있는 위험이겠죠. 가진 돈을 다 쓰고 (유럽 배낭여행을 떠났던 제 친구 제이슨처럼) 심지어 빚까지 지게 된다고 해도, 평생 한 번뿐인 그런 경험을 위해서라면 괜찮습니다. 제가 그런 걸 두고 돈을 불태운다고는 하지 않습니다. 하지만 당시 제 지출은 그런 게 아니었습니다. 제가 얻고 있는 보상을 생각하면, 그 위험은 전혀 감수할 가치가 없는 것이었죠.

그러나 여러분은 왜 제가 선을 넘었는지 짐작할 겁니다. 예전에 자신을 궁핍하게 만들었던 바보짓을 피하려다가 그냥 또 다른 종류의 바보가 되어 버렸던 거죠. 조 패럴의 지혜를 받아들이고 따르는 과정에서 저는 하나의 실수를 또 다른 실수로 대체하고 있었습니다. 예전의 저는 지나치게 검소했지만 나중에는 지나치게 사치했던 겁니다. 패럴의 충고에 담긴 진짜 지혜는 버는 족족 쓰면서 밝은 미래가 오길 기다리라는 게 아니었습니다. 지금에야 제가 깨달은 핵심은, 현재의 (오직 가치 있는 것에 대해서만) 지출과 저축 간의 균형을 미래를 위해 현명하게 맞추라는 것이었죠.

왜 단순한 균형 법칙은 모두에게 통하지 않을까

제가 깨닫게 된 또 한 가지는, 이 균형이 살아가는 동안 계속해서 변화한다는 점입니다. 이 점 또한 대부분의 재정적 조언과는 반대되는 내용이죠. 예를 들어 일부 재정 전문가들은 매달의 수입 또는 월급에서 '적어도 10퍼센트'를 저축하라고 이야기합니다. 20퍼센트 등 다른 수치를 제안하는 전문가도 있습니다만, 이들 역시 나이나 재정 상황에 상관없이 매달 혹은 매주 일정 비율을 저축하라는 건 똑같죠.

50-30-20 법칙이라는 유명한 예산 공식에서 나온 20퍼센트 제안을 살펴봅시다.[39] 50-30-20 법칙은 엘리자베스 워런이 만들었죠. 네, 바로 그 워런 상원의원입니다. 정계에 입문하기 전 워런은 파산법에 정통한 법학 교수였고, 미국 중산층이 파산하는 이유와 그 암울한 운명을 피하는 방법을 다룬 책을 공저하기도 했습니다. 그리고 재정적 안정을 유지할 수 있는 '균형 지출 공식', 이른바 50-30-20 법칙을 제안했죠.

이 법칙에 따르면 수입의 50퍼센트는 필수품(집세, 식료품, 공과금 등), 30퍼센트는 개인 기호(여행, 오락, 외식 등)에 써야 하고 나머지 20퍼센트는 저축과 부채 상환에 배정해야 합니다. 이 규칙은 특히 지출을 잘 관리하지 못하는 사람들에게 목표 달성을 위한 훌륭하고도 단순한 방법처럼 들립니다. 그리고 확실히 인기를 얻었죠. 하지만 만약 재정적 안정 그 이상을 바란다면, 즉 인생의 만족도를 (파산하지 않고) 극대화하려는 목표를 가졌다면, 재정 균형에 관해서 더 정교한 사고방식이 필요합니다. 제가 생각하기에, 저축 대비 지출의 고정 비율이 모든 사람에게 통할 리가 없습니다. 그리고 더 중요한 것은, 22세일 때와 42세 혹은 52세일 때의 저축 비율이 똑같아서도 안 된다는 점입니다. 최적의 균형점은 사람마다 다를 테고 나이와 수입의 변화에 따라서도 이동합니다. 이번 장에서는 여러분에게 자신을 위한 최적의 균형점을 찾고 유지하는 몇 가지 방법을 설명해 보겠습니다.

왜 지출/저축 균형은 계속 달라지는가

50-30-20 법칙과 다른 단순화된 공식들은 일정한 '지출 대 저축 비율'을 제안합니다. 예를 들어 50-30-20 법칙에 따르면 수입 중 20퍼센트를 저축해야 하니 지출 대 저축 비율이 80 대 20입니다. 필수품 지출을 빼면 남는 것은 기호(제가 '경험'이라고 부르는 것과 비슷합니다.)뿐이므로 저축 대비 지출 비율은 30 대 20이 되죠. 이 비율이 평생 유지되지 못할 거라고 제가 말하는 이유는 뭘까요? 우리의 생명 에너지를 최적으로 할당한 것이 아니기 때문입니다. 조 패럴과 스티븐 레빗의 생각에 동조하는 분이라면 이미 그 이유를 이해했을 겁니다. 젊고 앞으로 훨씬 더 많이 벌게 되리라는 합당한 이유가 있는 상태에서 소득의 20퍼센트를 저축하는 것은 미친

짓인 거죠.

실제로, 레빗이 제안한 것처럼 향후 수입이 훨씬 더 늘어나리라는 기대가 있다면 (현재 버는 것보다 더 많이 지출할) 돈을 빌리는 것이 합리적일 수 있습니다.

분명히 하자면, 젊을 때 돈을 빌리는 것이 합리적이라는 저의 이야기는 신용 카드 채무를 지고 있어야 한다는 뜻은 아닙니다. 그런 고금리 대출은 거의 누구에게나 좋지 않은 생각이죠. 적절하고 책임감 있게 돈을 빌리세요. 그리고 앞으로 몇 년 동안 수입이 늘 예정이라면 그중 20퍼센트를 저축하는 건 사실 합리적이지 않습니다. 여러분이 누릴 수도 있었을 중요한 삶의 경험을 포기한다는 의미일 수도 있고, 더 부유해질 미래의 자신을 위해 굳이 일한다는 의미도 될 수 있으니까요. 이것이 생명 에너지를 최적으로 활용하는 게 아니라는 점은 분명합니다.

좋습니다. 여러분도 80 대 20의 균형이 많은 젊은 근로자에게 최적이지 않다는 제 의견에 동의한다고 가정해 보겠습니다. 하지만 나이 든 근로자라면 어떨까요? 분명 어느 시점부터는 은퇴를 대비해 저축을 시작해야 할 겁니다. 그렇지 않으면 나중에 수입이 거의 없는 지경에 빠질 테니까요. 그리고 저축으로 대비해야 할 것은 비단 은퇴만이 아닙니다. 인생에서는 소득이 정체기에 달하거나 지출이 늘어야 하거나, 혹은 두 가지 상황이 동시에 발생하는 순간이 거의 반드시 찾아오게 되어 있습니다. 이러한 갖가지 만일의 사태에 대비하기 위해 언젠가는 돈을 저축해야 한다는 건 의심할 여지가 없죠. 그때가 찾아오면 우리는 너무 많이 저축하고 싶지도 않고(그러면 다시 없을지도 모를 경험을 포기해야 하기 때문에), 그렇다고 너무 적게 저축하고 싶지도 않습니다(미래의 자신을 고통에 빠뜨리는 것이기 때문에). 그저 가능한 한 완벽에 가까운 만큼을 저축하고 싶어 하죠. 즉, 현재를 즐기는 것과 좋은 미래를 준비하는 것 사이의 최적 균형을 달성하길 원하는 겁니다.

하지만 저축을 시작하는 게 현명한 선택인 나이가 되더라도 은퇴할 때까지 균형을 유지해 줄 일정하고 이상적인 '매직 넘버'같은 저축 비율은 존재하지 않습니다. 그 이유를 이해하려면 제가 앞서 건드렸던 개념을 완전히 이해해야 합니다. 돈에서 즐거움을 뽑아내는 사람의 능력은 나이가 들수록 쇠퇴한다는 개념 말이죠. 이 말이 정확히 무슨 뜻입니까? 임종을 앞둔 사람을 보면 이 아이디어가 한층 선명해집니다. 몸을 움직일 수 없을 만큼 너무 허약해진 상태로, 튜브를 통해 음식을 공급받고 환자용 변기에 용변을 보는 이 사람은 이전의 삶에서 본인이 해왔던 일들을 되돌아보는 것 외에는 할 일이 많지 않습니다. 세계 어느 곳이든 갈 수 있는 제트기를 준다고 해도 아무 데도 가지 못합니다. 백만 달러 아니 십억 달러를 모았다 해도 그 돈은 이 사람의 남은 생명 동안 즐거움을 늘리는 데 별 도움이 되지 못합니다. 분명 이건 한 사람의 인생의 끝을 너무 암울하게 바라보는 것이겠죠. 그러나 모든 것이 날카로운 초점 속에 명징해집니다. 인생의 이 시점에, 이 사람보다 돈에서 즐거움을 끌어낼 능력이 더 떨어지는 건 시체 안치소나 무덤에 누워 있는 이들뿐이죠.

건강한 40대인, 혹은 몇 살이든 지금의 여러분에게 이런 사실이 얼마나 상관있을까요? 아주 크게 상관있습니다! 우리 모두 언젠가는 죽을 것이라는 사실이 매일의 우리 삶에 영향을 미치기 때문에 저는 이런 임종 시나리오를 종종 떠올리곤 합니다. "내일 당장 죽게 될 거라는 사실을 알면 뭘 할 겁니까?" 누구나 이런 가상의 질문을 들어본 적 있을 겁니다. 그리고 이 질문을 던졌던 사람은 우리가 뭐라고 답하든 이런 말을 남기곤 하죠. "그럼 왜 그 일을 당장 시작하지 않나요?" 자, 여러분이 아마도 내일 당장 죽지는 않을 것이기 때문에 내일 당장 죽을 것처럼 행동하는 건 바보 같은 짓입니다. 다만 일반적으로, 우리가 죽는 시점이 우리가 시간을 어떻게 보낼지에 대해 영향을 끼치는 건 맞죠.

앞서 언급한 대로, 우리가 알게 된 '앞으로 살날'이 오늘 하루뿐일 때에 비해 내일까지 이틀이 남은 때에는 하루를 보내는 방식이 약간 다를 겁니다. 후자의 경우엔 '내일'이 여전히 남아 있잖아요. 살날이 사흘, 나흘, 혹은 2만 일일 경우에도 마찬가지입니다. 살날이 많이 남아 있을수록 '오늘 하루를 살기'와 '미래를 위한 계획' 사이의 균형이 더 많이 변하는 것이죠. 자신의 임종 순간부터 시간을 거슬러 처음 휠체어 신세를 진 순간까지, 아니 은퇴 시점까지, 아니 30대, 20대까지 하루 혹은 1년씩 올라가다 보면, "나의 인생을 어떻게 살아야 하나."가 최소한 미묘하게 바뀐다는 걸 알 수 있을 겁니다. 며칠 차이가 나는 경우를 말하는 건 쉽죠. 그 변화는 미묘하지 않습니다. 하지만 수천 일, 혹은 수년이나 수십 년을 말할 때 사람들은 이 논리를 아예 잊어버리고 마치 '2만 일'이란 시간이 '영원'과도 같은 것처럼 행동합니다. 그러나 우리 중 누구도 영원히 살지는 못하죠. 우리가 주어진 시간을 최적으로 활용하고 자동 조종 모드의 함정에 빠져 살지 않기 위해서는 이 점을 반드시 계속 되새겨야 합니다.

여행이 좋은 예입니다. 저에게 여행이란 돈에서 즐거움을 뽑아내는 능력을 측정하는 최고의 척도죠. 여행에는 돈, 시간, 그리고 무엇보다 건강이 필요하기 때문입니다. 80세 노인은 대개 건강 탓에 많이, 멀리 여행을 갈 수 없습니다. 그러나 완전히 쇠약한 상태에 이르러야만 여행이 힘들어지는 건 아닙니다. 조금이라도 덜 건강할수록 장기간 비행, 항공 경유,

불규칙한 수면 등 여러 여행 관련 스트레스 요인들을 견뎌 내는 게 더 힘들어지니까요. 사람들의 여행 제약(특정 목적지로의 여행을 막는) 요인에 관한 연구는 이런 직관을 단순히 확인시켜 주는 걸 넘어섭니다. 연구진은 서로 다른 연령대의 참가자들에게 여행을 방해하는 요소가 무엇인지 물었습니다. 그리고 그 결과 60세 이하는 시간과 돈을 최대 제약 요소로 꼽은 반면, 75세 이상은 건강 문제에 가장 방해를 받는 것으로 나타났죠. 다시 말하자면, 시간과 돈이 더는 문제가 되지 않는 시기에는 건강이 우리 앞길을 막는다는 뜻입니다. 그리고 건강 문제로 갑자기 여행을 떠나지 못하게 되는 나이가 특정 연령대에 국한되어 찾아오는 것도 아닙니다. 연구진은 이렇게 보고했습니다. "건강 문제는 연령이 증가함에 따라 점점 더 제약 요인이 되었고, 가장 나이가 많은 집단에게는 중대한 제약 요인이었다."[40]

이것 참 가혹한 현실입니다. 우리의 건강은 10대 후반과 20대에 정점을 찍은 이후 계속해서, 때로는 갑자기, 하지만 보통은 알아차리지 못할 정도로 점진적으로 하락하죠. 젊었을 때 저는 스포츠, 그중에서도 특히 축구를 즐겼습니다. 지금도 여전히 축구를 좋아합니다만, 50대가 된 저는 이제 20대 시절만큼 이 스포츠를 즐길 수가 없죠. 그때만큼 빨리 뛸 수도 없고 부상에도 훨씬 더 취약해졌습니다. 회전근개파열

이나 무릎 부상이 두렵다면 축구를 재밌게 즐기기가 어렵죠. 저와 비슷한 나이의 친구들도 모두 동의합니다. 일정 시점부터는, 예전에 축구를 했던 추억이 실제 축구 경기를 뛰는 것보다 훨씬 더 즐겁다는 점을요.

이런 일이 모든 종류의 육체적 활동에서 일어납니다. 지난주에 저는 테니스를 치다가 무릎이 다친 것 같아 운동을 멈췄습니다. 20년 전에는 없었던 일이죠. 스키를 즐기고 (나이에 비해) 몸도 좋은 제 친구 그레그는 최근에 7일 연속으로 스키를 타러 갔었습니다. 스물두 살에는 쉽게 했던 일입니다. 하지만 이후 엄청난 고통을 느꼈고 7일 연속 스키는 이제 본인에게 너무 과한 활동이라는 걸 깨닫게 됐죠.

이렇듯 건강이 악화되면서 감소하는 즐거움은 우리의 지출 효과에도 실질적인 영향을 끼칩니다. 스키가 이런 효과를 느낄 수 있는 좋은 예입니다. 어느 나이 든 스키 마니아가 활강 사이에 더 자주, 더 오래 휴식하면서 스키를 계속 즐기기로 마음먹었다고 치죠. 좋은 생각입니다만 그렇다고 젊고 건강했을 때와 똑같은 경험을 누릴 수 있다는 건 아닙니다. 만약 예전에 이 스키 마니아가 하루에 20번의 활강을 했었다면, 이제는 겨우 15번밖에 할 수 없죠. 하루 동안 스키를 타기 위해 들이는 돈은 예전과 똑같지만, 이제는 과거에 스키를 통해 누렸던 즐거움의 75퍼센트만을 가져갈 수 있을 뿐입니다.

그레그는 곧 회복하여 다시 스키를 탈 수 있겠지만, 예전처럼은 스키를 즐길 수 없을 테니 미래의 즐거움은 줄어들 겁니다. 그리고 언젠가는 결국 스키를 탈 수 없게 되겠죠.

제가 이러한 슬픈 진실을 늘 절감하는 이유는 저의 주변 사람 중 다수가 유사한 신체적 제약이 본인들을 엄습해 오고 있다는 점을 느끼고 있기 때문입니다. 그중에서도 특히 극적인 사례를 하나 말씀드리죠. 영국령 버진아일랜드의 조스트 반 다이크라는 섬의 해변에는 '눅눅한 달러 바Soggy Dollar Bar'라는 명소가 있습니다. 이런 이름이 붙은 이유는 주변에 정박할 부두가 없기 때문입니다. 그래서 사람들은 배를 연안 근처에 세우고 이 술집까지 헤엄쳐 가서는, 젖은 달러를 내면서 유명한 '진통제 칵테일'을 주문해야 합니다. 수중 스쿠터인 씨밥Seabob을 타고 가는 걸 선호하는 사람도 있습니다만, 수영을 좋아한다면 달러를 흠뻑 적시는 경험을 제대로 즐기는 게 낫죠.

바로 이것이 제 여자친구의 할아버지인 크리스 씨(당시 69세)가 이 섬을 방문했을 때 원했던 경험이었습니다. 전직 수영 강사인 크리스 씨가 너무 가고 싶어 했기에, 저는 그와 함께 물 속에 들어가야 했죠. 약 30미터 거리의 짧은 수영이었지만 20미터쯤 갔을 때 저는 크리스 씨가 "얼마나 더 가야 해?"라고 소리 지르는 걸 들었습니다. 저는 바닥에 발이 닿는다고 소리쳤지만(물이 얕았습니다.), 그는 제 말을 못 들었죠. 제가 크리스 씨에게 다가갔을 때는 이미 호흡을 제어하지 못하는 상태였습니다! 저는 재빨리 심폐소생술을 해야 하나, 제세동기를 구하러 가야 하나 생각했지만, 다행히 그런 일은 일어나지 않았습니다. 크리스 씨는 점차 평정을 되찾기 시작했고, 15분이 지나자 그의 호흡과 맥박이 정상으로 돌아와 우리는 눅눅해진 달러로 산 진통제 칵테일을 즐길 수 있었죠.

크리스 씨 외에도 많은 사람이 자신의 신체에서 벌어지고 있는 일을 깨닫지 못한 채 단지 본인의 한창때만을 기억합니다. 크리스 씨의 경우, 그는 이제 30미터 거리를 헤엄칠 수 있는 상태가 아니었던 거죠. 우리 중 다수는 이렇게 현실과의 정신적 괴리를 겪고 있습니다. 이 괴리가 은퇴 후에도 우리의 '고속기'가 끝나지 않으리라는 미신, 지금 즐기고 있는 것을 언제까지나 계속 즐길 수 있다는 생각을 영속화하고 있는 겁니다.

이 대목에서 이렇게 말하는 사람도 있겠죠. "뭐 대개는 맞는 말이지만, 나는 20년 전보다 더 몸 상태가 좋다고!" 네, 하지만 제게는 그냥 당신이 20년 전에 건강을 잘 챙기지 않았다는 말로 들릴 뿐입니다. 만약 그랬다면 분명히 20년 전의 건강 상태가 더 좋았을 테니까요. 다른 조건들이 동등할 경우, 20세가 40세보다 더 건강하고 힘이 세며, 55세가 75세보다 더 건강하고 힘이 셉니다. 이건 그저 생명의 물리적 사실입니다. 의학 연구에서 드러난 몇 가지 증거를 보여드리죠.

우리 신체의 각 시스템은 저마다 악화되는 속도는 다르지만 결국 모두 악화된다는 점은 같습니다. 예를 들어 의학 연구진이 시간 경과에 따른 골밀도와 근육량 변화를 추적한 결과, 두 가지 측정값 별로 서로 다른 숫자들이 보고되었습니다. 그뿐만 아니라 집단 간에도 중대한 차이점이 발견되었죠. 예를 들어 백인 여성은 흑인 여성에 비해 엉덩이 부위의 골밀도가 더 낮았으며, 이 두 집단 모두 흑인 남성에 비해 골밀도가 더 낮았던 겁니다. 하지만 모든 집단이 나이가 들면서 골밀도가 감소하는 것은 똑같았습니다.

연구진은 또한 대비 민감도, 망막 두께, 시력 등 눈 건강을 측정하는 서로 다른 지표들을 추적했습니다. 폐 기능은 나이가 들면서 쇠퇴하는 고유한 궤적을 보입니다. 심장 건강, 인지 기능, 후각 등 여러 기능도 마찬가지입니다. 따라서 건강 곡선은 어느 하나가 아니라 여러 가지가 존재하며, 서로 약간씩 다른 형태를 띱니다. 일부는 거의 직선 궤적으로 천천히 감소하는 반면, 이보다 더 곡선 형태로 감소율이 가속화되는 경우도 있습니다. 또 집단 간 차이를 제외하더라도, 처음부터 다른 사람들보다 더 건강한 개인들도 있고, 시간 경과에 따라 건강이 더 잘 유지되는 사람도 있습니다. 그러므로 단일 곡선들보다는 곡선의 분포를 통해 더 많은 것을 알 수 있습니다. 하지만 건강과 관련한 어떤 특정 데이터를 보아도, 아무리 많은 곡선을 결합해 보아도, 80세는 25세보다 훨씬 덜 건강합니다.

신체 건강의 감소율은 어느 정도 우리에게 달려 있습니다. 건강을 더 잘 유지할수록 감소율의 경사면은 완만해집니다. 예를 들어 비흡연자의 폐 기능 곡선은 흡연자의 곡선에 비해 훨씬 더 완만합니다. 특정 연도에 건강이 좋을수록 그해에 더 많은 경험을 즐길 수 있을 겁니다. 네, 우리의 건강은 감소합니다. 하지만 감소의 형태가 어떻게 될지에 대한 결정권은 우리가 갖고 있는 셈이죠. 평생 건강을 잘 관리할수록 인생의 만족도 점수 또한 높아진다는 뜻이니 좋은 소식입니다. 하지만 자신을 속이지는 마세요. 아무리 몸을 잘 돌본들, 65세의 건강이 25세 때보다 더 좋아질 수는 없습니다. 25세 때 보통의 건강 상태였다면 말이죠.

개인적으로 저는 무엇을 언제 행할지에 대한 결정을 내릴 때 훨씬 더 신중해졌습니다. 근래에 친구들과 함께 보트를 빌리면서 문득 웨이크보드(물 위에서 타는 보드)를 생각해 봤습니다. 50세면 아직 웨이크보드를 탈 수 있을 만큼의 몸 상태일까요? 아마 그럴 겁니다. 그럼 앞으로 7년 후에도 여전히 그럴 수 있을까요? 아마도 아니겠죠. 이 활동은 지금 아니면 결코 경험하지 못할 것이기에 저는 웨이크보드에 도전해 보기로 결심했습니다. 나중에 건강을 다 잃고는, 과거에 하고 싶었고 할 수 있었으나 결국 하지 않았던 일들을 떠올리면서 인생의 마지막 날을 맞이하고 싶지는 않습니다.

인생에서 여러 경험을 즐길 수 있는 능력은 건강에 달려 있습니다. 하지만 돈 또한 일정한 역할을 담당하죠. 돈이 드는 활동이 많으니까요. 따라서 아직 건강할 때 돈을 쓰는 게 더 낫습니다.

요점은 이렇습니다. 실제 나이가 50대, 60대, 혹은 70대임에도 자신이 계속해서 20대에 머물러 있는 듯이 여기는 사람이 너무나 많습니다. 스스로 '마음이 젊다'고 여기는 건 훌륭한 일이지만, 자신의 신체와 노화에 대해 더욱 현실적이고 객관적으로 바라볼 필요도 있죠. 좋든 싫든 자신의 육체적 한계와, 나이가 들면서 그 한계에 점차 잠식당하는 자신을 잘 유의하고 인지해야만 합니다.

제가 이런 점들을 처음 생각하기 시작한 것은 할머니에게 1만 달러를 드렸지만 할머니가 그 돈을 쓸 수 없다는 걸 깨닫게 된 때부터였습니다. 당시 할머니가 진정 사고 싶어 했던 것은 그저 제게 줄 스웨터뿐이었죠. 같은 현상을 다른 노년의 친척들에게서도 목격하면서 저는 생각했습니다. '이 사람들은 내 선조들이니, 나도 아마 언젠가는 저렇게 되겠구나.' 그리고 모두가 결국에는 그렇게 될 거라는 생각이 들었죠. 나이가 들면서 건강이 감소하고 성욕이 줄어드는 것과 마찬가지로 관심사도 점차 좁아집니다.[41] 일반적으로는 창의력도 감소하죠. 그리고 아주 늙고 약해진 순간, 관심사가 무엇이든 상관없이 할 수 있는 거라곤 그저 가만히 앉아서 타피오카 푸딩을 떠먹는 일뿐입니다. 그때에는 돈이 아무런 쓸모가 없죠. 바라는 것, 필요한 거라곤 오직 침대에 누워 TV 퀴즈쇼를 시청하는 것뿐이니까요. 제 결론은 이렇습니다. '돈의 효용성, 혹은 유용성은 나이와 함께 감소한다.'

이런 쇠퇴가 태어날 때부터 시작되지는 않는다는 점 또한 분명합니다. 아기였을 때 우리는 돈에서 아주 작은 즐거움만을 얻죠. 아기를 돌보는 데 돈이 많이 드는 건 사실이지만, 아기들이 돈을 쓰는 데서 큰 즐거움을 얻는 건 아닙니다. 아기일 때는 엄마와 유아용 침대만큼 큰 행복을 주는 게 없잖아요. 어떤 면에서 아기가 돈에서 얻는 효용의 양은 노인과 매우 비슷합니다. 인생의 최초와 최후의 순간에, 돈은 거의 무가치하죠.

그럼 그 사이에는 어떤 일이 벌어집니까? 20대였던 시절 저는 늘 돈을 써야 할 새로운 일들을 찾아낼 수 있었습니다. 20대에 현금은 아주 쓸모가 많죠. 그래서 저는 이 세 가지 지점(아기, 20대, 노년)을 보면서 반드시 곡선 그래프가 존재할 거라는 깨달음을 얻었습니다. 즉, 가로축이 나이를 가리키고 세로축이 돈을 살 수 있는 경험을 즐기는 능력을 가리키게 한 후, 연령에 따른 잠재적 즐거움을 그래프로 나타낸다면 어떤 형태의 곡선이 드러난다는 뜻입니다. 이렇게 생각해 보세요. 매년 똑같은 금액(예를 들어 10만 달러)이 주어지면, 다른 시점에 비해 그 돈에서 훨씬 더 큰 즐거움을 얻어낼 수 있는 어떤 시점이 있을 겁니다. 돈의 효용은 시간에 따라, 꽤 예측 가능한 방식으로 변하죠. 20대의 어느 시점부터 건강은 아주 약간씩 감소하기 시작하고, 그에 따라 돈을 즐기는 능력에서도 상응하는 감소가 발생하게 됩니다.

건강에 따른 경험을 즐길 수 있는 능력의 변화

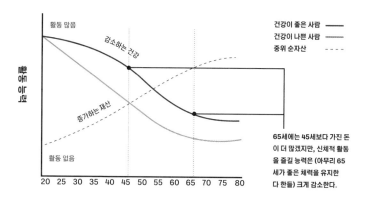

65세에는 45세보다 가진 돈이 더 많겠지만, 신체적 활동을 즐길 능력은 (아무리 65세가 좋은 체력을 유지한다 한들) 크게 감소한다.

누구나 나이가 들면서 건강이 악화된다. 반면 재산은 저축이 늘어나면서 점점 증가하는 경향을 보인다. 하지만 건강 악화가 그 재산에서 얻을 수 있는 즐거움을 제한하며, 쓸 수 있는 돈이 아무리 많다고 해도 즐길 수 없는 신체적 활동이 점점 더 늘어난다.

이 사실이 곧바로 시사하는 의미가 있습니다. 만약 인생 경험을 즐길 수 있는 능력이 특정한 연령에서 더 높다면, 그 특정 연령대에 돈을 더 많이 쓰는 게 합리적이란 이야기죠! 예를 들어, 10만 달러의 가치는 80대보다 50대일 때 더 높습니다. 우리의 목표는 돈과 인생에서 얻는 즐거움을 극대화하는 것이기 때문에, 그 돈 중 적어도 일부를 80대에서 50대로 옮기는 것이 최선의 이익이 됩니다. 같은 이유로 20대, 30대, 40대로도 옮기는 게 역시 이익이 되죠. 이렇게 의식적인 재정 이전은 돈의 변화하는 효용성을 고려한 평생의 지출 계획 수립으로 이어집니다.

돈의 '지출' 시점이 바뀌면 그에 따라 돈의 '저축' 시점 또한 바뀝니다. 예를 들어 사람에 따라서는 일하는 내내 수입의 20퍼센트를 저축하는 대신, 20대 초반에는 거의 한 푼도 저축하지 않고 지내다가(지금까지 다룬 내용처럼), 수입이 오르기 시작하는 20대 후반과 30대에 저축률을 점차 올리는 편이 나을 수 있습니다. 그리고 40대에는 수입의 20퍼센트 이상을 저축해야 하며, 이후 점차 저축을 줄여서 마침내는 (다음 장에 설명할 내용대로) 지출이 수입을 초과하게 되는 거죠.

제가 "사람에 따라…나을 수 있다."라고 조심스럽게 이야기하는 이유는, 사람마다 상황이 다르기 때문입니다. 만약 선호하는 활동이 그냥 '걷기'인 경우에는 돈이 별로 들지 않죠. 하지만 다른 활동과는 달리 최고의 신체적 건강이 요구됩니다. 얼마나 저축해야 하는지 또한 매년 수입이 증가하는 속도와 거주 지역, 저축의 증가 속도 등에 따라 달라집니다. 이러한 모든 변수와 생성될 수 있는 모든 조합 때문에 모든 상황에 다 들어맞는 단 하나의 규칙은 존재하지 않는 겁니다.

우리가 알 수 있는 건 이겁니다. 특정 연령대에서 돈을 더 많이 지출하는 것이 합리적이므로, 그에 맞춰 저축 대비 지출 균형을 조정하는 것이 옳습니다.

진정한 황금기

근면하고 성실한 개미들처럼 우리는 은퇴 이후의 '황금기'를 위해 돈을 모아 두어야 한다는 이야기를 들어왔습니다. 하지만 아이러니하게도, 진정한 황금기, 즉 가장 건강하고 돈도 있어서 최대의 잠재적 즐거움을 얻을 수 있는 시기는 대개 전통적인 은퇴 연령인 65세 이전에 찾아오죠. 그리고 이 진정한 황금기는 우리가 만족을 늦추지 말고 가장 많이 지출해야 하는 시기이기도 합니다.

자신의 미래에 대한 투자가 전반적인 평생의 만족도를 높이는 데 기여할 수 있는 시점을 훨씬 지나고 나서야 투자하는 실수를 저지르는 사람이 너무나 많습니다. 왜 이런 실수가 계속되는 것일까요? 저는 그 이유가 과거에 통했던 대로 반복하는 관성 (혹은 자동 조종 모드) 때문이라고 생각합니다. 때로는 지금 지출하는 편이 나을 수도 있고, 때로는 미래에 찾아올 수 있는 더 나은 경험을 위해 돈을 저축하는 (그리고 투자하는) 편이 나을 수도 있습니다.

극단적으로 보면 쉽게 알 수 있습니다. 계속해서 돈을 쌓아 두고 쓰지 않으면 만족도 곡선은 분명히 최소화될 겁니다. 그리고 지금 당장 가진 돈을 전부 쓴다면 미래를 위한 돈이 전혀 없겠죠. 서두에서 살펴본 개미와 베짱이 우화와 같습니다. 일해야 할 (그리고 저축해야 할) 때와 놀아야 할 때가 따로 있고, 최적의 삶을 살기 위해서는 생존과 번영 두 가지를 모두 대비해야 하죠. 베짱이는 생존을 잊은 채 오직 순간을 즐기며 번영에만 신경 썼고, 마침내 너무 짧게 생을 마감했습니다. 하지만 큰 실수를 저지른 건 개미도 마찬가지죠. 고된 노력의 결과로 목숨은 이어 나가겠지만, 생존에 너무 집착한 나머지 여름을 즐기고 번영하지 못했습니다. 이 두 극단 중 어느 쪽도 인생 만족도를 최적화시키지 못한 겁니다.

교훈을 이해하는 것과 실천하는 것은 전혀 별개의 일이죠. 어떤 순간에 어느 쪽으로 길을 잡아야 하는지 알기란 쉽지 않습니다. 저축과 지출 간의 최적 균형도 결코 명확하지 않고요. 지금까지 수십 년간 성실하게 돈을 저축하고 투자했다면, 지금 멈춰야 한다는 사실을 안다고 해도 멈추기가 쉽지 않을 수 있습니다.

그러면 어떻게 해야 합니까? 어떻게 하면 여러분 인생의 균형을 더 잘 이룰 수 있을까요? 저는 이 문제에 관해 여러 가지 생각들을 제안해 볼 뿐입니다. 여러분이 어떤 사람이고 어떤 생각을 가졌는지에 따라 어떤 방법이 어울릴지가 달라집니다.

돈, 시간, 건강의 균형 맞추기

사람이 인생을 최대한 활용하기 위해 필요한 세 가지 기본 요소 돈, 시간, 건강에 대해 생각해 봅시다. 문제는 이 세 가지가 한꺼번에 모두 갖춰지는 일은 아주 드물다는 겁니다. 젊을 때는 건강과 시간이 풍족하지만 대개는 돈이 많지 않죠. 60대, 70대나 그 이상의 은퇴자라면 시간도 많고 젊은이보다는 돈도 많을 수 있겠지만, 안타깝게도 건강이 약해져서 젊은이에 비해 시간과 돈을 즐길 수 있는 능력이 감소된 상태일 겁니다.

이 두 극단의 사이에 어떤 일이 벌어지나요? 저는 그 시기를 진정한 황금기라고 생각합니다. 보통은 건강과 재산이 훌

량한 조합을 이루는 시기니까요. 예를 들어 35세는 25세가 할 수 있는 대부분의 활동을 실천할 수 있을 만큼 여전히 건 강하면서도 25세보다 훨씬 더 많은 돈을 법니다. 40세(혹은 더 높여서 50세)는 일반적으로 30세에 비해 건강이 다소 나쁘지만 여전히 꽤 좋은 건강 상태를 유지하고 있고, 또 일반 적으로 25세나 35세에 비해 수입도 높죠. 그래서 이 아주 젊 지도 늙지도 않은 중년기에는 대개 다른 문제, 시간 부족에 시달립니다. 특히 자녀가 있는 경우에 더욱 그렇습니다. 시간 부족 문제는 이들이 긍정적인 인생 경험을 누리는 데 가장 큰 장애물입니다. 아이로부터 긍정적인 삶의 경험을 크게 얻을 수 있지만, 기저귀를 갈고, 아이를 여러 수업과 활동에 참여 시키느라 운전하고, 다른 가족들을 돌보느라 다른 경험에 쏟을 시간이 줄어들게 됩니다. 자녀가 없더라도 20대보다 더 오래 일한다면 그 또한 마찬가지고요.

나이에 상관없이 가장 긍정적인 인생의 경험을 얻으려면 삶의 균형을 유지해야 하며, 이를 위해 자신에게 풍족한 자원을 부족한 자원과 교환해야 합니다.

모든 연령대에서 이미 이런 방식을 어느 정도는 실천하고 있지만, 대개는 그 규모를 잘못 적용하고 있다고 저는 생각합니다. 특히 젊은이들은 그들의 풍족한 시간을 돈으로 바꾸는 데서 가끔 잘못을 저지릅니다. 그때가 다른 어떤 연령대보

돈, 시간, 건강의 균형 변화

20~30세 · 31~60세 · 61세 이상

각 연령마다 돈, 시간, 건강의 균형이 각기 다르다. 인생의 만족을 위해서는 이 세 가지 모두 적정량이 필요하므로, 연령에 따라 부족한 것 두 가지 (예를 들어 건강과 시간)를 얻기 위해 풍족한 것 한 가지(예를 들어 돈)를 교환하는 것이 좋다.

다도 오히려 시간을 가장 중시해야 하는 나이인 거죠. 노인이 되면 건강을 증진하거나 질병과 싸우는 일에 많은 돈을 씁니다. 중년기에는 때로 돈을 시간과 교환하고요. 돈이 많을수록 시간을 사는 데 더 많은 돈을 써야 하는 거죠.

일하는 사람들 대부분이 더 많은 돈을 버는 데 너무 과도하게 집중합니다. 건강과 시간에 집중하는 편이 개인 만족도를 더 높일 수 있는 이유를 앞으로 설명하겠습니다.

건강이 돈보다 더 가치 있는 이유

어떤 연령대든, 경험을 즐기는 능력에 건강만큼 더 큰 영향을 끼치는 요인은 없습니다. 실제로 건강은 돈보다 훨씬 더 가치가 크며, 매우 나쁜 건강 상태는 아무리 돈이 많아도 벌충할 수가 없죠. 반면에 돈은 없지만 건강이 좋은 사람이라면 여러 멋진 경험을 즐길 수 있고요. 이건 건강이 극도로 나쁜 경우에만 해당되는 이야기가 아닙니다.

　심각한 과체중만으로도 인생의 즐거움이 방해받을 수 있습니다. 과체중으로 인한 모든 압력이 우리 무릎에 가해지기 때문이죠. 분명 여러분 주변에도 무릎이 좋지 않거나 근육이 약해서, 혹은 단지 본인 신체에 대한 걱정 때문에 하이킹이나 집라인 타기, 수영이나 해변에서의 일광욕 등 즐거움을 얻을 수 있는 여러 활동을 피하는 사람이 있을 겁니다. 혹여 하이킹을 간다고 해도 숨을 쉽게 헐떡이며 즐거움을 얻기 위해 정말 많이 애를 써야 하죠. 이런 사람 중에는 젊었을 때 운동선수였던 경우도 있습니다. 나이가 들어 신체적인 활동을 중단했지만 10~20킬로그램씩 체중이 불 때까지 칼로리를 계속 축적한 것이죠. 특히 활동 시간과 에너지 대부분을 일에 쏟아야 하고 종일 컴퓨터 앞에 앉아 있어야 하는 직업을 가진 사람에게 이런 일이 발생하기 쉽습니다. 대체 무엇을 위해서요? 힘든 일이 비로소 금전적 성공을 가져다줄 때 과연 그 성공을 즐길 수 있는 핵심 요소(건강)를 여전히 갖고 있을까요?

의료계는 이런 문제점을 우리 대부분보다 잘 이해하고 있습니다. 눈앞에서 고통받는 수많은 환자를 지켜보고 있기 때문이죠. 하지만 의료계 종사자라고 해도 자기 자신의 건강을 소홀히 해서는 안 됩니다. 사례를 하나 들어보죠. 이번 사례는 해피엔딩으로 끝납니다. 매사추세츠주에서 척추 지압사로 일하는 스티븐 스턴은 본인이 수십 년째 체중 문제로 고생하고 있다는 사실을 대중에게 공개했습니다. 통증을 호소하는 환자들을 오랫동안 치료해 오면서도 정작 본인의 체중이 불어나는 건 방치했던 것이죠. 운동도 하고 일부 체중을 좀 줄이기도 했지만, 운동을 그만두는 순간 몸무게는 원상태가 됐고 힘들게 얻은 체력도 잃어버리곤 했습니다.[42]

　59세가 되었을 때 스턴은 마침내 이런 패턴을 반복하다가는 결국 본인이 치료해 왔던 불행한 환자의 운명을 피할 수 없다는 사실을 깨달았습니다. 그의 이야기를 다룬 기사에는 이렇게 적혀 있습니다. "그는 본인 나이, 혹은 본인보다 좀 더 어리지만 좋아하는 일을 할 능력을 잃은 환자들을 지켜봐 왔다. 부상이나 질병 때문만이 아니라 단지 자신의 건강을 무시해서 그렇게 된 환자들이 많았다. 그는 이 시기의 사람들이 신체적 능력을 잃게 되면 대개는 다시 회복되지 못한다는 사실을 알고 있었다." 그래서 스턴은 60세가 되기 전에 다시 건강해지기로 결심했습니다. 그리고 이번에는 과거보다 좀 더 점진적인 건강 관리법을 선택했죠. 그의 몸은 이제 젊었을 때 견뎌냈던 격렬한 훈련을 감당할 수 없었지만, 걷기와 맨몸 체조를 통해 상당한 체력을 회복할 수 있었습니다. 이 느리지만 꾸준한 운동법은 효과가 있었죠. 오래된 무릎 통증이 사라졌으며, 66세에도 그는 무릎을 구부리고 물구나무서기처럼 힘과 균형감이 필요한 동작을 해낼 수 있었습니다. 체력을 향상하려는 그의 노력은 새로운 자신감과 능력, 그리고 딸과 함께 산을 오르는 일 같은, 다른 방법으로는 도저히 얻을 수 없는 즐거운 경험들로 보상을 받았습니다. 현재 그는 보통의 30대들이 할 수 없는 일들도 거뜬히 해낼 수 있지만, 예전 서른 살의 건강으로 되돌아갈 수 없다는 건 잘 알고 있죠. 그가 실제로 얻게 된 것은 그의 나이에 맞는 최고의 건강인 겁니다. "저는 이제 노인이 됐고 노인이 움직일 수 있는 방식대로 움직입니다!" 스티븐 스턴의 이야기는 우리에게 영감을 줍니다. 우리 모두 너무 늦지 않았다는 메시지를 듣고 싶어 하죠. 하지만 제가 여러분에게 이 이야기를 들려준 것은 그 때문이 아닙니다. 수십 년간의 방치와 학대를 되돌리기에는 너무 늦고 마는 일들이 현실에서는 가끔 일어나죠. 스턴은 이 점을 이해했습니다. 설령 너무 늦은 때가 아니더라도, 조금 더 일찍 자신의 건강에 투자하기 시작하는 것이 늘 좋습니다. 제가 정말로 주장하려는 바는, 건강이 좋아지면 삶의 모든 것이 향상되며,

모든 경험이 더욱 즐거워진다는 겁니다. 어떤 연령대에서든 말이죠.

돈, 시간, 건강의 함수가 단일 경험에서 얻는 만족을 결정하는 세 가지 모델에서, 한 개인의 인생 만족도 곡선의 크기에 영향을 미치는 가장 큰 요인은 바로 건강입니다. 우리가 살펴본 바에 따르면, 한 사람의 인생 중 어떤 지점에서 건강에 영구적인 감소가 약간이라도 발생하면, 그 사람의 인생 만족도 점수가 크게 감소하게 됩니다.

왜 건강이 시간이나 돈보다 평생의 만족도에 더 큰 영향을 끼칠까요? 건강의 입력값을 조정할 때 우리는 우리 신체가 약해지는 비율을 조정합니다. 신체 건강이 감소하는 속도는 현재의 건강 상태에 달려 있죠. 만약 지금 여러분이 최적의 건강 상태에서 2퍼센트 부족하다면, 10년이나 15년 뒤에는 최적점에서 20퍼센트쯤 모자란 상태가 될 겁니다. 나쁜 건강 상태에는 기본적으로 복합 효과가 작용합니다. 제가 의사는 아니지만, 이 효과가 어떻게 작용하며 우리가 활동을 즐기는 데 어떤 영향을 끼치는지에 대한 예시를 살펴보도록 합시다.

여러분이 5킬로그램 과체중인 상태라고 치죠. 일견 그리 나쁘지 않은 수치로 보이지만, 추가 체중 1킬로그램당 무릎에 가해지는 체중은 4킬로그램이므로, 5킬로그램 과체중이란 곧 무릎이 원래 부담하도록 설계된 무게보다 20킬로그램

초과한 하중을 부담해야 한다는 의미입니다. 시간이 지나면서 자연히 무릎 연골이 닳아 찢어지고 뼈가 서로 마찰하기 시작할 것입니다. 선천적인 충격 흡수 장치가 마모되니 장시간 걷는 게 고통스러워지고 달리기가 거의 불가능해지겠죠. 이는 추가적인 체중 증가와 기타 연관된 문제들을 유발할 겁니다. 무릎 관절 치환술이 비만 증가를 바짝 뒤따르면서 미국에서 가장 빨리 늘어나는 수술 중 하나라는 점은 전혀 놀랍지 않습니다. 어찌 되었든 처음에는 사소해 보였던 5킬로그램의 과체중이 복합적인 효과를 통해 부풀려져서 다른 심각한 건강 문제를 낳고, 걷기와 관련된 활동의 즐거움을 빼앗아 가는 것이죠.

앞서 설명했듯이 움직임이란 곧 생명이기에 움직임이 고통스럽거나 제한되면 우리의 경험은 크게 줄어들 수밖에 없습니다. 우리가 최종적으로 죽음을 맞을 때까지 쇠퇴에는 여러 경로가 존재하죠. 누구나 죽기 전까지 최고의 신체 기능을 유지하길 원하지만, 생각보다도 일찍 기하급수적인 쇠퇴를 경험하는 사람이 많습니다. 신체 능력도 떨어지고 즐거움도 줄어들죠. 우리가 자신의 몸을 관리한 결과입니다. 아인슈타인은 '복리'를 일컬어 우주에서 가장 강력한 힘이라고 했습니다. 건강의 작은 변화는 부정적인 복리 효과를 초래할 수 있습니다. 그리고 그 효과는 여러분의 인생 만족도와 경험 점수에 거대한 영향력을 행사할 수 있습니다.

여기서 긍정적인 소식은 이렇습니다. 만약 여러분이 지금 당장 건강을 개선할 아주 작은 단계만 수행해도(단 1퍼센트만 향상하고 부정적인 복리 효과를 피한다면), 전체 경험 점수를 크게 높일 수 있다는 것이죠.

이러한 견해에 명백히 함축된 의미는, 여러분도 분명 예전에 들어본 적 있을 겁니다. 나이에 상관없이 누구나 반드시 자신의 건강에 시간과 돈을 더 투자해야 한다는 이야기 말이에요. 노년층만큼 건강에 많은 돈을 쓰는 연령대는 없습니다. 퇴행성 질환을 치료하고 통증을 줄이고 생명을 연장하기 위해 의료비를 지출해야 하니까요. 그러나 건강에 더 일찍 투자하면 실제로 인생 만족도가 더 커집니다. 올바른 식사와 근육 강화와 같은 예방 조치는 좋은 건강 상태가 최대한 오래 유지되도록 도와주며 모든 경험을 더욱 즐겁게 만들어 줍니다. 단순히 70대에도 셔플보드(판 위의 원반을 긴 막대로 숫자판을 향해 미는 게임) 대신 스키를 탈 수 있게 된다거나 피클볼(배드민턴, 탁구, 테니스를 결합한 게임) 대신 테니스를 칠 수 있게 된다는 뜻이 아닙니다. 신체가 건강하여 약한 뼈와 근육에 과도한 몸무게로 부담을 주지 않는다면 계단 오르내리기, 의자에서 일어서기, 식료품 가방 운반과 같은 간단하고 일상적인 활동들 모두가 한층 쉽고 즐거워집니다. 생각해 보세요.

자녀들과 관광을 하고, 스노우보드나 테니스를 즐기면서 하루를 보낸다면, 그 하루에서 얻어 낼 수 있는 즐거움의 크기는 곧 '피로에 지치지 않고 얼마나 오랫동안 즐길 수 있는가'에 비례할 겁니다. 그리고 이제 앞으로 여러분의 삶에서 남아 있는 모든 '하루들'에 이런 하루 치 즐거움을 곱해 보세요!

그래서 저는 건강과 관련된 목표 달성에 내기 걸기를 즐깁니다. 친구가 마라톤을 완주하지 못한다거나 일정 몸무게를 빼지 못할 거라는 데 터무니없는 금액을 거는 것이죠. 인생을 바꾸는 건강 목표의 달성이 갖는 가치가 그에 거는 돈보다 훨씬 크다고 생각하기 때문입니다. 최근에 가장 마음에 들었던 내기는 (비록 제가 지긴 했지만) 포커계의 젊은 지인인 제이미 스테이플스와 매트 스테이플스 형제와 벌인 것이었습니다. 내기를 시작하기 전 제이미는 비만이었고 체중 감량에 수없이 도전했던 역사가 있었죠. 반면에 약간 저체중인 매트는 근육질 몸매를 원했습니다. 두 사람에게 목표를 달성하도록 동기를 부여하기 위해 저는 한 가지 제안을 던졌습니다. 정확히 1년 뒤, 두 사람이 같은 체중(0.5킬로그램 이내)에 도달하면 제게서 큰돈을 가져갈 수 있다는 것이었죠.

놀랍게도 그들의 변화는 엄청났습니다. 제이미는 45킬로그램 이상 체중을 줄였고 매트는 22킬로그램(대부분 근육)을 증량했습니다. 이들 형제는 분명 내기에서 이긴 걸 기뻐하고 성취를 자랑스럽게 여겼지만, 설령 아깝게 내기에 졌다고 하더라도 건강 개선으로 얻을 이익은 금전적 손실(성공 확률을 50분의 1로 정했기에 제가 건 돈의 50분의 1에 불과한 금액)을 충분히 감수할 만큼의 가치가 있었을 겁니다. 더구나 이 형제의 아직 젊은 나이를 감안한다면요. 이 건강 목표를 달성함으로써 얻은 만족감은 여러 해 동안 지속될 것입니다. 더 나은 건강은 단지 은퇴 이후 더 나은 삶만을 보장해 주는 게 아닙니다. 건강에 투자한다는 것은 곧 앞으로 맞이할 모든 경험에 대한 투자인 셈이죠.

당신의 시간을 헐값에 넘기지 말라

더욱 균형 잡힌 삶을 위한 또 하나의 큰 기회는 바로 시간을 돈으로 교환하는 것입니다. 일반적으로 남은 시간보다 돈이 더 많은 중년기에 가장 효과를 발휘하는 전술이죠. 이 방법의 전형적인 예는 '세탁'에서 찾을 수 있습니다. 매주 시간을 잡아먹어서 사람들 대부분이 꺼리는 이 집안일을, 전문적인 외부 서비스에 위탁해 저렴하게 수행할 수 있죠.

한번 따져 봅시다. 여러분의 시간당 수익이 40달러인데, 빨래하느라 (이 일에 능숙하지 못해서) 소요되는 시간이 매주

2시간씩이라고 칩시다. 전문 세탁소는 장비도 더 좋고 늘 빨래를 하니까 여러분보다 훨씬 더 효율적입니다. 따라서 세탁 비용으로 50달러 이하를 청구해도 수익을 낼 수 있을 겁니다. 그렇다면 더러운 세탁물을 수거해서 깨끗하게 다시 배달까지 해주는 비용으로 매주 50달러의 비용을 낼 만하지 않을까요? 당연합니다. 여러분의 시간당 수익은 40달러니까, 두 시간이면 80달러의 가치가 있으니까요. 심지어 여러분이 그 시간을 돈 버는 데 쓰지 않는다고 해도 그렇습니다. 아이들과 함께 공원을 산책하거나 책을 읽거나 친구를 만나 점심을 함께할 수도 있고, 빨래 대신 즐길 수 있는 일에 그 시간을 사용할 수 있죠.

빨래는 그냥 하나의 예일 뿐입니다. 똑같은 논리를 청소 같은 그리 매력적이지 않은 집안일 모두에 적용할 수 있죠. 저는 이런 종류의 아웃소싱을 너무나 당연하게 여깁니다. 수입이 지금보다 훨씬 적었던 20대부터 시작해 왔죠. 토요일 아침에 집을 청소하기보다는 센트럴파크에서 롤러블레이드를 타고 브런치를 먹는 쪽을 선택했습니다. 그리고 그렇게 돈을 쓰는 쪽을 선택했다는 데에 깊은 감사를 느낍니다. 그럼으로써 저는 수많은 유쾌한 주말에 대한 평생의 추억들을 갖게 됐거든요.

돈이 많은 사람일수록 이 전술을 사용해야 마땅합니다. 그런 사람에게 시간이란 현금보다 훨씬 더 희소하고 유한한 자원이기 때문이죠. 저는 계속해서 돈을 시간과 바꾸고 있습니다. 비록 하루에 24시간 이상을 얻을 수는 없겠지만, 그 유한한 시간을 최대한 활용할 수 있도록 최선을 다할 수는 있죠.

이것은 단지 저의 개인적 경험이나 경제 이론화가 아닙니다. "시간을 절약하는 구매에 돈을 쓰는 사람들은 수입에 상관없이 인생의 만족도가 더 크다."라는 심리학 연구 결과로 뒷받침되죠.[43] 다시 말해, 반드시 부자가 아니라도 시간을 벌기 위해 돈을 쓰는 장점을 누릴 수 있다는 이야기입니다. 어느 현장 실험에서 연구진은 일부 참가자에게는 시간을 절약하는 구매에 쓰도록 돈을 지급하고 다른 집단에게는 물질적 소비에 쓰도록 같은 액수를 지급했습니다. 그리고 실험 결과 왜 시간을 아끼는 데 돈을 쓰는 사람들이 더 행복한지 설명할 수 있게 되었습니다. 시간을 아껴 주는 서비스를 이용하면 시간에 대한 압박이 줄어들고, 시간에 대한 압박이 줄어들면 그 하루의 기분이 좋아진다는 점을 발견한 것이죠. 이런 일이 반복되면 일상적인 기분 좋음이 마침내 전반적인 인생 만족도를 향상시키는 겁니다.

충분히 이해가 가는 이야기입니다만, 저는 시간적 압박의 완화 이상의 무언가가 작동한다고도 생각합니다. 이런 거죠. 돈을 냄으로써 즐겁지 않은 일을 해야 하는 데서 벗어날 수 있다면, 그건 부정적인 인생 경험의 횟수를 줄이는 동시에 (그 덕에 누릴 시간이 늘어난) 긍정적인 인생 경험의 횟수를 늘리는 겁니다. 이런데 어떻게 인생이 더 행복하지 않을 수가 있겠습니까?

지금에야 비로소, 과거에 균형을 잘못 잡았다는 후회를 느끼는 분이 있을지도 모르겠습니다. 여러분이 현재 35세 혹은 40세인데 20대의 모든 시간을 돈을 버는 데 쓰느라 수많은 멋진 경험들을 놓쳐 버렸다고 치죠. 그 시간을 되돌릴 순 없지만, 지금이라도 인생의 균형을 다시 잡을 수는 있습니다. 그러니 아직 건강한 지금, 더 많은 경험을 누리는 데 정말 집중해야 합니다. 시간을 돈으로 바꾸지 않고 있는 동년배보다 시간을 절약하는 데 더 많은 돈을 써야 합니다. 모든 순간마다 그 순간에 누릴 수 있는 이상적인 경험이 존재하기 때문이죠.

당신의 개인 이자율

나이가 들수록 돈에서 즐거움을 얻어 내는 능력이 감소하는 데 대응하기 위한 방법이 뭔지 아십니까? 자, 이 문제에 대한 자연스러운 귀결은, 여러분이 나이가 들수록 여러분이 경험을 뒤로 미루도록 만들기 위해 누군가가 지급해야 하는 금액이 더 많아진다는 겁니다. 그들이 여러분에게 지급해야 하는 금액을 저는 '개인 이자율'이라고 부르는데, 이 이자율은 여러분의 나이와 함께 늘어나죠. 이자율과 돈의 시간적 가치에 익숙한 금융계의 사람들이라면 이 아이디어가 곧바로 이해될 겁니다. 지금부터 한번 설명해 보겠습니다.

여러분이 현재 20세라고 가정합시다. 이 나이에는 어떤 경험을 누리기 위해 1~2년쯤 기다릴 수 있죠. 대개 그 경험은 나중에도 누릴 수 있을 테니까요. 따라서 이때 여러분의 개인 이자율은 낮습니다. 그 경험을 여러분이 뒤로 미루도록 만들기 위해 누군가가 많은 돈을 지불하지 않아도 되죠. 여름에 멕시코 여행을 떠나고 싶은데 상사가 여러분을 불러 이렇게 말합니다. "자네가 이번 여름에 꼭 필요해. 멕시코에 가고 싶은 건 알겠지만 다음 휴가 때 가면 안 될까? 그럼 대신에 여행비용 중 X퍼센트만큼 보너스를 줄게." 좋습니다. 솔깃한 제안이군요. 그 'X퍼센트'가 얼마여야 여러분이 동의하겠습니까? 10퍼센트? 25퍼센트?

이제 여러분이 80세라고 가정합시다. 이 나이에는 경험을 미루는 값이 훨씬 더 비싸지므로, 'X퍼센트' 역시 20세였을 때보다 훨씬 더 높아져야 하죠. 누군가가 여행을 미루는 대가로 총 비용의 50퍼센트를 대신 준다고 하더라도 그 제안을 흔쾌히 받아들일 필요는 없습니다. 80세의 개인 이자율은 50퍼센트보다 훨씬 더 크겠죠. 100퍼센트보다 더 높을지도 모릅니다.

불치병에 걸렸다면 어떨까요? 앞으로 남은 시간이 1년도 되지 않는다는 사실을 알았다면 개인 이자율은 차트 밖으로 튀어 나갈 겁니다. 그 어떤 돈으로도 여러분이 귀중한 경험을 뒤로 미루게 만들 수 없겠죠.

이처럼 우리의 개인 이자율은 나이에 따라 점점 오르지만, 불행히도 우리가 항상 그렇게 행동하는 건 아닙니다. 이 개인 이자율이 여러분에게도 타당하게 들린다면, 경험을 구매하는 일을 고민할 때 꼭 이 개념을 염두에 두길 바랍니다. 지금 돈을 쓰는 게 좋을지 아니면 다른 기회를 위해 아끼는 게 나을지 결정하는 데 도움이 될 겁니다.

어느 쪽이 더 나을까?

혹시 개인 이자율이 여러분의 마음에 와닿지 않는다면, 단순히 경험의 '배수'라는 관점에서 생각해 봐도 좋습니다. 1960년대에 스탠퍼드대학의 심리학자 월터 미쉘이 미취학 아동들을 위해 고안했던 그 유명한 마시멜로 테스트가 바로 이렇게 작동했죠. "지금 마시멜로 하나를 먹을래, 아니면 15분 기다렸다가 두 개를 먹을래?" 세 살짜리 아동 여러 명이 15분 뒤 두 개의 마시멜로를 먹겠다고 결심했지만, 막상 마시멜로의 유혹이 눈앞에 닥치자 이들 중 다수가 기다리지 못했습니다. 반면 일반적으로 성인은 만족을 연기하는 능력이 더 뛰어나죠. 만족 지연이 자신에게 더는 이익을 주지 못하는 순간까지 이어지는 경우가 다반사입니다. 그 결과, 15분을 기다려 마시멜로 두 개를 선택하는 게 아니라 10년을 기다려 겨우 마시멜로 1.5개를 선택하고 마는 것이죠!

이렇게 놓고 보면 실수인 것이 명확해 보입니다. 이 논리를 지출 결정에 어떻게 적용할 수 있을까요? 다음 휴가 때 여행을 갈지 나중을 위해 돈을 아껴 둘지 선택해야 한다면, 스스로에게 물어보세요. '지금 여행을 가는 게 나을까, 아니면 X년 뒤에 그런 여행을 두 번 가는 게 나을까?' 여기서 X값을 구하는 방법은 다음과 같습니다. 현재 수입이 10달러, 100달러, 1,000달러, 그 얼마든 여러분에게는 선택지가 있습니다. 그 돈을 지금 쓸 수도 있고 나중을 위해 저축할 수도 있습니다. 만약 저축하는 쪽을 택한다면 그 돈은 더 늘어날 수도 있죠. 침대 아래 숨겨 두지 않고 주식 등에 투자하여 물가 상승률을 상회하는 이익을 얻는다면 말입니다. 이렇게 물가 상승률을 적용하여 조정한 이자율을 '실질 이자율'이라고 부르죠.

더 오래 투자할수록 얻는 돈도 늘어나므로, 몇 년 후 원금

(예를 들어 100달러)이 두 배(200달러) 혹은 세 배(300달러)가 될 수도 있습니다. 실질 이자율에 따라 달라질 수 있지만 매년 8퍼센트 늘어난다고 가정해 보죠. (물가 상승률을 적용한 주식 시장 평균 수익률보다 약간 더 높습니다.)[44] 이 이자율을 적용하면 100달러는 5년 후 147달러, 10년 후에는 216달러가 됩니다. 당장 구매하려던 경험 두 가지를 사고도 남는 돈이죠.

여기서 문제는 이겁니다. "오늘 누릴 수 있는 한 가지 경험 대신, 두 가지를 누리기 위해 10년을 기다려야 할까?" 이는 전적으로 여러분 본인에게 달린 문제고, 그 답 또한 그것이 어떤 경험인지에 따라 달라질 겁니다. 지금의 한 가지와 미래의 두 가지 중 선택을 고려하려면, 적어도 그 경험은 복제가 가능한 것이어야 합니다. (가족 또는 절친의 결혼이나 졸업처럼 평생 단 한 번뿐인 이벤트는 분명 복제가 가능하지 않겠죠.) 또한 그 경험을 미룰 경우 실제로 더 좋아지는지 여부도 고려해야 합니다. 때로는 같은 경험이라도 기다린 후에 추가로 돈을 씀으로써 훨씬 더 나은 버전의 경험을 즐길 수 있습니다. 예를 들어 40세에 라스베이거스를 경험하는 게 20세의 같은 경험보다 훨씬 더 좋을 수 있죠. 20세보다는 40세에 쓸 수 있는 돈이 훨씬 더 많다고 가정한다면 말입니다. 그렇다고 20세에는 라스베이거스에 가지 말아야 한다는 이야기가 아니에요. 제 논점은 만족을 지연시켜야 하는 때가 있다는 겁니다. 그럼으로써 인생 경험 점수를 더 많이 딸 수 있다면 말이죠.

이처럼 여러분이 누리려 하는 경험이 무엇이냐가 중요합니다. 하지만 일반적인 경우, 스스로에게 '어느 쪽이 나을까?'라고 물어본다면, 젊었을 때는 경험을 미루는 쪽을 선택하고 나이가 들었을 때는 미루지 않는 쪽을 자연스럽게 선택하게 될 거라고 생각합니다. 20세라면 아마도 더 기다려 보겠다는 답을 내놓겠죠. 왜냐고요? 10년이 지나도 여러분은 여전히 지금만큼 건강할 테고 한 번보다는 두 번의 여행이 더 좋을 테니까요. 하지만 70세라면 80세가 될 때까지 기다리고 싶지는 않을 겁니다! (그 경험을 미룰 경우 어쩌면 다시는 허락되지 않을지도 모른다는 의미이기도 한) 쇠약해지는 신체가 당장 그 경험을 누리라고 말해 주겠죠.

이렇게 '어느 쪽이 나을까?'의 관점에서 생각해 보면 개인 이자율과 똑같은 문제에 직면하게 됩니다. 나이가 들수록 경험을 미루고 싶은 마음이 점점 줄어든다는 것이죠. 아무리 누군가가 많은 돈을 제시한다고 해도요.

역전 포인트

▶ 현재 자신의 신체 건강에 대해 생각해 보세요. 나중에는 누릴 수 없고 지금 누릴 수 있는 삶의 경험에는 어떤 것이 있겠습니까?

▶ 어떻게 하면 건강을 개선하고 미래의 인생 경험을 전반적으로 향상시킬 수 있도록 돈이나 시간을 투자할 수 있을지 생각해 보세요.

▶ 건강을 위해 식습관을 개선하는 법을 공부하세요. 이 주제를 다룬 수많은 책 중에 제가 잘 알고 늘 추천하는 한 권의 책은 조엘 펄먼 박사의 『내 몸 내가 고치는 기적의 밥상』입니다.

▶ 이미 즐기고 있는 신체 활동(댄스나 하이킹 등)을 더 많이 하세요. 그러면 미래 경험의 즐거움 또한 개선될 겁니다.

▶ 경험을 즐기는 능력이 돈이나 건강보다 시간에 의해 더 많이 제약받고 있다면, 더 많은 시간을 자유롭게 쓰기 위해 지금 당장 돈을 쓸 수 있는 한두 가지 방법을 떠올려 보세요.

7장 시기를 놓치면 인생이 혈값 된다

RULE 7
경험마다 적절한
때가 있음을 유의하라

딸이 어렸을 때 우리는 함께 〈곰돌이 푸 : 히파럼프 무비〉 영화를 즐겨 보곤 했습니다. 참으로 훌륭한 어린이 영화죠. 우정에 대한 다정하고 순수한 이야기가 담겨 있습니다. 우리는 몇 번씩이나 그 영화를 봤어요. 그런데 딸이 열 살이 된 이후 어느 날, 딸에게 그 영화를 같이 보자고 했더니 제게 이제 더는 관심이 없다는 거예요. 저는 깜짝 놀랐습니다. 그런 만화 영화를 보기에, 자기는 너무 나이가 들었다나요!

만약 누군가가 제게 미리 제 딸이 그날부터 더는 곰돌이 푸 영화를 보지 않을 거라고 알려 줬더라면, 아마 저는 아이와 함께 그 영화를 훨씬 더 많이 봤을 겁니다. 안타깝게도 현실에서는, 어떤 일을 더 이상 하지 못하게 되는 그날을 알기 어렵죠. 그냥 어느 순간 사라지고 맙니다. 그리고 사라지기 직전까지는, 그런 일들이 점차 사라지는 데 대해 별다른 생각을 하지 않습니다. 그냥 영원히 지속되리라고 생각하는 거죠. 그렇지만 물론 그런 일은 없습니다. 어쩔 수 없는 슬픈 사실입니다만, 좋은 소식도 있죠. 영원히 지속되지 않으리라는 점을 깨달음으로써, 즉 모든 것이 결국에는 사라지고 퇴색한다는 점을 인정함으로써 지금 여기에 있는 모든 것을 더욱 감사히 여길 수 있다는 점입니다.

이 책은 우리 모두 언젠가는 죽으며 나이가 들면서 건강도 점차 쇠퇴할 것이라는 냉정하고 차가운 진실에 기초합니다.

하지만 '죽음'에 대해 상대적으로 덜 분명한 또 하나의 진실이 있습니다. 앞으로 어떻게 살아가야 할지에 중대한 영향을 미칠 진실이죠. 바로 우리 모두 평생에 걸쳐 여러 차례의 죽음을 맞이한다는 것입니다. 이번 장에서는 삶의 한 단계에서 다음 단계로 이행하는 이 보편적인 과정의 실질적인 의미를 탐구합니다. 또한 그에 따라 인생 경험을 계획하기 위한 도구, 일명 '타임 버킷Time Bucket'을 소개할 겁니다.

확실한 종점은 없다

저의 곰돌이 푸 영화 이야기는 그저 하나의 사례에 불과합니다. 여러 해 동안 저는 어린 자녀들에 둘러싸여 어린이 영화를 함께 보는 아빠의 삶을 살았죠. 하지만 어느 날 제 삶에서 그 단계는 그냥 사라져 버렸습니다. 물론 저는 그대로 존재합니다. 딸들의 축구 경기를 지켜보거나 댄스 발표회에 참석하거나 함께 여행을 가는 등, 아이들과도 다른 경험을 여전히 즐기고 있죠. 하지만 아이들이 자라면서 현재 버전의 저 또한 사라지게 될 겁니다.

이와 마찬가지로, 피할 수 없는 저의 노화로 인해서, 마지막으로 서핑을 즐기는 날, 마지막으로 포커 대회에 참가하는

날, 또 마지막으로 비행기에 올라 외국을 여행하는 날도 결국
에는 찾아오겠죠. 이 마지막 경험들 중 어떤 것들은 좀 더 일
찍 찾아오겠지만, (바라건대) 먼 미래의 어느 시점에는 마침
내 오고 말 것입니다.

지금 저는 너무 집착하거나 우울하고 음침해지려는 게 아
닙니다. 제가 말하고자 하는 요점은, '제가 죽는 날'과 '특정
경험들을 더는 즐길 수 없게 되는 날'은 완전히 별개라는 겁
니다. 누구에게든 해당하는 사실이죠.

이것이 바로 우리가 살아가면서 여러 번의 죽음을 경험한
다고 제가 말한 이유입니다. 당신 안의 10대도 죽고, 대학생
이었던 당신도 죽고, 싱글로 지냈던 당신도 죽고, 한 아기의
부모였던 당신도 죽게 됩니다. 이러한 '작은 죽음'이 일단 일어
나면, 되돌아갈 길은 없죠. '죽는다'는 표현이 어쩌면 너무 가
혹하게 들릴지도 모르겠습니다만, 생각해 보세요. 우리는 모
두 삶의 한 단계에서 다음 단계로 끊임없이 나아갑니다. 죽음
과 소멸이라니, 압니다, 알아요. 하지만 좋은 점은, 우리가 살
아 내고 즐기고 극대화해야 할 삶이 여러 번 있다는 겁니다!

이런 삶들을 극대화하는 데서 겪게 되는 문제는, 단지 되돌
아갈 수 없다는 것만이 아닙니다. 여러분 본인의 과거 경험을
떠올려 보세요. 마지막으로 밖에 나가서 어린 시절 친구들과
놀아 본 게 언제였습니까? 존경했던 스승이 돌아가시기 전에

마지막으로 이야기를 나눴던 때는요? 지금 그 정확한 날짜를 기억해 낼 수 있을지는 모르지만, 미리 그날을 알 수는 없는 노릇입니다. 학창 시절이나 휴가 여행과는 달리, 우리 삶의 대부분 시기에서 '종점'은 별다른 기적 없이 지나가 버립니다. 각 시기가 겹칠 수도 있지만 머지않아 마지막을 맞이하죠. 이처럼 삶의 모든 단계가 궁극적으로는 완료되는 성질을 갖고 있기 때문에, 어떤 경험들을 누릴 기회의 창이 영원히 닫히기 직전까지만 그 경험들을 미뤄 둘 수 있습니다. 대형 리조트에 있는 여러 수영장들에 비유해 보면 이해하기 쉽죠. 보통 이런 곳에는 어린아이들을 위한 물놀이 수영장, 좀 큰 아이들과 10대를 위한 워터 슬라이드가 딸린 수영장, 또 성인용 수영장이 있고, 장소에 따라 왕복 수영을 위한 수영장이나 노인들을 위한 수영장까지 갖춰진 경우도 있습니다. 본인이 원하는 대로 어떤 수영장에든 가서 수영할 수 있지만, 각 수영장마다 규칙을 지켜야 하죠.

만약 유아용 수영장을 이용하기에 너무 나이 들었지만, 그때까지 수영을 못 배웠다면 그냥 10대용 수영장에 가면 됩니다. 더 나중에는 성인용 수영장에 가면 되죠. 하지만 성인이 된 후에는 더는 10대가 아니니, 워터 슬라이드는 쓸 수 없습니다! 이제는 아무리 수영을 잘한다고 해도, 10대 시절에 워터 슬라이드를 무서워했던 게 지금 너무 후회된다고 해도 소용없습니다. 이와 마찬가지로 현실에서 우리는 미래의 어떤 시점까지 특정 경험을 미뤄 둘 수가 있죠. 20대 시절에 여행이나 어떤 신체적 활동을 하지 않아도, 30대에 그 일들을 즐길 수가 있습니다. 하지만 한 시점에서 다른 시점으로 신체적 경험을 이전시키는 능력에는 제한이 걸려 있죠. 실제로 그 제한은 사람들 대부분이 미루고 미루면서 생각하는 것보다 훨씬 더 큽니다. 어떤 사람들은 마치 평생 자기들이 유아용 수영장도, 10대용 수영장도 다 이용할 수 있을 듯이 굽니다. 아니, 인생 전체가 언제든 이용할 수 있는 하나의 거대한 수영장인 것처럼 살죠. 그러나 시간이 흐르면 그들은 노인용 수영장에 몸을 담그고 있는 자신을 발견하고 어째서 본인이 여기에 있는지 묻게 되고 맙니다!

후회 없는 삶

제가 지금 하는 말의 의미를 아시겠나요? 과도하게 지연된 만족과 그로 인한 후회를 맞이하는 문제는 인생의 마지막 순간에 단 한 번 발생하는 게 아닙니다. 밝은 미래를 위해 학창 시절의 즐거움을 놓쳐 버리는 모범생 10대부터, 승진에 목매느라 다시는 찾아오지 않을 10대 자녀와의 대체 불가능한 경험을 계속해서 놓쳐 버리는 중년의 아버지에 이르기까지, 인생의 모든 시기마다 일어날 수 있는 일이죠. 때로 사람들은 자녀가 둥지를 떠날 때처럼 기회의 창이 닫히기 직전에야 자신의 실수를 눈치챕니다. 또 때로는 삶의 다음 단계에서 만회하겠다는 다짐밖에 할 수 없을 때에 이르러 비로소 그런 깨달음을 얻기도 합니다.

하지만 무엇보다도 슬픈 경우는, 본인의 죽음을 맞이하고서야 그 깨달음을 얻을 때입니다. 그 무엇도 정말 바꾸기에는 너무 늦은 나머지 그저 과거와 화해하는 수밖에 없는 경우죠.

우리에게는 아직 변화와 조정을 위한 시간이 남아 있습니다. 다른 사람들이 임종 전에 어떤 후회를 남겼는지 읽고 들음으로써 깨달음과 동기 부여의 계기를 얻을 수 있죠.

물론 이런 후회 대부분이 사람마다 다르지만, 귀를 잘 기울여보면 공통적인 패턴이 드러납니다. 완화 치료 간병인으로 일했던 브로니 웨어라는 한 호주 여성은. 죽을 날을 겨우 몇 주 앞둔 환자들의 침대 곁을 지키며 그들이 인생에서 후회하는 것들을 듣던 와중에, 그중 주된 다섯 가지를 골라낼 수 있었습니다. 가장 흔한 두 가지 후회는 저의 메시지와도 깊은 관련이 있는 것들입니다.[45]

그 환자들의 가장 큰 후회는, 다른 사람들이 기대하는 삶이 아닌 "자신에게 솔직한 삶을 살 용기를 가졌더라면"이었습니다. 자신의 꿈을 좇으며 살지 못했다는, 또 그로 인해 충족되지 못한 그 꿈들에 대한 후회였죠. 인생에서 우리에게 진정 가치 있는 바를 무시하고 주변 사회가 바라는 길을 추구한다면 인생의 마지막에 깊은 후회를 맞이할 위험을 지게 되는 겁니다. 다른 중요한 가치들(여가, 모험, 인간관계 등)을 배제하고 고된 노력과 이윤 추구를 중시하는 미국 사회이므로, 사람들이 인생의 마지막에 이런 후회를 하게 될 만도 하죠. "사무실에서 더 많이 일했어야 한다는 후회를 하는 사람은 아무도 없다"라는 옛 속담이 떠오르는군요.

같은 맥락에서, 두 번째로 많은 후회이자 브로니 웨어가 담당한 남성 환자들의 가장 큰 후회였던 것은 "그렇게 열심히 일하지 않았더라면"이었습니다. 이 후회는 지금까지 제가 주장했던 바의 핵심을 찌르고 있죠. 웨어는 이렇게 적었습니다. "제가 간호한 모든 남성은 직장 생활이라는 러닝머신 위에서 그토록 긴 시간을 허비했다는 점을 깊게 후회했습니다." 여성 환자들도 같은 후회를 하긴 했지만, 웨어 역시 지적했듯 이들은 주로 구세대 사람들이라 직장 생활을 경험한 여성은 매우 적은 편이었죠. 그리고 사람들이 열심히 일한 것을 후회한다고 말할 때의 '일'에는 자녀 양육이 포함되지 않습니다. 이들이 말한 일이라는 건 생계를 꾸리기 위해 돈을 버는 일, 그로 인해 '자녀의 어린 시절과 배우자와의 교류'를 놓치게 되는 일을 지칭하죠.

자, 이쯤에서 깊게 심호흡 한 번 합시다. 죽음과 인생의 후회에 관한 이 모든 이야기가 얼마나 우울하게 들릴지 저도 알고 있습니다. 결국에는 잃게 될 것에 대해 여러분 스스로가 깨닫게 하려는 것이지만 그로 인해 이른 슬픔을 안기게 되리라는 점 또한 알고 있죠. 그러나, 여러분이 믿을지는 모르겠지만, 곧 다가올 상실을 미리 생각하는 것이 우리를 더 행복하게 만들어 줍니다. 대학 신입생들을 대상으로 한 어느 실험에서 그 이유가 밝혀진 바 있죠.

심리학자로 구성된 연구진이 젊은 학생들에게 30일 뒤 멀리 이사하게 될 거라고 상상하면서 그에 따라 앞으로 30일간의 계획을 짜 보라고 주문했습니다. 어쩌면 지금 학교 내의 좋아하는 장소에서 특별한 사람들과 시간을 보낼 수 있는 마지막 기회일 수도 있다고 상상하면서요. 그러니까 학생들에게 캠퍼스에서 남은 시간을 충분히 즐기라고 한 셈입니다. 그런 다음 연구진은 학생들에게 매주 어떤 일을 했는지 적어 내라고 요구했습니다.

반대로 대조군의 신입생들에게는 어떤 상상을 요구하거나 특별한 주문을 하지 않았습니다. 이 학생들은 그저 일상적인 활동을 하면 됐죠. 과연 어떻게 됐을까요? 예상할 수 있듯이, 첫 번째 그룹의 학생들이 두 번째 그룹보다 30일 뒤에 더 행복해졌습니다. 뭔가 더 많은 활동을 했든, 아니면 일상적인 일에서 더 큰 즐거움을 짜냈든, 시간이 제한되어 있다는 생각만으로도 분명 효과가 발휘된 겁니다.[46]

이 실험이 시사하는 바가 뭘까요? 시간이 한정되어 있다는 점을 인식함으로써 우리는 허락된 시간을 최대한 활용하고자 하는 동기를 확실히 부여받게 된다는 거죠.

이런 효과는 새로운 곳으로 휴가를 떠나려 할 때 경험할 수 있습니다. 일주일 뒤에 휴가지에 도착할 예정이라는 걸 아는 관광객은 그곳의 명소, 일정, 고유한 경험들을 미리 계획하곤 하죠. 친구를 만나는 경우라면 그들과 함께 즐거운 시간을 보내면서 매 순간을 즐기려 할 겁니다. 즉, 시간을 '희소 자원'으로서 다루기 위해 의식적으로 최대한의 노력을 기울이겠죠.

그런데 다시 집으로 돌아온 뒤의 일상은 매우 다릅니다. 자신이 사는 지역의 매일 보는 명소는 그냥 당연하게 여기고 말겠죠. 그건 우리가 다른 고민거리와 일상의 책임감에 치여 살기 때문만도, 늘 휴가 중인 듯이 사는 게 현실적이지 않기 때문만도 아닙니다. 그 이상의 이유가 있죠. 사람들 대부분 집 근처에서는 '시간의 긴급함'이 없다고 생각하기 때문입니다. 우리는 언제라도 주변의 박물관이나 인근 해변을 방문하고 친구를 만날 수 있을 것처럼 행동합니다. 그렇기에 저녁 시간을 TV 시청으로 보내거나 주말도 허비해 버리죠. 정리하자면, 뭔가를 풍부하고 무한하다고 여긴다는 것의 진실은, 우리가 그 가치를 얕잡아 본다는 뜻입니다. 그러나 우리가 삶의 각 단계에서 쓸 수 있는 시간은 절대 무한하지도, 풍부하지도 않은 것이 현실이죠.

이 책에서 다루는 다른 주제들과는 달리, 삶의 각 단계에 주어진 시간도 유한하다는 이 생각은 돈과는 관련이 없습니다. 네, 우리가 삶의 각 단계에서 누릴 수 있는 특정한 경험은 돈과 직접 연관되어 있지만, 유한한 시간이라는 현실과 그에 함축된 의미는 그렇지 않다는 거죠. 사람들은 흔히 "나는 늘 저 등산로를 따라 걷고 싶었어."라거나 "아이들과 함께 이런 저런 곳에 놀러 가는 걸 늘 바랐어." 하고 입버릇처럼 이야기하는데, 이런 경험들에는 모두 그에 맞는 예산이 필요합니다. 일생에서 누리고 싶은 경험을 계획하면서도 과도한 지연을 피할 수 있도록, 인생의 단계에 대한 인식을 높일 수 있는 간단한 도구를 하나 제안해 보도록 하겠습니다.

'타임 버킷'에서 배워라

'타임 버킷'은 자신의 삶이 어떤 모습이길 바라는지 크게 넘겨짚어 알아내기 위한 간단한 도구입니다. 이렇게 해보세요.

지금부터 죽을 때까지 자기 인생의 타임라인을 쭉 그려본 다음, 5~10년 주기로 나눠 보는 겁니다. 30세부터 40세, 혹은 70세부터 75세처럼 몇 년씩 임의로 묶은 각 주기가 바로 '타임 버킷'인 거죠.

그런 다음 살면서 반드시 경험해 보고 싶은 활동이나 이벤트가 무엇인지 떠올려 보세요. 누구에게나 저마다의 꿈이 있지만, 제가 알게 된 바에 따르면 그 꿈들을 하나의 목록으로 직접 작성해 보는 게 큰 도움이 됩니다. 반드시 완성된 목록일 필요는 없습니다. 지금 당장 앞으로 뭘 원하게 될지 다 알 수도 없죠. 우리가 만나게 될 새로운 경험과 사람으로 인해 예기치 못했던 새로운 관심사가 드러날 수 있기 때문입니다. 인생이란 결국 발견이잖아요. 이렇게 작성한 목록을 나중에 다시 들여다보고 수정할 수도 있습니다.

하지만 확신하건대, 여러분은 이미 인생의 어느 지점에 어떤 경험을 누리고 싶은지 적어도 한 가지 이상은 생각해 본 적이 있을 겁니다. 예를 들어 이런 것들이죠. "아이를 갖고 싶어.", "보스턴 마라톤에 참가하고 싶어.", "히말라야를 등반할 거야.", "집을 지어야지.", "특허를 출원하겠어.", "내 사업을 시작하고 싶어.", "국경없는의사회에 자원할 거야.", "미슐랭 스타 레스토랑에서 식사하고 싶어.", "선댄스 영화제에 참석하고 싶어.", "스키를 50번 탈 거야.", "오페라 관람을 하고 싶어.", "알래스카로 크루즈 여행을 떠날 거야.", "고전 소설 20권을 읽겠어.", "슈퍼볼 대회를 직관할 거야.", "스크래블(단어 조합 게임) 대회에 나갈 거야.", "옐로스톤 국립 공원을 방문하겠어.", "버몬트에서 가을을 나고 싶어.", "아이를 데리고 디즈니랜드를 세 번 가야지.", 무엇이든 아이디어를 내보세요. 원하는 만큼 창의적으로.

이 목록은 여러분이 어떤 사람인지를 보어 주는 독특한 표현법이 될 겁니다. 우리의 인생 경험이 곧 우리를 만들기 때문이죠. 여기서 핵심은, 목록을 작성할 때 돈 걱정은 하지 말라는 겁니다. 이 시점에서 돈은, 자신이 바라는 삶의 모습을 그려 보겠다는 궁극적인 목적에 방해만 될 뿐입니다.

자신만의 목록을 완성했다면, 이제 각각의 경험을 언제 하는 게 가장 이상적일지 생각하면서 각 항목을 특정 버킷들에 채워 넣으세요. 예를 들어 '스키 50회 타기'라는 경험을 어느 버킷에서 누리고 싶은가요? 여기서도 마찬가지로 돈에 대해서는 아직 생각하지 않기로 합니다. 그보다는 각 경험을 정말 언제 누리길 원하는지에 집중하세요.

이렇게 버킷을 결정하는 일 중에서 다른 일에 비해 더 쉬운 결정이 있을 겁니다. 아마도 일생에서 즐기고 싶은 아주 멋진 경험에 대해 이미 여러분이 확고하게 생각해 둔 바가 있을 테니까요.

예를 들자면 여타의 '위시리스트Wish List'를 작성할 때는 아

타임 버킷 채우기

청소년 멘토링 프로그램에 자원 마추픽추 등반 서유럽 여행 창업	동남아시아 여행 책 쓰기 꿈꾸던 도시로 이사 알프스에서 스키 타기	자녀 대학 보내기 북유럽 여행 중국과 카리브해 여행 고래상어와 헤엄치기	집짓기 봉사 캠페인 참여 자녀 대학 졸업식 참석 아말피 해변에서 요트 타기 새로운 언어 배우기	노숙자 쉼터에서 봉사 그랜드캐니언에서 캠핑 멘토 되기 알래스카 크루즈 여행
25~30세	40~45세	46~50세	51~55세	75세 이상
청년기	중년기			노년기

타임 버킷을 할 때는 각 경험 항목을 각기
다른 시간 영역에 분할하여 배분한다.

무 때나 '먼 곳으로 여행하기'를 집어넣을 수 있죠. 하지만 이
미 살펴본 대로 70~80대보다는 40~50대일 때 여행하기가
훨씬 쉽습니다. 여기서 요점은, 앞으로 다가올 시간에 대한
의식적이고 적극적인 고민과 계획을 시작하기에 좋은 날이
바로 오늘임을 인식하는 것이죠.

타임 버킷을 시도해 보면 일반적으로 어떤 경험은 특정 연
령대와 더 잘 맞는다는 걸 깨닫게 될 겁니다. 예를 들어 등산
하거나 시끄러운 콘서트 참가하기는 젊었을 때 해야 훨씬 더
재미있죠. 신체적인 활동이 많이 요구되는 활동일수록 인생
의 타임라인 중 왼쪽(젊은 쪽)에 쏠리는 경향을 보이는 건 놀
랍지 않습니다. 80세에 스키를 타는 건 거의 어려울 테니까
요. 네, 물론 70대에도 보스턴 마라톤에 참가하는 사람도 있
습니다. 실제로 캐서린 바이어스라는 85세의 아주 건강한 여

성이 완주한 예외도 있었죠. 하지만 이런 사람들은 평범과는 거리가 먼 '아웃라이어'입니다. 보스턴 마라톤은 그녀의 열네 번째 대회였죠.

일마다 다 때가 있다 : 타임 버킷 vs 버킷리스트

이렇게 타임 버킷을 하다 보면 마침내 모든 일에는 적절한 때가 있다는 것을 깨닫게 됩니다. 다시 말해서, 원하는 경험 중 일부가 다른 경험들과 충돌한다는 점을 느끼기 시작할 거라는 이야기죠. 또는, 지금 당장 계획을 세우지 않는다면 여러분이 원하는 일이 일어나지 않는다는 점을 알게 됩니다.

그리고 명확히 해야 할 것은, 이 타임 버킷 목록은 소위 말하는 '버킷리스트Bucket List'와는 정반대라는 점입니다. 버킷리스트란 죽음을 지칭하는 관용적 표현인 "Kick the Bucket"에서 비롯되었습니다. 말 그대로 죽기 전에 이루고 싶은 것을 정리해 놓은 목록을 뜻하죠. 원래 전통적인 버킷리스트는 죽음을 앞둔 노인이 아직 이루지 못했지만 꼭 해야겠다고 여기는 일들을 적어 놓는 것이었습니다.

이와는 반대로 타임 버킷은 각각의 시기에 이루려는 목표를 나눠 놓음으로써 자신의 삶에 훨씬 더 능동적으로 접근할 수 있습니다. 그리하여 몇십 년 뒤의 삶까지 내다보고 다양한 활동, 이벤트, 경험들을 계획하는 거죠. 타임 버킷은 적극적인 인생 계획입니다. 반대로 버킷리스트는 갑자기 닥친 시간과의 싸움에서 이기려는 좀 더 수동적인 시도라고 할 수 있겠죠.

타임 버킷을 채우다 보면 다른 경험에 비해 더 유연한 경험들이 눈에 띌 겁니다. 예를 들어 도서관 방문, 고전 영화 감상, 소설 읽기, 체스 배우기 등은 노년기에도 충분히 즐길 수 있습니다. 크루즈 여행 또한 거의 모든 연령대에서 즐길 수 있는 일이고요.

그러나 실제 타임 버킷을 채우기 시작하면 인생에서 갖고 싶은 경험들이 연령대마다 고르게 펼쳐지지는 않는다는 점도 아마 알게 될 겁니다. 특정 기간을 중심으로 자연스럽게 무리를 이루면서 대략 오른쪽 종형 곡선 모양을 그리게 됩니다 (다음 그림 참조).

만약 금전적 요소를 무시하고 시간과 건강에 주로 초점을 맞춘다면, 곡선은 왼쪽으로 기울어질 겁니다. 대부분의 경험을 (특히 체력이 요구되는 활동을) 충분히 즐길 만큼 체력이 좋을 때, 그리고 부모라는 역할에 제약을 받기 전에 누리고 싶을 테니까요. 만약 여러분의 인생 계획에 자녀가 포함돼 있다면, 자녀와 함께하고 싶은 경험들은 조금 더 뒤에 모여 무리를 이룰 겁니다. 대략 30~40대에 절정에 달하겠죠. 경험에

드는 비용을 고려하지 않더라도 사실입니다.

좋습니다. 기억하시다시피 우리는 지금까지 타임 버킷의 두 가지 핵심 요소, 즉 여러분의 신체적 건강과 평생의 꿈에만 중점을 뒀습니다. 재정적 문제는 일부러 옆으로 미뤄뒀죠. 그 이유는, "듣기엔 참 멋진데, 현실을 직시하자고… 지금은 그럴 여유가 없어."라는 단순한 말로 우리의 꿈을 무참히 날려 버릴 수 있기 때문입니다. 돈에만 집중하년 시간과 건강이 덧없이 흘러간다는 진리를 잊어버리게 되거든요.

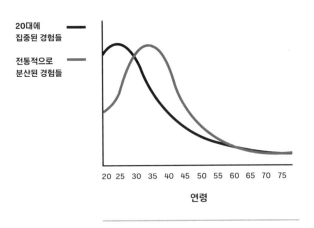

20대에 집중된 경험들 vs 중년기 중심으로 전통적으로 분산된 경험들

20대에
집중된 경험들

전통적으로
분산된 경험들

20 25 30 35 40 45 50 55 60 65 70 75

연령

돈의 제약이 없다면 대부분의 경험은 건강이 최고조인
20~30대에 최적으로 일어날 것이다. 하지만 현실에서는
대부분의 지출이 중년기에 집중적으로 이뤄진다.

그러나 재정적인 문제는 엄연한 현실이므로, 다음 장에서는 시간이 아직 남아 있는 동안에 돈을 쓸 수 있는 기회를 놓치지 않을 방법에 대해 다루어 보도록 하겠습니다.

역전 포인트

▶ 인생 전체를 대상으로 타임 버킷 하는 게 어렵게 느껴진다면. 앞으로 30년을 3개의 타임 버킷으로 나눠 보는 연습을 해보세요. 언제든지 목록에 더 많은 경험을 추가할 수 있습니다. 다만 나이와 건강이 중요 요인이 되기 전에 실행하세요.

▶ 만약 자녀가 있다면, 여러분의 '곰돌이 푸 영화'는 무엇일지 생각해 보세요. 앞으로 1~2년 뒤, 자녀의 인생과 여러분의 인생에서 현재의 단계가 끝나기 전에 좀 더 나누고 싶은 한 가지 경험이 있다면 무엇이겠습니까?

8장 언제가 내 인생의 정점일까

RULE 8
재산 증식을
멈출 때를 파악하라

얼마 전 저는 50번째 생일을 맞았습니다. 그날엔 정말 좋은 시간을 보냈지만, 제 인생에서 가장 성대한 파티는 아니었죠. 저의 최대이자 최고의 파티는 그보다 5년 전, 45세 생일을 제가 감당할 수 있는 범위 내에서 가장 기억에 남는 생일로 만들자고 결심한 뒤에 열렸습니다. 가족 친지를 세상에서 제가 가장 좋아하는 장소에 모두 불러 모으겠다는 생각이었죠. 바로 아내와 신혼여행을 보냈던 고요하고 아름다운 카리브해의 생바르텔레미 섬으로 말입니다.

45세라는 나이가 이정표라고 부르기에는 좀 부족하다는 건 알고 있었습니다. 하지만 그 경험을 50세까지 미루고 싶지는 않았죠. 저는 그때 이미 연로하신 어머니가 이 기념 행사만큼은 온전히 즐길 수 있길 바랐습니다. (아버지는 이미 더는 비행기를 탈 수 없을 만큼 쇠약해지셨기에 어머니의 참석 여부가 훨씬 더 중요해졌죠.) 게다가 제 친구들도 더는 젊은 나이가 아니었어요! 이 사람들을 한 데 불러 모을 기회가 또 언제 있을지 어떻게 알겠습니까? 그해가 그야말로 적절한 타임 버킷이었기에 저는 이 파티를 꼭 성사시켜야겠다고 결심했습니다. 제 남은 평생을 위해 의미 있고 독특한 기억을 남기고 싶었죠.

물론 이 일을 위해서는 돈이 좀 필요했습니다. 다행히도 인생의 이 시점에, 에너지 트레이더인 저는 약간의 능력과 엄청난 운 덕택에 재정적인 형편이 괜찮았습니다. 저는 모두에게 돈이 가장 큰 관심사라는 걸 알고 있었습니다. 또한 어린 시절과 대학 때 친구들을 포함해 제가 초대하고 싶은 사람들 대부분은 생바르텔레미 섬까지의 항공료와 제가 눈여겨봐 둔 한적한 호텔의 숙박료를 댈 만큼 넉넉하지 않다는 점 또한 알고 있었죠. 누구와 경험을 공유하는지가 경험의 질에 정말 큰 영향을 미치는데, 평생에 한 번 있을 만한 이벤트라면 두말할 나위가 없겠죠. 그래서 만약 이런 독특한 유형의 생일 파티를 정말 열고 싶다면, 제가 나서서 손님 상당수의 비용을 지불해야 한다는 걸 깨달았습니다.

그렇지만 저의 재산도 무한한 것은 아니었기에, 숫자를 따져 보니 한계에 부딪힐 수밖에 없었죠. 이 꿈같은 행사를 개최하려면 제가 가진 유동 자산의 상당 부분을 써야만 했습니다. 아무리 멋진 일주일을 보낼 수 있다고 해도, 겨우 일주일에 그만한 돈을 쓰는 게 과연 좋은 생각이었을까요? 우리 모두가 중대한 지출을 고민할 때마다 이런 식의 질문에 마주하게 됩니다. 물론 액수는 사람마다 다르고 중요성도 각기 다르지만, 핵심 질문은 똑같습니다. "최대의 기쁨과 최고의 기억을 얻기 위해서는 어떻게 돈을 쓰는 게 가장 좋을까?"

이제 여러분은 이 질문에 대한 저의 대답 중 일부를 이미 알고 있을 겁니다. 오래 지속되는 기억을 선사하는 경험에 투자하고, 인간의 건강은 나이가 들면서 쇠퇴한다는 점을 늘 명심하며, 자녀에게 유산을 남겨 주기 위해 저축하기보다는 죽기 전에 증여하고, 현재의 즐거움과 나중의 만족 사이에서 균형 잡는 법을 터득해야 하죠. 하지만 이런 원칙들의 신봉자인 저조차도 45세 생일 파티를 앞두고는 머뭇거렸습니다. 아무리 기억에 남을 만한 일이라 한들, 1주짜리 파티 한 번에 엄청난 돈을 쓰는 걸 가로막는 심리적 장벽을 넘어서기 위해 저 자신을 설득시켜야 했습니다. 다시는 45세 생일이 돌아오지 않을 것이라고 스스로 되뇌면서, 제 인생에서 중요한 이 사람들을 다시 불러 모을 수 있을 때가 제 장례식 외에 또 있을지 물어야 했죠. 결국 저는 마음의 장벽을 극복하고 모든 것을 쏟아부어, 제 돈으로 살 수 있는 최고의 파티를 열었습니다.

일생일대의 파티

저는 섬에서 가장 큰 만의 백사장을 앞에 두고 있는 한적한 해변의 호텔 타이와나를 임대했습니다. 22개의 객실 전부를 통째로 빌렸죠. 또한 손님 전부를 수용하기 위해 마찬가지로 멋진 인근의 호텔 슈발 블랑의 객실 몇 개도 예약했습니다. 그리고 수십 명을 태울 수 있는 비행기를 구입했습니다. 보트

여행과 피크닉을 준비하고 밤 행사를 위한 음식과 여흥을 마련해 두었죠. 하룻밤은 초밥과 가라오케, 또 하룻밤은 구식 R&B로 장식하기로 했습니다.

다음에는 가수 나탈리 머천트 차례였죠. 20대 시절 뉴욕에서 룸메이트와 작은 아파트를 함께 쓸 때, 우리는 머천트의 1995년 데뷔 솔로 앨범 〈Tigerlily〉를 즐겨 듣곤 했습니다. 저는 그 앨범이 참 마음에 들었습니다. 그리고 록밴드 텐 사우전드 매니악스 출신인 이 가수의 감미로운 서정적 스타일이 특별한 하룻밤에 완벽하게 어울릴 것이며, 제 어머니를 비롯해 저지 시티에서 함께 자란 친구들의 마음에도 쏙 들 것이라고 확신했습니다. 그래서 저는 머천트의 대리인을 통해 그녀가 섬을 찾아와 콘서트를 열도록 섭외했으며, 손님들에게는 깜짝 게스트를 모실 예정이라고만 이야기해 두었죠.

프라이빗 콘서트의 밤은 상상할 수 없을 만큼 훌륭했습니다. 아내를 뒤에서 껴안고 음악에 귀를 기울이며 머천트의 작곡 뒷이야기를 들었던 기억이 납니다. 그러면서 샴페인을 미친 듯이 들이켰던 것도요. 어머니가 그 위대한 가수와 담소를 나누는 모습을 지켜보는 일도 제겐 기쁨이었습니다. 하지만 그 콘서트말고도 멋진 것들이 정말 많았습니다. 여행에서 일어난 일 중 바꾸고 싶었던 건 아무것도 없을 정도였죠.

눈을 감고 상상해 보세요. 청명한 날씨에 호텔 방에서 아름다운 해변까지 걸어 나가는데 잔잔한 파도가 밀려들어 오고, 주변을 둘러보면 온통 당신이 사랑하는 사람들로 가득합니다. 대학 시절 절친도 보이고, 좀 더 걸으면 직장에서 사귄 친구도 눈에 띕니다. 저기 어머니가 오두막집에서 걸어 나오시네요. 배의 갑판에서, 혹은 수영장 근처에서 다른 친한 친구들도 보이고, 모두가 주변의 아름다움에 감탄하고 있습니다. 또 모두가 행복하죠! 저를 믿어 보세요. 이런 경험을 공유한다는 건 믿을 수 없을 만큼 최고의 감정을 선사합니다. 어느 순간 이런 생각이 들었습니다. '어쩌면 천국이 바로 이런 모습일지 몰라.' 이런 행복감이 계속해서 밀려들었죠. 그 일주일은 모든 면에서 훌륭했고 저는 절대 잊지 못할 겁니다. 제 뇌가 작동을 멈추기 전까지는.

지금까지도 제 인생의 사람들은 그 일주일에 대해 여전히 이야기를 나눕니다. 그 멋진 파티를 떠올리게 하는 작은 일들도 자주 일어나죠. 그러면 당시의 환상적인 감정들이 다시 몰려들곤 하죠. 그 낮과 밤들을 되새기면 정말 실제로 경험했던 것만큼 기분이 좋아집니다. 그렇게 저는 확신하게 되었습니다. 인생의 끝부분에서 제 기쁨은 제 추억에서 비롯될 것이라고. 그리고 생바르텔레미 섬으로의 여행은 그 추억의 목록 중 맨 위에 있을 것이라고 말이죠. 이런 이유로 저는 그 일주일을 위해 엄청난 돈을 썼던 일을 전혀 후회하지 않습니다. 일

생일대의 파티를 50세 생일까지 미루지 않았다는 사실도 마찬가지고요. 사실, 50세 생일 즈음에 아버지가 돌아가셨고, 어머니의 건강 또한 크게 악화되었습니다. 제 형제자매들이 파티에 참석했지만 제 친구 중 몇몇은 오지 못했죠. 따라서 제 관점에서 볼 때는, 5년 앞서서 그 특별한 모임에 돈을 쏟아부었던 건 정말 훌륭한 결정이었던 겁니다.

그러지 않았다면… 45세가 되던 해, 저는 그 호화스러운 파티에 돈을 쓰지 않을 수도 있었겠죠. 그 대신 월별 투자액과 퇴직 연금 계좌를 들여다보며 제 생일을 자축할 수도 있었을 겁니다. 하지만 그게 과연 무슨 추억거리가 되겠습니까?

자, 우리 중 다수가 만족을 미루고 미래를 위해 저축하는 데 매달리곤 합니다. 그리고 만족을 지연하는 능력은 우리에게 훌륭히 봉사하죠. 제시간에 출근할 수 있게 하고, 매일 날아오는 청구서를 갚게 합니다. 자녀를 돌보고 식탁을 차릴 수 있게 하죠. 삶에서 필수적인 행위들입니다. 하지만 만족을 미루는 건 사실 어느 한 시점에만 도움이 될 뿐입니다. 매일 쉬지 않고 죽어라 일만 하다 보면, 어느 날 아침 일어나서 '내가 너무 오랫동안 미루기만 했구나!' 하고 깨닫게 될 위험을 감당해야 합니다. 그리고 극단적으로 말하자면, 무한히 지연된 만족이라는 것은 결국 '만족 제로'를 의미하죠. 그렇다면 더는 미루지 않는 게 좋은 시점은 대체 언제일까요?

이 질문에 대한 답은 몇 가지가 있을 수 있습니다. 그중 하나는 6장에서 살펴봤듯이 '매년'입니다. 사는 내내 현재의 지출과 미래를 위한 저축 간의 균형을 맞춰 나가라는 거죠. 우리의 건강과 수입이 매년 변하기 때문에 최적의 균형점 또한 매년 바뀌니까요.

최적의 균형에 관한 질문에 답하는 다른 방법은 평생의 저축을 전반적으로 살펴보는 것입니다. 이번 장에서 다룰 핵심 내용이기도 하죠. 대부분은 지출과 저축에 대해 이런 식으로 생각하지 않으므로, 제가 의도하는 바를 좀 설명하겠습니다.

가장 먼저, 지금 여러분이 소유하고 있는 모든 것을 생각해 보세요. 집부터 야구 카드 수집품까지, 보유 주식의 가치부터 지갑 속 현금까지 모든 것을요. 그것이 여러분의 총자산입니다. 학자금 대출이나 주택 담보 대출, 혹은 차 할부금과 같은 부채가 있다면, 모두 합산한 후 총자산에서 해당 금액을 뺍니다. 그렇게 산출된 금액이 여러분의 순자산이죠. 가진 것에서 빚진 것을 빼고 남은 금액. 여러분에게도 이미 익숙하죠? 순자산은 우리가 앞서 미국 중위 순자산이 연령에 따라 증가함을 보여 주는 데이터(93쪽 그림 참조)를 살펴봤을 때 등장했던 기본 개념입니다. 당시의 논의를 이해했다면, 다음의 중요 포인트 역시 이해하고 있는 셈이죠. 즉, 한 사람의 순자산은 일생에 걸쳐 동일하지 않다는 것 말입니다.

인생의 정점을 이해하는 데 핵심 포인트는 바로, 여러분의 순자산이 일생에 걸쳐 변한다는 겁니다. 이는 대부분의 사람에게 적용됩니다. 인생의 상당 부분 동안, 특히 경력 초기에 우리는 버는 족족 다 쓰기만 합니다. 따라서 이런 인생의 초기 단계에서는 순자산이 증가하지 않습니다. 임대 아파트에 살면서 학자금 대출 빚을 지고 있으나 아직 그 대출금을 다 갚을 만큼의 돈을 벌고 있지 못하다면, 소유한 것보다 빚진 것이 더 많으므로 순자산은 마이너스 상태가 됩니다.

하지만 이 대출금을 점점 줄여 나가고 또 지출에 비해 수입이 빠르게 늘면서 돈을 저축할 수 있게 될 것입니다. 이는 곧 우리의 순자산이 마이너스에서 플러스로 전환을 시작한다는 이야기입니다. 그리고 시간이 흐르면서 이 플러스는 점점 증가합니다. 고용 상태를 계속 유지하면 속도가 빠르거나 느릴 뿐 순자산 역시 일반적으로 계속 오릅니다. 꼭 그렇게 되어야 한다고 말하려는 게 아닙니다. 그냥 보통 그렇다는 말이죠. 25세에 여러분의 순자산이 2,000달러라고 가정하고 30세에는 1만 달러라고 칩시다. 그럼 35세에는 1만 달러 이상의 순자산을 가지고 있을 가능성이 크고, 40세, 또 45세에도 더 늘어나겠죠. (세대주의 연령에 따른) 가구당 순자산에 관한 통계 자료가 이러한 추세를 뒷받침합니다.

혹은 주택 소유 비율을 봐도 됩니다.[47] 자신의 집을 소유한다는 것은 부를 축적하는 흔한 방법 중 하나니까요. (아마 은행에 돈이 있는 것과 집을 가진 것을 똑같이 생각하진 않겠지만 주택 소유가 순자산에 포함된다는 건 부인할 수 없는 사실입니다.) 35세 미만의 미국인 중 주택 소유자는 35퍼센트에 불과합니다. 반면, 35~44세의 주택 소유 비율은 거의 60퍼센트에 달하며, 45~54세의 경우에는 거의 70퍼센트가 주택을 소유하고 있습니다. 게다가 그 이상의 연령대로 올라가면 이 비율은 더욱 높아지죠.

이러한 기본적 통계 자료는 단지 사람들이 현재 순자산을 어떻게 보유하고 있는지만을 보여줄 뿐, 평생의 즐거움을 극대화하는 것이 목적인 경우에 무엇을 해야 할지와는 상관이 없습니다. 자, 대체 우리는 어떻게 해야 하는 걸까요?

바로 이 지점에서, 저의 조언은 사람들 대부분의 실제 행동에서 벗어납니다. 인생에서 하나의 특별한 지점, 바로 여러분의 순자산이 가장 높을 때를 찾아야 합니다. 저는 그때를 인생의 순자산이 정점에 이른 포인트, 혹은 그냥 '인생의 정점'이라고 부르죠.

이 정점은 왜 있는 겁니까? 왜 순자산이 계속 늘어날 수 없는 걸까요? 첫째, 제 관점에서 우리의 가장 중요한 목표는, 생명 에너지를 최대한 많은 경험 점수로 바꿈으로써 인생의 만족감을 극대화하는 것이라는 점을 명심하세요. 이 목표를 달성하기 위해서는 자신의 돈과 시간을 적정한 연령대에 최적으로 할당하는 법을 찾아내야 합니다. 건강의 쇠퇴와 궁극적인 죽음을 피할 수 없기 때문이죠. 그 결과, 어떤 시기에는 (의미 있는 인생 경험에 더 많이 지출할 수 있도록) 아주 소량의 돈을 저축해야 하고, 또 다른 시기에는 (이후에 더 많은, 혹은 더 좋은 경험에 돈을 쓸 수 있도록) 더 많이 저축해야 합니다.

그러나 순자산의 정점에는 더욱 중요한 이유가 있습니다. 우리의 목표가 '다 쓰고 죽기'이기 때문이죠. 우리의 순자산이 60대에도 70대에도 계속해서 오르기만 한다면 도저히 '다 쓰고 죽기'가 불가능해질 겁니다. 따라서 어느 시점부터는 쌓아 둔 저축을 실제로 쓰기 시작해야 합니다. 그렇지 않으면 소비되지 않은 돈이 남게 될 테고, 이는 결국 경험 점수를 최대로 쌓지 못한다는 의미가 되죠. 이 때문에 제가 여러분의 순자산이 가장 높은 지점에 도달했을 때를 알아야 한다고 말하는 겁니다. 그 지점부터는, 아직 경험들에서 큰 즐거움을 뽑아 낼 수 있는 동안 경험에 돈을 쓰기 시작해야 하는 거죠. 그 지점이 바로 인생의 정점인 겁니다. 이 정점의 타이밍을 그저 운에만 맡길 순 없죠. 돈과 인생을 최대한 활용하려면 정점의 시기를 신중하게 결정해야 마땅합니다. 이번 장의 후반부에서 그 시기를 파악하고 정확히 지정하는 방법에 대한 지침을 제공할 겁니다.

하지만 살기에 충분한 만큼 갖고 있는가?

돈을 써버릴 생각을 시작하기 전에, 우선 남은 생을 살아가기에 충분한 만큼의 돈이 있는지 확인해야겠죠. 수많은 사람이 은퇴를 대비해 충분할 만큼 저축하고 있지 않기에 중요한 경고입니다. 저는 모든 사람에게 경험을 극대화하라고 권하고 싶지만, 무책임한 지출을 조장하고 싶은 마음은 없습니다. 인생의 정점을 '숫자'가 아닌 '날짜'의 관점에서 생각하라는 이야기는 이미 일정한 저축 임계치에 도달한 사람들에게만 쓸모 있는 조언이겠죠.

그렇지만 이런 저의 권고는 충만한 삶에 관한 제 자신의 인생에 기반한다는 점도 명심하기 바랍니다. 저는 재정 전문가가 아니므로, 만약 제 이야기 덕분에 여러분의 돈을 어떻게 관리해야 할지 달리 생각하게 되었다면, 우선 공인 자산 관리사나 회계사 같은 전문가와 여러분의 상세한 상황을 파악해보는 것이 좋겠습니다.

이렇게 경고도 했으니, 이제 저축 임계치에 관해 제가 어떻게 접근하고 생각하는지 설명해 보도록 하죠. 제가 말하는 임계치, 즉 저축해야 하는 최소한의 금액은 '숫자'입니다. 그러나 금방 알게 되겠지만, 그 숫자는 성실한 저축가들이 이미 저축하고 있는 금액보다 훨씬 더 낮아질 수 있죠. 이는 임계치가 기본적으로 최악의 시나리오(즉, 죽기 전에 돈이 다 떨어지는 상황)를 피하기 위해 설정되었기 때문입니다. 다른 수입이 없어도 생존할 수 있도록 저축해 둬야 하는 금액인 거죠. 이 임계치를 일단 충족시켰다면 더는 돈을 벌기 위해 일하지 않아도 됩니다. 그때부터는 저축액을 조심스럽게 쓰기 시작해도 된다는 뜻이니까요.

그럼 이 임계치는 과연 얼마일까요? 글쎄요, 사는 지역에 따라 생활비도 다르고 기타 요소들도 있을 테니 모두에게 일괄적으로 같은 금액을 적용할 수는 없습니다. 그리고 만약 자신 외에 다른 사람을 부양하고 있다면 1인 가구인 경우보다 분명 더 많은 돈이 필요하겠죠. 하지만 생존을 위한 임계치란 결국, 연간 생활비와 지금부터 예상되는 남은 생존 연수를 기반으로 계산된다는 점만은 모두에게 똑같이 적용됩니다.

예를 들어 봅시다. 여러분의 연간 생존 비용이 1만 2,000달러라고 치죠. 분명 적은 금액입니다만 이 예시를 드는 이유는 정확히 얼마가 필요한지를 파악하기 위함이 아니라 기본적인 계산식이 어떻게 작동하는지 살짝 느껴 보기 위함일 뿐입니다.

그리고 여러분이 현재 55세이고 기대 수명 계산기를 돌려본 결과 80세까지 생존하리라는 예상치가 나왔다고 하죠. 그럼 앞으로 25년 동안 돈이 필요하다는 뜻입니다. 이제, 남은 인생에서 생존하려면 과연 현재 여러분의 저축액은 얼마나 되어야 하겠습니까?

대략 답을 내보자면(아직 최종적인 답은 아닙니다.), 연간 생존 비용, 즉 1년의 지출 비용을 남아 있는 연수와 곱하면 됩니다.

(1년간 비용) × (남은 연수) = 1만 2,000달러 × 25 = 30만 달러

다시 말하지만 이건 최종적인 답이 아닙니다. 여러분이 저축해야 할 실제 금액은 30만 달러보다 훨씬 낮죠. 왜일까요? 여러분이 매년 돈을 쓰는 동안 저축액은 가만히 앉아 놀고 있지 않기 때문입니다. 일반적인 주식/채권 포트폴리오에 투자한다고 가정하면, 여러분의 돈에는 수익이 더해지면서 일하지 않아도 수입이 늘어날 겁니다. 수익률이 얼마든 물가 상승률 이상이라면 여러분이 인출한 비용을 상쇄시키는 데 도움이 되겠죠.

또 하나 경고해 둘 것이 있습니다. 주식/채권 포트폴리오

라고 해도 늘 물가 상승률 이상의 수익을 내지는 않는다는 점이죠. 투자 수익률은 매년 달라질 수 있으며 때로는 편차가 상당히 커지기도 합니다.

그렇지만 이 예시를 위해 수익률이 물가 상승률보다 3퍼센트 더 높다고 가정하도록 합시다. 그리고 이렇게 가정한 수익률을 적용하여 예시를 더 확장해 보겠습니다.

여러분이 처음에 21만 2,000달러의 저축액으로 시작하여 첫해에 1만 2,000달러를 지출했다고 합시다. 그럼 그 1년 뒤에는 얼마가 남게 될까요? 20만 달러가 아닙니다. 아마도 20만 6,000달러에 가까운 돈이 남아 있을 겁니다. 설령 연초에 1만 2,000달러 전부를 인출했다고 하더라도(그러면 그 1만 2,000달러에 대해서는 아무런 수익이 나지 않겠지만), 남은 20만 달러에서 3퍼센트, 즉 6,000달러의 수익이 발생하겠죠. 동일한 연간 인출액과 연간 수익률을 적용하면 이 과정을 25년간 확장할 수 있습니다.

이러한 고정 연간 인출액을 '연금'이라고 하며(보험사에서 가입하는 연금 보험을 생각하면 됩니다.), 정해진 연금을 발생시키기 위해 처음에 얼마의 금액이 필요한지 계산하는 기술적인 공식(연금의 현재 가치 공식)이 존재합니다.[48] 이 숫자들을 해당 공식에 대입해 보면 최초의 21만 2,000달러가 거의 끝까지 지속된다는 점을 확인할 수 있습니다. (정확히 하자면, 3퍼센트 이자율과 1만 2,000달러의 연간 인출액을 25년간 지속하려면 처음에 21만 3,210.12달러가 필요합니다.) 인출 시마다 최초의 금액이 줄어들지만, 생각만큼 많이 줄지는 않습니다. 인출된 금액의 일부를 이자가 메워 주기 때문이죠. 그래서 연간 생존 비용에 연수를 곱한 수치 중 일부만이 필요한 겁니다. 이자가 나머지를 채워 주니까요.

그렇다면 그 일부가 얼마인가요? 저는 어림잡아 70퍼센트라고 하겠습니다. 우리가 든 예시에서는 71퍼센트가 약간 넘습니다($213,210.12 = 0.7107 \times 300,000$). 만약 수익률이 더 높다면 저축액에서 감당해야 하는 부분이 더 낮아지겠죠. 예를 들어 수익률이 5퍼센트이고 다른 모든 조건이 똑같다면 여러분에게 필요한 저축액은 17만 3,426.50달러, 혹은 58퍼센트보다 약간 적은 금액이 됩니다. 물론 수익률이 0인 경우라면 저축 전체 금액(30만 달러)이 필요하겠죠. 하지만 대개의 경우에는 쉽고 간단하게 70퍼센트가 적용됩니다. 그럼 생존 임계치를 계산하는 기본 공식으로 정리해 보겠습니다.

생존 임계치 = 0.7 × (1년간 비용) × (남은 연수)

'1년간 비용'과 '남은 연수' 자리에는 여러 다른 수치를 대입해 볼 수 있습니다. 예를 들어 플로리다에서 은퇴하고 싶다면 그 지역에서 생활 비용이 매년 얼마 드는지를 조사해 보면 되죠. 남은 연수 자리에도 더 크거나 작은 숫자를 넣어 보면서 그로 인해 생존 임계치에 어떤 변화가 생기는지 확인할 수 있습니다.

다시 강조하지만 이 생존 임계치는 최소 금액입니다. 생존 임계치를 채웠다 해도 아마 당장 은퇴하고 싶은 마음은 들지 않을 겁니다. 기본저인 생존 임계치가 보장하는 것보다 더 나은 삶의 질을 위해 계속 일하고 돈 버는 게 합리적일 수 있습니다. 하지만 이제는 적어도 기존 저축액을 깨서 쓸 가능성을 안전하게 생각할 기반이 마련된 셈이죠. 이렇게 단순 생존에 대한 걱정을 해결하고 나면 순자산의 정점을 숫자가 아닌 날짜로 생각하기 시작할 수 있습니다.

또 명심해야 할 점은, 생존 임계치에 도달하기 위해 여러 자산을 활용할 수 있다는 것입니다. 만약에 집을 소유하고 있다면 그 집을 팔고 더 작은 면적으로 줄여 이사할 수 있겠죠. 또는 현재 집이 마음에 든다면 자산의 가치를 활용하는 역모기지론을 택할 수도 있습니다. 얼마나 오래 돈이 필요할지 확신이 서지 않거나 돈이 고갈되어 버릴까 봐 염려된다면, 저축액의 일부 혹은 전부를 투자해 연금 보험에 가입하는 방법도 있고요.

너의 정점을 알라 : 숫자가 아닌 날짜의 문제

자, 이렇게 여러분이 생존 임계치를 약간 넘어선 금액에 도달했다고 합시다. 이제는 인생의 만족감을 극대화하기 위해 기존 저축액을 언제부터 깨기 시작할지 생각할 여유가 생겼죠. 다시 말하지만, 이런 식으로 순자산의 정점을 고려할 때 그 정점은 숫자(특정 금액)가 아니라 특정 날짜(생물학적 나이와 연동)입니다. 이 두 가지는 재정적 목표에 관해 서로 매우 다른 사고방식인 거죠.

우리 대부분은 저축액을 인출할 계획을 짤 때 숫자의 관점에서 생각해야 한다고 훈련받아 왔습니다. 즉, 일단 정해 놓은 만큼의 금액에 도달했다면 그때부터 은퇴하여 그 돈으로 생활하면 된다고 말이죠. 그리고 그 금액이 얼마여야 하는지에 대해서도 넘칠 만큼 많은 조언을 들었죠. 그중에서도 가장 단순한 조언은 (결코 옳을 리가 없습니다만) 100만 달러든 150만 달러든 하나의 숫자만 목표로 삼으면 된다는 것입니다. 여러분이 어떤 사람인지, 어디에 사는지 따지지도 않고요. (대도시 샌프란시스코에 거주하며 건강하고 전 세계로 여행 다니길 좋아하는 사람과 한적한 도시 오마하에서 집에 틀어박혀 있길 즐기는 사람, 이 둘 모두에게 100만 달러가 과연 똑같이 적정한 저축액일 수 있을까요?) 은퇴 전문가라고 만병통치약 같은 숫자 하나만을 제시하는 건 아닙니다.

그 대신, 이들 전문가는 실제 생활비, 기대 수명, 예상 이자율(통상적인 물가 상승률 외 연평균 4.5퍼센트)을 고려한 숫자를 기반으로 개인 맞춤형 조언을 제공하죠. 심지어는 여러분의 은퇴 후 지출액이 은퇴 당시부터 마지막 순간까지 내내 일정하지 않으리라는 사실까지 고려하기도 합니다. 그래서 은퇴 시작 시기(고속기)에 이후 10~20년 뒤보다 더 많은 돈이 필요할 것이라고 조언해 주죠.[49] 이런 식으로 은퇴 계획에 관한 조언에는 여러 정교한 고려가 내재되어 있습니다. 그러나 이 모든 재정적 조언의 공통점은, 저축액을 안전하게 빼 쓰기 시작하기 전에 목표로 삼아야 할 재정적인 지표, 단일 숫자가 존재한다는 것이죠.

소득이 너무 적거나 너무 널뛰듯 살아와서 은퇴 이후 살아가기에 충분할 만큼 저축하지 못한 사람에게는, 재정적 목표에 도달하는 데 집중하는 것이 합리적입니다. 그렇게 정확한 목표를 마음에 두지 않는다면 저축이 충분하지 않은 사람은 최악의 시나리오를 맞이할 위험이 있기 때문이죠. 돈은 바닥났는데 다시 일을 하기에는 너무 노쇠한 상태에 놓일 위험 말입니다.

그러나 숫자가 사람들 대부분의 주요 목표가 되어서는 안 됩니다. 그 이유 중 하나는, 심리적으로 그 어떤 숫자라도 충분하다는 느낌을 주지 못하기 때문입니다. 예를 들어 (재정 전문가의 조언에 따른 계산에 기반해) 여러분이 도출한 숫자가 200만 달러라고 가정해 보죠. 이 목표에 도달하기 위해 노력하는 과정에서, 만약 250만 달러를 채울 수 있다면 훨씬 좋은 삶의 질을 누릴 수 있을 거라고 자신을 설득하면서 더 오래 일하는 걸 쉽게 정당화해 버릴 수가 있게 됩니다. 그리고 같은 논리라면, 300만 달러를 모을 경우 그보다 더 좋은 삶의 질을 보장받을 수 있지 않겠어요? 이런 식이면 끝이 어디일까요? 이것이 숫자로 된 목표가 가진 문제점 중 하나입니다. 이 움직이는 과녁을 따라잡기 위해서는 자동 조종 모드로 그저 열심히 일하면서 인생 최고의 경험들을 계속 미룰 수밖에 없죠.

숫자가 아닌 날짜의 관점으로 생각해야 하는 이유를 이해하려면, 경험을 즐기기 위해 돈, 시간, 건강의 조합이 필요하다는 점을 다시 떠올려야 합니다. 세 가지 모두 있어야 하고, 돈만으로는 충분하지 않죠. 그리고 대개의 사람에게는 더 많은 돈을 축적하려면 시간이 걸립니다. 그러니 실제로 필요한 양보다 더 많이 저축하기 위해 더 오래 일함으로써 돈을 더 벌 수는 있지만, 그 대신 뭔가 더 가치 있는 것(시간과 건강)을 잃게 되는 겁니다. 정리하자면 이렇습니다. 돈이 더 많다고 해서 경험 점수가 더 높아지는 건 아니라는 거죠. 많은 사람이 돈을 더 버는 데 드는 이 비용을 잊은 채 살면서 오로지 이익에만 집중합니다. 자, 예를 들어서 250만 달러는 200만 달러보다 더 좋은 삶의 질을 선사해 주겠죠. 단, 다른 모든 조건이 동일하다면 말입니다. 그런데 문제는, 대개 그 다른 모든 조건이 결코 동일하지 않다는 데 있는 겁니다! 일하는 데 하루

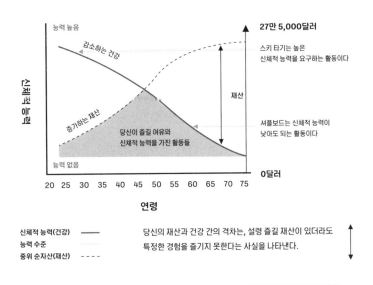

나이가 들면서 감소하는 돈의 효용

능력 높음
감소하는 건강
신체적 능력
증가하는 재산
당신이 즐길 여유와 신체적 능력을 가진 활동들
능력 없음

27만 5,000달러
스키 타기는 높은 신체적 능력을 요구하는 활동이다

재산

셔플보드는 신체적 능력이 낮아도 되는 활동이다

0달러

20 25 30 35 40 45 50 55 60 65 70 75
연령

신체적 능력(건강) ──────
능력 수준
중위 순자산(재산) ─ ─ ─ ─

당신의 재산과 건강 간의 격차는, 설령 즐길 재산이 있더라도 특정한 경험을 즐기지 못한다는 사실을 나타낸다.

경험을 즐기는 능력은 경제적 능력(재산 곡선)과 신체적 능력(건강 곡선) 모두에 의존한다. 계속해서 부를 쌓는다고 해서 더 많은 경험을 누릴 수 있는 것은 아니다. 건강이 나빠지면 아무리 돈이 많다 해도 특정 경험을 즐길 수 없기 때문이다.

를 보낸다면 그만큼의 시간을 희생하는 셈이고, 그 시간 동안 우리의 건강이 점점 나빠지기 때문이죠.

저축을 멈추기까지 5년을 기다려야 한다면, 5년 후 전체적인 건강이 나빠져 있을뿐더러 특정한 경험의 기회도 닫혀 버린 뒤겠죠. 종합하자면 제 관점에서 추가로 50만 달러를 벌기 위해 시간을 보내는 것은, 그 세월만큼을 여가 시간으로 즐기지 못하고 일하느라 놓친 경험 점수를 초과하기는커녕 만회하지도 못한다는 겁니다.

그러므로, 최소한의 재정적 생존이 가능한 금액을 넘어섰다면 그때부터는 금액의 많고 적음의 관점에서 생각하지 마세요. 대신에 '날짜'를 정점으로 생각해야 합니다.

물론 이미 날짜의 관점에서 저축을 중단해야 하는 시기를 고려하는 사람도 일부 있습니다. 가장 확실한 날짜는 사회보장연금을 수령할 수 있는 62세와 메디케어 수혜 자격을 얻는 65세입니다. 그리고 태어난 날짜에 따라 66세에서 67세 사이에 완전한 사회보장연금을 받기 시작할 수 있습니다. 기대 수명이 점점 늘어나고 있다는 점을 감안하여, 은퇴 전문가들은 소득 중위권 은퇴자라면 70세까지 사회보장연금 개시 시점을 늦추라고 권합니다. 그 나이부터는 전체 연금의 100퍼센트 이상을 받을 수 있기 때문이죠.[50] 연금을 받기 시작하는 날짜와 은퇴하는 날짜가 같을 필요는 없습니다. 하지만 사회보장

연금과 메디케어 개시 날짜는 사람들의 은퇴 연령 선택에 분명히 영향을 미치는 것 같습니다. 아마도 사회보장연금이 은퇴 후 수입의 대부분을 차지하기 때문이겠죠. 그럼에도 연금이 모든 것을 설명해 주지는 않습니다. 퓨 자선 기금Pew Charitable Trusts이 2016년 조사한 바에 따르면, 미국 근로자의 약 3분의 2가 65세 이후에도 일할 계획이라고 답했다는군요.[51] 여기서 65세는 실제 은퇴 연령이 아니라 사람들이 계획하는 은퇴 연령입니다.

실제 은퇴 연령은 대개 계획보다 더 낮습니다. 예기치 않은 실직이나 질병으로 인해 계획보다 일찍 은퇴하는 경우가 있기 때문이죠. 이러한 비자발적 은퇴를 무시할 수 없는 이유는, 최근 전체 은퇴자 중 절반 이상에게 영향을 끼치는 것으로 나타났기 때문입니다. 2014년 새로 은퇴 대열에 합류한 약 1만 4,000명을 조사한 결과, 39퍼센트는 어쩔 수 없이 은퇴해야 했고, 또 다른 16퍼센트도 "반강제로 은퇴했다"고 답했죠. 이 숫자가 정확하다면, 공식 은퇴 통계에서 보여 주는 것보다 훨씬 더 많은 미국인이 비자발적으로 은퇴하고 있다는 겁니다. 노령 근로자에 대한 연령 차별은 일부 근로자에게 비자발적 실직이란 낙인을 찍었고, 명목상으로는 은퇴지만 사실상 강제로 직장에서 몰아내고 다른 직업을 찾지 못하게 만들었습니다.[52] 이유가 무엇이든 미국에서 가장 보편적인 은퇴 연령은 62세이며,[53] 이는 중위값이자[54] 미국인이 사회보장 연금을 개시할 수 있는 나이이기도 합니다.

그렇다면 실제 언제부터 저축액을 깨서 쓸 계획을 세워야 하는 걸까요? 다시 말해서, 순자산의 정점이 '날짜'라면, 그 가장 중요한 날짜는 언제인 겁니까? 자, 이건 여러분의 전반적 건강의 척도이기도 한 생물학적 연령에 달렸습니다. 여기 연대순 연령이 50세인 두 사람이 있습니다. 둘 중 한 명의 생물학적 연령은 40세, 또 다른 한 명의 생물학적 연령은 65세라고 합시다. 생물학적 연령이 더 젊은 50세(그녀를 '앤'이라고 부릅시다.)는 덜 건강하고 생물학적 연령이 많은 50세('베티')보다 더 오래 살 수 있음은 물론 신체적, 정신적인 활동도 더 오랜 나이까지 즐길 수 있습니다. 경험을 즐길 수 있는 좋은 시절을 앞두고 있으니, 앤은 베티보다 더 늦은 정점을 목표로 해야 합니다. 따라서 앤은 순자산을 다 쓰기 위한 지출을 시작하기 전에, 베터보다 더 오랫동안 계속 저축해야 할 필요가 있는 거죠.

이 주제를 연구하면서 저와 동료들은 앤과 베티 같은 가상의 인물 수십 명의 소득 및 지출 시뮬레이션을 실행하여 건강, 소득 상승 및 이자율에 대한 각기 다른 시나리오를 통합했습니다. 이 모든 요인에 따라 순자산 곡선 또한 다르게 나타났습니다. 그 결과 우리는 각각의 곡선이 특정한 사람에게 최적화되어 있는 수많은 순자산 곡선을 생성해냈죠. 각각의 최적화 곡선에서 각각의 사람은 정확히 제로 상태로 죽으며, 그렇기에 사망일 전 어느 시점에 순자산도 정점을 맞이하게

순자산의 축적

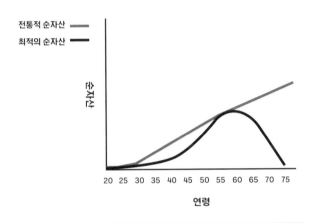

전통적으로 사람들은 일을 멈출 때까지 순자산을 계속 증가시켜 왔으며 은퇴 이후에도 원금의 지나친 소비를 두려워해 왔다. 하지만 힘들게 번 돈을 최대한 활용하려면, 더 일찍 저축액을 깨기 시작해야 하며(대부분의 사람에게는 45~60세의 어느 시점에 저축액 소비를 시작하는 것), 그래야 이론상으로 '다 쓰고 죽기'가 가능해진다.

됩니다. 여기서 볼 수 있듯이, 사람들 대부분에게 최적의 순자산 정점은 45세에서 60세 사이의 어느 순간에 발생합니다.

좀 더 자세히 살펴봅시다. 우선, 여기서 말하는 45~60세

라는 나이는 연대순 연령이라는 점을 명확히 하겠습니다. 앤과 베티의 예에서 언급했듯, 건강 상태가 뛰어난 사람이라면 (그래서 연대순 연령보다 생물학적 연령이 낮은 경우) 정점은 이 범위 중 뒷부분에 위치하게 됩니다. 정말 예외적으로 특별히 건강한 사람이라면 정점이 60세보다도 더 높겠죠. 그리고 당연하게도, 만약 조기 사망에 이르는 질병을 앓고 있는 사람이라면 그의 정점은 45세 이전에 찾아올 겁니다. 하지만 일반적으로 사람들 대부분은 45~60세 사이에 정점을 맞이합니다. 우리의 시뮬레이션 결과가 보여 주는 바는 이렇습니다. 대개의 경우, 이 연령 범위를 넘어설 때까지 기다리면 최적의 만족감을 얻지 못하는 결과를 낳는다는 겁니다. 만족스러운 수많은 경험을 누릴 시간은 부족한 상태로, 돈을 다 쓰지 못하고 죽게 되기 때문이죠.

분명 소득 증가는 한 사람의 정점에 큰 영향을 미칩니다. 소득이 급격히 증가한다면 정점이 더 빨리 찾아오겠죠. 소득 스펙트럼의 반대쪽 끝에는 은퇴 이후에 어떤 경험을 누리기 위해 60대 후반까지, 어쩌면 그 이후까지 계속해서 저축액을 늘려야 하는 사람들이 존재합니다. 하지만 여기서도 다시 말하건대, 일반적으로 대부분 45~60세 사이에서 정점을 맞습니다.

이런 것들이 여러분에게 의미하는 바는 무엇입니까? 특별한 예외가 아닌 한, 전통적으로 권장되는 나이보다 훨씬 더 일찍 재산을 쓰기 시작해야 함을 뜻합니다. 65세, 아니 62세까지 저축액을 쓰지 않고 기다린다면, 더는 쓸 수 없는 돈을 위해 필요 이상으로 오래 일하게 될 것입니다. 생각만 해도 슬픈 일이죠. 직장의 노예가 될 뿐 황금을 얻지 못한다니요.

오해는 말기 바랍니다. 저는 여러분이 언제 은퇴해야 한다고 말하는 게 아니라(그건 다음에 설명할 내용이죠.), 버는 것보다 더 많이 쓰기 시작해야 하는 시점에 관해 이야기하고 있는 겁니다.

"하지만 나는 일하는 게 너무 좋은데!" 2

처음 여러분에게 '다 쓰고 죽기'에 관한 이야기를 꺼냈을 때, 저는 일을 즐긴다는 이유로 이해할 만한 저항을 하는 사람들에 관해 언급한 적이 있습니다. 그런 '일하는 즐거움'을 통해 번 돈을, 설령 살면서 다 쓰지 못한들 뭐가 문제냐는 태도를 가진 사람들 말입니다. 그때도 이야기했듯이 최적화란 돈을 어떻게 벌었는지와는 관계가 없습니다. 일단 돈을 벌었다면, 그 돈을 현명하게 써야 하는 빚을 스스로에게 지게 되는 것이죠.

정점을 찍은 후에는 지출을 시작해야 한다고 제가 말하면,

비슷한 질문이 제기됩니다. "이봐요, 무슨 마법의 날을 맞이했다는 이유로 내가 사랑하는 직업을 정말 그만두라는 거예요?" 그리고 저는 "아닙니다."라고 답하죠. 계속해서 일하고 싶다면, 그렇게 하세요. 다만 그에 따라 지출을 늘려서 너무 많은 돈을 남기고 죽지 않도록 유의하길 바랍니다. 아무리 일을 사랑한다고 한들 그 돈은 낭비가 될 테니까요.

우리 중에는 정말 '꿈을 이루면서 사는' 일부 운 좋은 영혼들이 있으며 그들은 늘 꿈꿨던 일을 하면서 산다는 걸 저도 압니다. 이들은 매일 일을 시작하지 못해 안달이고 퇴근할 때면 기분이 나빠지는 흔치 않은 사람들이죠. 정말 자기가 하는 일을 사랑하는 사람들입니다. 그러나 다시 말하지만, 이들은 소수이고 매우 드물죠. 여러분이 그중 한 명일 수도 있겠지만, 만약 그렇게 운 좋은 경우가 아니라면, 즉 회사에서 얻는 경험보다 집으로 가져오는 월급을 더 사랑하는 경우라면, 자신의 삶에 대한 점검을 시작하고 정말 삶에서 무엇을 원하는지 결정해야 할 때가 왔습니다.

우리 사회에서 일에 관한 집착은 마치 매혹적인 마약과도 같습니다. 발견과 경이와 경험에 관한 우리의 갈망을 이용하여, 그 모든 것들을 얻기 위한 수단(돈)을 주겠다고 약속하지만, 일과 돈에 관한 집착은 너무 편협하고 자동적이라 애초에 무엇을 갈망했는지조차 잊어버리게 만들죠. 독이 곧 치료제가 되는 셈입니다. 미친 짓이죠!

여러분이 원하는 게 결국 돈을 많이 버는 것이라면, 그건 여러분의 선택이겠죠. 하지만 저는 어떤 묘비에도 그 사람의 순자산이 얼마였는지 적혀 있는 모습을 한 번도 보지 못했습니다. 여러분뿐 아니라 여러분의 가족과 사랑하는 이들을 위해, 자신이 추구하는 인생의 기념품이 될만한 독특한 경험이 무엇인지 알아내고 시도해 보고 싶지 않은가요? 제가 45번째 생일 파티에 큰돈을 쓰기로 결심했던 이유가 바로 이것입니다.

저는 이 이야기를 친구인 앤디 슈워츠와 나눈 적이 있습니다. 앤디는 접착제 사업에서 성공을 거둔 기업가입니다. 50대 중반에 20대와 10대 자녀 셋을 둔 기혼자로, 은퇴할 여유는 되지만 아직 그럴 계획은 없죠. 그 이유는 여러 가지입니다. 일은 그가 계속 지적이고 도전적인 사람이 되게 해 줍니다. 또한 그는 업계의 사람들과 어울려 시간을 보내는 걸 즐길뿐더러, 직원들의 재정적인 복지에 책임감을 느끼기 때문이죠. "내가 이 일을 더 이상 좋아하지 않고 귀찮게 느껴진다면 회사를 팔아 버리고 떠날 거야." 앤디는 이렇게 말하죠.

따라서 앤디는 은퇴에 충분할 만큼 가지고 있지 못해서 일하고 있는 사람이 아닙니다. 자신의 비즈니스를 사랑하고 회사가 성장하는 걸 즐기고 있는 거죠. 그에게는 비즈니스 그 자체가 풍부한 인생 경험의 원천인 셈입니다.

이미 부자가 됐는데도 왜 재산을 늘리고 싶어 하는지 그에게 묻는다면, 그는 보호막을 선사해 주고 싶은 자신의 손주들, 그리고 자신이 나온 고등학교와 대학교, 돈을 기부하고 싶은 자선 단체 등을 언급할 겁니다.

"좋아." 제가 말했습니다. "자네가 만족한다니 나도 기쁘군. 그럼 계속 일하고 돈을 벌게. 하지만 지금부터 그 돈을 써야 한다는 걸 명심해야 해! 고등학교나 대학교에 돈을 기부하고 싶다면 지금 그렇게 하라고. 자녀나 미래의 손주들에게 돈을 남기고 싶다면 지금부터 시작하라는 거야. (만약 자녀가 지금 너무 어리다면 자금을 신탁해 두면 돼.) 그리고 그 나머지는 자네가 마련할 수 있는 최고의 삶을 꾸리는 데 쓰도록 하게."

앤디에게 이렇게 말하자 그는 자신의 취향이 비싸지 않다고 대꾸했습니다. 아주 조용하고 평범한 생활이면 충분하다고 말했죠. 그래서 제가 말했습니다. "평생 일하고 자녀를 키운 것 외에는 해본 게 없는 사람이 자신의 취향이 어떤지 어떻게 알겠나?" 실제로 사업은 앤디의 인생에서 너무 큰 비중과 관심을 차지해 왔기에, 그는 독특하고 참신하며 자극이 되는 식으로 돈을 쓰는 방법에 대해 생각조차 할 여유가 없었습니다.

하지만 만약 누군가가 앤디에게 일과는 전혀 상관없고 오직 즐기려는 목적으로 30만 달러를 쓰도록 시킨다면, 어쩔 수 없이 다르게 생각하는 법을 배워야 할 테고, 그럼으로써 자신이 사랑하는 새로운 활동과 목표를 발견할 수 있겠죠. 저는 오로지 돈을 쓰겠다는 목적으로 소비하는 것에 대해 말하는 게 아닙니다. 앤디가 가장 충만하고 만족스러운 자기 인생을 실현하는 일을 의미하는 거죠.

우선 첫째로, 앤디와 그의 아내는 머리를 맞댄 끝에 그들이 가장 좋아하는 뮤지션 세 팀을 꼽을 수 있었습니다. 주말에 비행기를 타고 그들의 공연을 보러 가는 건 어떻습니까? 혹은 수십만 달러의 비용을 들여 TED(미국의 비영리 재단에서 운영하는 강연회)에 후원 멤버로 참여하여, TED 콘퍼런스에서 여러 분야의 살아 있는 전설들을 만나볼 수도 있을 겁니다. 그렇게 놀라운 사람들과 이야기를 나누고 나면 자신의 삶을 바칠 13가지의 다른 목적과 방향을 찾아낼 수도 있겠죠!

저를 믿으세요. 자신이 사랑하는 일에 큰돈을 쓰는 건 사실 정말로 어렵지 않습니다. 그러나 어떤 매력적인 지출이 자신에게 어울리는지를 파악하는 데는 시간이 걸립니다. 행동 경제학자 메이어 스태트먼은 자기 자신을 이런 생각의 예시로 들었죠. 본인은 비즈니스 클래스 좌석이 충분한 가치가 있다고 느끼지만, 멋진 식사에 대해서는 전혀 가치를 못 느낀다고 말한 적이 있습니다. "저는 300달러짜리 식사를 할 수 있지만, 그럼 저 자신이 바보처럼 느껴져요. 마치 요리사가 제 뒤에서 요란하게 비웃는 것 같은 기분이 든달까요."[55] 여기서 핵심은 여러분이 돈을 어디에 쓰는지는 여러분 본인에게 달렸다는 겁니다. 먼저 자신에게 무엇이 가치 있는지 생각한 후 그곳에 돈을 쓰는 게 낫지 않겠어요?

그러니 만약에 직장을 그만둘 준비가 되지 않았지만 죽기 전에 가진 돈을 대부분 쓰고 싶다면, 지금까지보다 더 많이 돈을 쓰기 시작해야 합니다!

일을 그만두지 않고 이른 황금기에서 많은 경험을 짜내기 위한 또 다른 전략은, 최대한 근무 시간을 줄이는 것입니다. 공식적으로 '단계적 퇴직' 프로그램을 운영하는 직장에서 일하는 행운을 누리고 있다면, 그 내용을 잘 살펴보세요. 안타깝게도, 미국 회계감사원의 2017년 보고서에 따르면 전체 사업장 중에서 그런 프로그램을 운영하는 곳은 단 5퍼센트에 불과합니다. 하지만 교육이나 하이테크 분야 등 일부 산업군에서는 그 비율이 더 높습니다.[56] 좋은 소식은 비공식적인 프로그램을 운영하는 곳은 훨씬 더 많다는 겁니다. 고성과자와 필요한 능력을 갖춘 직원에게 관리자가 단계적 퇴직을 제안하는 방식이죠.[57] 이해가 되는 일입니다. 현재 직장에서 여러분의 가치가 높을수록, 회사가 기꺼이 여러분의 조건에 맞춰줄 가능성이 더 클 테니까요.

요약하자면, 돈에 현혹되지 않도록 늘 조심해야 합니다. 물론 좋은 대우와 인정을 받는 건 멋진 일이지만, 여러분의 가치를 높게 보는 고용주는 여러분에게 최적인 시간보다 더 오래 일하도록 종용할 겁니다. 그러한 유혹에 굴복하기가 쉽죠. 만약 여러분이 55세의 가치를 인정받는 직원이라면, 여태껏 벌었던 시간당 급여보다 지금 더 많이 받을 가능성이 큽니다. 하지만 우리의 목표는 재산이 아니라 인생 경험을 극대화하는 것이라는 점을 명심하세요. 바로 이 시기가 사람들 대부분에게 큰 전환점이 됩니다.

누적 재산의 처분이라는 과제

마침내 자신의 순자산 정점을 결정했다면, 이제부터는 저축액의 지출, 혹은 '처분'을 시작해야 합니다. 이는 아직 건강과 재산 모두가 괜찮은 상태인 진정한 황금기(45~60세)에 보통 사람들보다 더 많이 지출한다는 뜻이죠. 미래를 위해 저축하는 사람들은 보통, 인생의 너무 늦은 때를 위해 저축하고 있기 때문입니다.

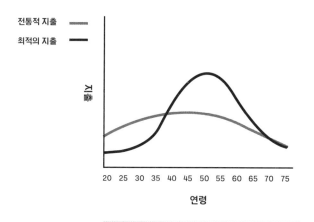

평생에 걸친 지출

전통적 지출 ━━━
최적의 지출 ━━━

지출

20 25 30 35 40 45 50 55 60 65 70 75

연령

최적의 지출이든 대부분이 지출하는 방식대로 하는 지출이든,
노년의 지출은 중년기에 비해 더 적다. 노년기에는 경험에
많이 지출할 만큼 충분히 건강하지 못하기 때문이다. 그
결과 대부분의 경우보다 중년기에 현저하게 많은 지출을
하지 않는 이상, 결국에는 다 쓰고 죽기에 실패하게 된다.

이제 타임 버킷이라는 개념을 다시 떠올려 봅시다. 처음 이
도구를 소개했을 때 저는 여러분에게 돈에 대한 걱정은 잠시
접어두고, 대부분의 경험이 자연스럽게 약간 왼쪽(즉, 더 젊
을 때)으로 기운 종형 곡선의 형태를 그리는 모습을 지켜보
라고 권했었죠. 하지만 원하는 경험에 가격표를 붙이기 시작
하면 어떻게 될까요? 그러면 곡선은 스스로 약간의 교정을
거칠 것입니다. 건강이 자연스럽게 쇠퇴하기 시작하면 재산
이 증가하는 경향이 있으며, 이는 여러분에게 고품질의 경험

을 누릴 수 있는 재량 소득이 더 많아진다는 뜻이기 때문이죠. 예를 들어 영화와 뮤지컬 공연을 모두 좋아한다면, 어떤 나이에서든 평생에 걸쳐 두 경험 모두 즐길 수 있을 겁니다. 하지만 돈을 고려해 본다면, 뮤지컬 티켓이 영화 티켓보다 일반적으로 훨씬 더 비싸다는 사실을 더는 무시할 수가 없습니다. 이는 최대의 만족을 얻고자 한다면 뮤지컬 관람이라는 경험을 더 나이 들고 더 재산이 많은 시기(오른쪽)로 옮기고자 할 것이라는 의미가 됩니다. 하지만 배우들의 목소리를 듣기 힘들어지고 화장실 앞에서 줄을 서기에 너무 늙어 버릴 만큼 지나치게 오른쪽으로 옮기는 건 원치 않겠죠. 인생의 그 시점에 이르면, 그냥 집에서 머물면서 TV에서 게임쇼 〈제퍼디〉나 시트콤 〈더 골든 걸스〉 재방송을 시청하게 될 겁니다.[58]

이런 경험들에 가격표를 붙이기 시작할 때 도달하게 될 또다른 결론이 있습니다. 은퇴에 필요한 저축액은 지금까지 들었던 조언에 비해 훨씬 적은 경우가 많다는 것이죠. 예를 들어, 만약 은퇴 이후 매년 필요한 자금이 은퇴 이전 연간 수입의 80퍼센트 이상이라는 이야기를 여러분이 들어 왔다면, 70대, 80대, 혹은 그 이상의 나이에 실천할 수 있는 활동들을 살펴보세요. 그러면 그리 많은 돈이 들지 않는다는 것, 예전 지출의 80퍼센트에 한참 미치지 못한다는 것을 알 수 있을 겁니다. (3장의 중단기에 관한 연구를 떠올려 봅시다.) 오페라 관람처럼 육체적으로 힘들지 않은 일부 활동은 비쌀 수 있습니다만, 단 5년이란 기간 내에 80번씩이나 오페라를 보러 가고 싶지는 않을 겁니다. 인생의 특정한 시기에 여러분은 단지 일정한 저축액 이상을 소비할 수가 없게 됩니다. 그러니 과도하게 저축하지 말고 그 대신 그 돈을 더 빨리 쓰는 즐거움을 누릴 계획을 짜 보세요.

그러나 돈을 고려 사항에 넣더라도 곡선이 오른쪽으로 크게 치우치지는 않을 겁니다. 여러분이 누리길 원하는 경험의 대다수는 중년기로부터 앞뒤로 20년 동안, 즉 대략 20세부터 60세 사이에 일어나게 된다는 걸 깨닫게 되죠. 사람들은 은퇴를 대비한 저축에 대해 곧잘 이야기하곤 합니다. 하지만 통상적인 은퇴 연령보다 훨씬 이전에 발생해야 하는 멋지고 기억에 남을 만한 인생 경험을 위한 저축에 대해서는 거의 이야기하지 않죠. 은퇴 광고의 장면들을 떠올려 보면(손을 맞잡고 아름다운 해변을 산책하는 부부와 아이를 어깨 위에 올려 둔 한 남자) 본인이 은퇴 전에 그 대부분의 경험을 누리고 싶어한다는 사실을 알게 될 겁니다.

제가 지금 여러분에게 60세가 되기 전 돈을 다 써 버리라고 이야기하고 있나요? 아닙니다. 나이가 들어도 수입은 반드시 필요하죠. 그러니 아직 돈을 벌기 위해 일하고 있는 동안에 더는 일하지 않을 때를 대비해 저축해 두는 편이 좋습니다.

다만 시간은 오로지 한 방향으로만 흐르며, 시간이 지날수록 특정한 경험을 위한 기회는 영원히 지워지고 만다는 사실을 기억하세요. 미래를 계획하면서 이 사실을 염두에 둔다면, 인생의 매년을 최대한 활용할 가능성이 커질 겁니다.

남은 인생을 버티기에 충분한 돈이 있음을 (생존 계산을 통해) 알면 지금부터 좀 더 공격적으로 지출을 시작할 수 있는 마음의 평화를 얻을 것입니다. 하지만 그렇다 해도 저축 모드에서 지출 모드로의 심리적 전환은 쉽지 않겠죠. 이미 깊숙하게 뿌리 박힌 습관은 변하지 않습니다. 평생을 확고하고 헌신적인 저축가로 보냈다면, 갑자기 기어를 바꿔 그와는 정반대로 행동하기가 어렵죠. 재산을 모으는 데 익숙한 사람에게 재산 처분은 자연스럽지 않습니다. 오래된 습관은 쉽게 사라지지 않거든요.

그러나 삶의 에너지를 최대한 활용하려면 반드시 그렇게 해야만 합니다. 죽어서는 돈을 가져갈 수 없다는 사실을 인식하세요. 적절한 시기에 쓰지 않은 돈은 나중에 가치가 훨씬 줄어들 것이며 때로는 아무런 즐거움도 선사하지 못할 것입니다.

또한 비록 과거에는 그렇게 하지 않았더라도, 자신의 건강에 투자해야 한다는 점도 명심하세요. 앞서 설명했듯 여러분의 건강은 모든 종류의 경험을 즐기는 능력에 큰 영향을 미칩니다. 그러니 (여러분이 실제 가보고 싶은 종류의) 고급 체육

관에 등록하거나 개인 트레이너를 고용하거나 피트니스 비디오 영상을 따라 하는 등의 방법으로 건강을 향상, 아니 최소한 유지하는 데 돈과 시간을 쓸 가치가 충분한 겁니다.

당신의 인생에 타임 버킷이 다시 필요할 때

인생을 살아가다 보면 관심사도 바뀌고 새로운 사람이 삶에 틈입하기도 합니다. 그래서 5년마다, 혹은 10년마다 때때로 타임 버킷을 반복하는 것이 좋습니다.

삶의 타임 버킷을 재설정해야 하는 가장 중요한 순간 중 하나는 자신의 순자산 정점 부근에 이르렀을 때입니다. 중년기의 많은 사람에게 그동안 만족감을 안겨 줬던 것을 잊고, 새로운 관심사를 탐색하기란 쉽지 않습니다. 커리어를 이어가고 자녀를 돌보느라 너무 바쁘기 때문입니다. 그 결과, 은퇴 시점에 들어서면서는 대개 여가 시간에 무엇을 하면서 지낼지에 대해 막연한 생각밖에 하지 못하게 되죠. 혹은 구체적인 아이디어(일반적으로 가고 싶은 여행)를 갖고는 있지만, 겨우 첫 1~2년짜리에 불과합니다. 그래서 시간이 좀 흐른 뒤에는, 이리저리 표류하면서 목적의식을 상실합니다. 심지어 직장으로 돌아가고 싶은 마음마저 들곤 합니다. 그들이 아는 장소 중에서 목적의식, 소속감, 성취감을 얻을 수 있는 곳이니까요. 최악의 경우, 목적의식의 상실감은 불안과 우울증으로 이어질 수도 있습니다.

따라서 일을 그만두거나 줄이기 전에, 일하느라 대부분의 시간을 보내지 않게 되는 순간 정말 무엇을 하고 싶은지 진지하게 생각해 보기 바랍니다. 오랫동안 멈추었지만 다시 시작해 보고 싶은 취미가 있나요? 되살리고 싶은 특별한 우정은요? 배워 보고 싶었던 새로운 기술이나 가입하고 싶었던 단체가 있습니까? 어떤 모험을 정말 즐기고 싶습니까? 그리고 언제 그 모험을 떠나고 싶은가요? 이러한 내용들을 적당한 버킷에 담아 새로운 추억들을 만들기 시작하세요.

역전 포인트

▶ 은퇴 후 어디서 살 계획인지에 따라 연간 생존 비용을 계산해 보세요.

▶ 의사와 상의하여 자신의 생물학적 연령과 사망률에 대한 정보를 얻으세요. 현재의 건강과 쇠퇴 상태에 대한 객관적인 검사를 될 수 있는 한 모두 받아 보기 바랍니다.

▶ 자신의 건강과 과거력을 감안하여, 활동에서 얻는 즐거움이 언제부터 눈에 띄게 감소하기 시작할지, 또 여러분이 좋아하는 활동이 이 감소로 인해 어떻게 영향을 받을지 생각해 보세요.

9장 과감하되 바보짓은 하지 마라

RULE9
잃을 것이 적을 때
가장 크게 베팅하라

프로 미식축구팀 댈러스 매버릭스의 구단주이자 리얼리티 사업 오디션 프로그램 〈샤크 탱크〉의 투자자 중 한 명인 마크 큐반은 어린 나이부터 기업가 정신을 배웠습니다. 12세에는 이웃들에게 쓰레기 봉투를 팔았고 16세에는 우표를 사들였다가 웃돈을 받고 재판매했죠. 피츠버그의 노동자 계급 가정에서 자란 그에게, 어머니는 양탄자 깔기 같은 일을 배우라고 시켰습니다. 하지만 큐반은 경영학을 공부하기 위해 대학에 진학했고, 디스코 댄스 강사 일을 하면서 학비를 벌었습니다. 심지어는 캠퍼스 내 주점을 인수해 운영하기까지 했죠. 하지만 경찰이 미성년자 음주를 이유로 주점을 폐쇄하는 바람에 대학을 졸업할 즈음 큐반은 다시 빈털터리 신세에 불과했지만, 그 대신 사업에 대한 능력과 자신감을 갖추게 되었습니다. 그리고 고향에 있는 은행에서 잠시 일하던 23세의 큐반은, 결국 낡은 자동차에 소박한 이삿짐을 싣고 댈러스로 가서 대학 시절 함께 도시 찬가를 부르곤 했던 친구를 만났습니다. 이 둘에 다른 사내들 넷까지, 모두 함께 아파트 하나를 빌려 썼는데, 큐반은 맥주로 얼룩진 거실 카펫에 침낭을 깔고 잠을 자야 했죠. 하지만 그는 전진을 멈추지 않았습니다. 밤에는 바텐더 일을 하면서도 낮에는 소프트웨어 상점에서 판매 사원으로 일했죠.

사장에게 대들었다는 이유로 해고당했을 무렵, 큐반은 마이크로솔루션스Micro Solutions라는 컴퓨터 컨설팅 회사를 꾸릴 계획을 품고 있었습니다. 그리고 몇 년 후 32세 때 그는 이 회사를 600만 달러에 매각한 다음, 5년간 은퇴 생활을 누렸습니다.

잃을 것이 (거의) 없을 때 베팅하라

그런 이후에 큐반은 조기 은퇴를 벗어나 본인을 억만장자로 만들어 준 사업을 시작하게 됩니다만, 이건 우리 이야기에서 크게 중요한 지점은 아니죠. 제가 흥미를 느낀 부분은, 큐반을 성공으로 이끈 과감한 결정들을 그는 전혀 위험하다고 느끼지 않았다는 점입니다. 댈러스로 이사했을 때도, 거기서 일자리를 찾았을 때도, 사장에게 대들었을 때도, 해고당한 후 사업을 시작했을 때도 마찬가지였죠. "제게는 아무것도 없었거든요." 그는 이렇게 회상합니다. "그러니까 잃을 것도 없었죠. 안 그래요? 오직 얻을 것만이 있을 뿐이었어요."

큐반은 그가 '비대칭적 위험'의 상황에 처해 있었음을 말하고 있습니다. 비대칭적 위험이란, 잠재적 성공이 가져다줄 이익이 잠재적 실패의 손해보다 훨씬 큰 경우를 가리키죠. 비대칭적 위험에 처했을 때는 과감하게 기회를 움켜잡는 편이 합리적인 선택입니다. 극단적으로 말하자면, 손해가 매우 적고 (혹은 '아무것도 잃을 것이 없는 경우'처럼 아예 없고) 이익이 정말 크다면 과감한 전진을 하지 않는 쪽이 오히려 더 위험합니다. 기회조차 잡지 않을 경우, 손해는 감정적인 겁니다. 평생을 후회하면서 '만약 그랬다면 어떻게 됐을까?'를 되뇌게 되겠죠. 기회를 잡는 경우에도 늘 감정적인 이득이 따라붙습니다. 설령 일이 잘 안 풀린다고 해도 말이에요. 중요한 목표를 전력을 다해 추구했다는 커다란 자부심이 남게 되니까요. 여러분이 무엇인가에 자신이 가진 전부를 바친다면, 어떤 일이 벌어지든 그 경험에서 수많은 긍정적인 기억을 얻을 수 있습니다. 이것은 제가 앞서 말한 '추억 배당금'의 또 다른 형태이기도 합니다. 인생의 어느 지점을 되돌아봤을 때 긍정적인 관점에서 자신의 행동을 기억하게 되죠. 달리 말하자면, 설령 본인이 바랐던 대로 진행되지 못한 경험이라고 할지라도 긍정적인 추억 배당금을 안겨 줄 수 있다는 이야기입니다. 그러니 과감해진다는 건 미래의 행복을 위한 투자이자 인생 만족도 곡선 아래의 영역을 최대화할 수 있는 또 하나의 방법이기도 한 것이죠.

대부분의 기회는 극단적인 비대칭적 위험을 쉽게 드러내지 않습니다만, 곰곰이 들여다본다면 손해가 생각보다 크지 않다는 점을 알게 될 겁니다.

젊을수록 더 과감하게!

특히 젊을 때 경험에 투자해야 한다는 저의 조언을 떠올려 보세요. 경험에 투자하는 것은 물론 언제나 좋지만, 젊을 때 그럴 수 있다면 더더욱 좋습니다. 자, 똑같은 논리가 과감한 태도에도 적용됩니다. 나이가 들수록 위험을 감수하는 건 과감함보다 어리석음이 되어 버리기 때문이죠.

신체적인 위험을 보면 쉽게 알 수 있습니다. 어렸을 적 저는 차고 지붕에서 뛰어내리곤 했죠. 재미있었을뿐더러 다치는 일도 없었습니다. 위험하다는 생각도 안 들었죠. 하지만 이제 50대에 접어든 몸을 이끌고 지붕에서 뛰어내린다면 그건 바보짓일 겁니다. 어렸을 적보다 무거워졌고 충격을 흡수하기에는 무릎도 성하지 않으니까요. 그런데도 굳이 뛰어내린다면 아마 병원으로 직행해야겠죠. 영구적인 손상까지는 입지 않더라도 회복되기까지는 시간이 좀 걸릴 겁니다. 달리 말하자면, 지붕에서 뛰어내리는 데서 얻을 것보다는 잃을 것이 훨씬 더 많다고 할 수 있겠죠. 그렇게 차고 지붕에서 뛰어내릴 수 있는 저의 시간은 지나간 셈입니다.

이런 일은 위험과 보상 간의 균형이 시간에 따라 바뀌는 수많은 영역에서 벌어집니다. 기회의 창이 영원히 닫히기 전까지 말이죠. 젊었을 때는 성공하기만 하면 어떤 위험이든 대개는 감수할 수 있습니다. 이익이 엄청나기 때문이죠. 동시에 (위험을 감수했는데 실패했을 경우 발생하는) 손해는 적습니다. 그 손해를 복구할 수 있는 시간이 아직 많이 남아 있으니까요. 예를 들어 포커 게임이라면 더 많은 칩을 구입하거나 '재장전'할 수 있죠. 말하자면 우리의 젊은 시절은, 인생이라는 게임에서 계속 재장전하고 또 재장전하고 또 재장전할 수 있는 시기나 마찬가지인 겁니다.

결과적으로 모든 실패의 장기적인 영향은 매우 낮아집니다. 23세에 저는 투자 은행의 신입 트레이더 자리에서 해고되었습니다. 당시 저는 원하던 커리어를 구축하기 위해 훈련 중이었는데 어느 날 너무 피곤해서 칸막이에 머리를 기대고 쉬다가 들키고 말았죠. 이런, 그것이 그 직장에서의 마지막이었습니다. 이제 무엇을 해야 할지 막막하고 두려웠습니다. 실직자 신세가 된다는 것이 하나도 재밌지 않았죠. 그러다가 중개인 일을 하게 됐는데, 보수는 좋았지만 제가 정말 하고 싶은 일은 트레이더였죠. 그래도 뭔가를 해야만 했고, 중개인이라는 직업이 저를 어떤 길로 인도할지 안다고 믿었습니다. 23세에 불과했으니 경로를 수정하는 건 쉬운 일이었죠. 만약에 중개인 일을 하지 않았다 해도, 설령 아주 비참한 실패를 겪었다 해도, 죽는다거나 무료 급식을 받으러 줄을 서지는 않았을 겁니다.

비대칭적 위험 상황에서 과감하게 행동하는 것이, 마크 큐반의 경우처럼 늘 성공으로 이어진다고 말하는 게 아닙니다. 때로는 아무리 열심히 노력한다고 해도 뜻대로 일이 풀리지 않기도 하죠. 제가 주장하려는 바는, '손해'에는 그럴 만한 가치가 있다는 겁니다. 잃을 것이 거의 없고, 경로를 수정할 시간은 충분하고, 그러면서도 훌륭한 기억을 얻을 수 있다는 점을 아는 한, 충분히 좋은 베팅이 될 수 있는 것이죠.

커리어 선택이라는 문제에 관하여

여러분이 배우가 되고 싶은데, 이 분야가 매우 경쟁이 심한 곳이라는 점도 알고 있다고 가정해 봅시다. 할리우드로 오는 사람들 대부분은 성공을 거두지 못하고 오디션장 앞에서 기다리는 신세에 머물고 말죠. 연기자로서의 커리어를 추구하는 대신, 안전한 사무직 일을 대안으로 선택할 수 있지만 그 일은 여러분을 가슴 뛰게 하지 못합니다. 그렇다면 안전한 직장을 버리고 할리우드로 떠나는 게 옳을까요? 이 문제의 답은 부모님의 바람이나 친구들의 시선 따위가 아니라, 거의 전적으로 여러분의 '나이'에 달려 있습니다. 만약에 아직 20대 초반이라면, 마땅히 할리우드를 택해야죠! 자신의 모든 것을 바쳐 원하는 바를 위해 전력을 다하세요. 스스로에게 몇 년의 시간을 주고 만약 일이 잘 풀리지 않는다면, 다시 사무직으로 돌아가거나 학교에서 기술을 배울 수 있습니다.

　이것이 바로 전직 배우였던 제프 코엔이 연기 경력이 잘 풀리지 않았을 때 취했던 방법입니다. 혹시 숨겨진 보물을 찾아 나선 아이들의 모험담을 그린 영화, 1985년 작 〈구니스〉를 본 적이 있다면 그 집단의 통통한 일원이었던 '청크'를 아마 기억할 겁니다. 그전까지는 TV 드라마나 광고에서 단역을 연기한 게 전부였던 코엔에게 청크 캐릭터는 큰 역할이었습니다. 〈구니스〉 이후로 열의와 재치가 넘쳤던 코엔은 할리우드에서 승승장구할 것만 같았지만, 새로운 배역을 맡는 데 실패했죠. 무슨 일이 있었던 걸까요? 코엔은 웃으며 이야기합니다. "사춘기를 겪으면서 '청크Chunk'가 그만 훈남Hunk이 되어 버리고 말았던 겁니다." 전직 아역 스타들의 슬픈 성장기가 할리우드에는 넘쳐납니다만, 다행히 코엔은 그런 지경에 빠지지 않았습니다. 대학과 로스쿨에 진학해 연예법을 전공했고, 이제는 자신의 로펌을 세웠습니다.[59] 연기 경력이 흐지부지된 게 뭐 그리 대수일까요?

　하지만 만약 여러분이 50대라면 할리우드 진출은 그리 훌륭한 계획은 아닐 겁니다. 그 시기에는 배우자나 자녀처럼 여러분을 꼭 필요로 하는 사람들이 여러분의 인생에 개입되어 있을 가능성이 크죠. 이런 경우 여러분의 실패는 더는 여러분 자신만의 것이 아닙니다. 다른 사람들에게도 영향을 끼치니까요. 아이를 얻은 후 제가 오토바이와 비행 수업을 중단한 것도 같은 이유입니다. 그런 긴장감을 느끼기 위해 제 목숨을 걸 권리가 더는 제게 없다고, 그렇게 생각했기 때문이죠. 다른 모든 종류의 위험도 마찬가지입니다. 나이가 들수록 우리에게는 잃을 것이 더 많아지죠. 단순히 위험성만 커지는 게 아닙니다. 잠재적인 보상 또한 더 적어집니다! 따라서 여러분이 '외로운 늑대'고 자녀가 다 장성해서 둥지를 떠났더라도, 나이가 들었을 때는 위험과 보상 간의 균형이 더는 여러분의 편에 서지 않습니다. 최상의 시나리오대로 일이 환상적으로 잘 풀린다고 해도, 그 성공을 즐길 수 있는 시간조차 많이 남아 있지 않겠죠. 그러니 큰 위험은 좀 더 일찍 감수하는 편이 낫지 않겠습니까?

사람마다 처한 환경이 각자 다르니, 50대에 꿈을 좇기 시작한다고 해서 어리석다고 비난할 수는 없을 겁니다. 그리고 만약 젊었을 때 바라던 일에 도전할 기회를 놓쳤는데 은퇴를 앞둔 지금, 꿈을 좇을 마지막 기회는 꼭 잡고 싶다면 늦게라도 도전하는 편이 아예 못 하는 것보다 낫겠죠. 하지만 우리가 시간을 거슬러 올라갈 수 있다면 저는 이렇게 말할 겁니다. "기다리지 마세요." 은퇴할 때까지 기다리지 말고, 지금 당장 과감한 도전을 해야 합니다. 우리 인생의 고속기는 너무 짧기 때문이죠. '은퇴할 때까지 기다렸다가 할 거야.'라는 생각은 대개 엄청난 실수인 경우가 많습니다. 하지만 만약 이미 그런 실수를 저지른 상태라면, 그냥 앞을 향해 나아가면서 아직 남아 있는 시간을 최대한 활용하세요.

그런데도 위험을 감수하기에 상대적으로 용이한 그 시기를 활용하는 사람들은 그리 많지 않습니다. 저는 그 이유가 사람들이 마음속으로 불리한 면을 키워 버리기 때문이라고 생각합니다. 아주 극단적인 시나리오를 떠올리면서, 예컨대 갑자기 노숙자라도 되어 버릴 듯 생각하는 거죠. 그게 아무리 실현 가능성 없는 시나리오라고 해도 말입니다. 그렇게 생각이 공포에 질려 버린 결과, 사람들은 자신이 마주한 위험의 비대칭성을 알아차리지 못합니다. 그들의 마음속에선 성공과 비참한 실패의 가능성이 똑같게 느껴지니까요.

몇 년 전 저는 플라스틱 주방 조리대를 판매하는 일을 하는 크리스틴이라는 젊은 여성과 이야기를 나눴던 적이 있습니다. 주방 조리대를 파는 일에는 아무런 문제가 없죠. 재료가 플라스틱인 것도 상관없습니다. 그리고 분명 고객이 마음에 딱 드는 제품을 선택하도록 돕는 데서 큰 직업적 만족을 느끼는 판매 사원도 있을 겁니다. 문제는 크리스틴이 그런 부류에 속하지 못한다는 것이었죠. 그 이유는 주로 고용주가 그녀의 노력을 제대로 인정해 주지 않기 때문이었습니다. 게다가 휴일도 너무 적었죠. 그녀가 그 일 때문에 너무 불행해하고 있었기에 저는 크리스틴에게 과감하게 그만두라고 조언했습니다. 다른 일을 구할 때까지 기다리지 말고 그냥 그만두라고요. 판매직 일 때문에 더 나은 기회를 찾아볼 시간조차 그녀에게는 부족하기 때문이었습니다. 그렇지만 그녀는 무직 상태가 되면 새로운 일을 찾기가 더욱 힘들어질까 봐 불안에 떨었습니다. 물론 고용주들이 현재 직업이 없는 사람을 고용하는 걸 대개 꺼리는 게 사실이니, 직장부터 그만두는 건 위험을 감수해야 하는 선택이었죠. 그렇지만 저는 아직 스물다섯 살인 그녀가 위험을 감수할 만큼 충분히 젊다고 설득했습니다. 본인이 진정으로 원하는 일이 무엇인지 알아내기만 한다면 당장 내일이라도 새로운 일자리를 얻을 수 있을 거라고 말이죠. 다시 말해, 크리스틴에게 닥친 문제는 그녀의 생각만큼 나쁘지 않았습니다. 게다가 지금이 아니면 과연 언제 위험을 감수할 수 있겠어요?

크리스틴은 제 조언을 받아들여 다른 일을 구하지 않고 바로 직장을 그만뒀습니다. 그 이후로 그녀는 몇몇 직업을 거쳤습니다. 그중에는 크리스틴의 마음에는 들지 않았지만 연봉이 15만 달러나 되는 곳도 있었죠. 그 일이 너무 고됐기에 그만두기도 했지만, 결국 2주 뒤에 복귀했다고 하더군요. 여기서 요점은, 우리가 아직 젊을 때는 회복할 수 있는 충분한 시간이 있기에 큰 위험을 감당할 수 있다는 겁니다. 이리저리 비틀거리고 부딪혀도 멀쩡히 제자리로 돌아올 수 있다는 거죠.

물론 이미 다음에 할 일이 예정되어 있는 경우 그만두기가 훨씬 쉽죠. 하지만 제가 크리스틴에게 말했듯 '쉽다'는 이유가 자신의 선택을 결정하게 놔둬서는 안 됩니다. 어렵다는 이유로 최고의 삶을 누리는 걸 포기해서는 안 되는 것처럼요!

두려움을 수량화하라 : 이사를 권장하는 이유

사람들이 과감한 도전을 피하는 가장 일반적인 대상은 '이사'와 '여행'입니다. 다른 도시로 이사한다는 건 아예 꿈조차 꾸지 않는 사람들이 많고, 혹여 집에서 멀리 떨어진 곳에 좋은 기회가 생겨도 "거기엔 아는 사람이 아무도 없어."라거나 "어머니와 멀리 떨어져 살 수는 없지."라고 변명하는 경우를 저는 종종 봤습니다. 겨우 두세 사람에게서 멀어진다는 두려움 때문에 새로운 모험을 포기하고 꼼짝 않는 쪽을 택한다는 사실이 제게는 참 신기합니다. 그건 그 두세 사람에게 자신의 거주지를 정해 달라고 맡기는 거나 마찬가지잖아요.

인간관계를 유지하는 데 신경 쓰지 말라는 이야기가 아닙니다. 조금만 이성적으로 생각해 보면, 모험은 물론 훌륭한 관계도 유지하면서 새로운 곳에서 새로운 친구도 사귈 수 있다는 걸 알게 될 겁니다. 이 문제를 합리적으로 다루는 방법은 뭘까요? 저의 대답은, 모든 두려움을 수량화해 보라는 겁니다.

예를 들어서 현재 직장보다 연봉을 무려 7만 달러나 더 받을 수 있는 훌륭한 일자리를 제안받아 미국 반대편(혹은 세계 반대편)으로 이사해야 한다고 칩시다. 하지만 당신은 친구와 가족과 소원해지는 걸 두려워합니다.

제가 이 이야기를 듣고 몇 가지 질문을 던집니다. "그 사람들과 얼마나 많은 시간을 보내세요?" 대개는 그리 많지 않은 시간일 겁니다. 단지 우리가 쉽게 구할 수 있는 걸 당연시하는 경향 탓인 거죠. 이번에는 이렇게 물어봅니다. "지금 사는 곳부터 이사할 곳 사이의 왕복 일등석 항공편 요금이 얼마입니까?" 이 값은 곧 당신이 떠나온 곳의 사람들을 갑자기 보러 갈 때 치러야 할 가장 비싼 돈이죠. (이사를 통해 얻을 수 있는 다른 편익은 따로 언급하지 않겠습니다만) 그 돈과 당신의 연봉 인상분을 비교해 보면 어떻습니까? 그런데 이렇게 다 계산해 본 후에도 때로는 여전히 남는 쪽을 택하는 사람도 있죠. 물론 그건 개인적인 선택의 문제입니다. 하지만 이사하지 않음으로써 얻는 안락함이 과연 7만 달러의 가치가 있다고 생각하는 건지 지적하지 않을 수 없군요.

제 경우, 만약 이사하지 않았더라면 제 커리어에서 가장 중요한 기회를 놓치고 말았을 겁니다. 이 사건은 제가 이전 직장에서 해고된 지 2년 만에 다시 장외 중개인으로 일하고 있었던 25세 때 일어났습니다. 천연가스 중개인으로 벌어들이는 금액은 꽤 짭짤했습니다. 대학 졸업 후 첫 직장에서 받았던 돈의 약 10배에서 15배쯤 됐죠. 급여가 높은 건 물론 좋았지만, 저는 그 일이 싫었습니다. 사람들에게 권유 전화를 돌려야 하는 게 싫었고, 전화하는 상대방이 저를 좋아하는지 아닌지에 따라 성공이 좌우된다는 사실에 불쾌감마저 들었죠. 게다가 중개인 업무의 속성상, 아무리 제가 일을 잘해도 수입의 상승폭이 제한되어 있었습니다. 어느 정도 주도권은 가졌지만 제가 원하는 만큼은 아니었죠. 그래서 저는 트레이더가 되고 싶었습니다. 중개인이 부동산 중개사와 같다면, 트레이더는 직접 집을 팔고 사는 사람과 마찬가지입니다. 트레이더가 되면 모든 위험을 떠안는 대신 모든 보상도 자기 것으로 할 수 있죠.

트레이더가 될 기회는 예기치 않게 찾아왔습니다. 저는 중개인 업무의 일환으로 텍사스에 있는 고객을 방문하는 일상적인 출장을 떠난 상태였죠. 사실은 제가 면접을 당하고 있다는 걸 전혀 알지 못했습니다. 방문 일정의 마지막 순간, 이 고객은 제게 본인 회사의 옵션 거래팀의 팀장 자리를 제안하더군요! 저는 마치 그 제안에 대해 확신이 없다는 듯 고객과 협상하는 척했지만, 머릿속에서는 이렇게 생각하고 있었죠. '짐 가방을 어디 뒀더라?' 기꺼이 옮길 준비가 되어 있었습니다!

주변 사람들은 돈을 벌 수 있을지조차 알 수 없는 위험한 직장을 위해 뉴욕의 안락한 터전을 떠나는 이유를, 게다가 하고 많은 곳 중에 하필 텍사스로 간다는 걸, 이해하지 못했습니다. 저 역시 텍사스에 대한 선입견이 있었고, 특히 남부 지역의 인종 차별은 걱정됐던 게 사실입니다. 하지만 트레이더가 되어 부자가 되고 싶다는 저의 열망은 그 기회를 위해서라면 뭐든 할 수 있을 만큼 컸습니다. 필요하다면 시베리아 벌판으로도 기꺼이 떠날 각오였죠. 또한 만약 제가 그 기회를 잡지 않으면 스스로가 미워질 거라는 점 또한 알고 있었습니다. 혹여 일이 잘 안 풀리면 다시 뉴욕으로 돌아가 중개인으로 살 수 있는 길이 남아 있었죠. 도전이라도 해봤다는 것 자체로 저는 남은 평생 자신을 자랑스러워할 것만 같았습니다. 인생은 한층 의미 있게 느껴질 듯했죠. 이런 식으로 설령 '부정적'인 경험조차도 긍정적인 추억 배당금을 만들어 낼 수 있습니다.[60] 이익은 크고, 손해는 적죠.

그리고 모든 일이 잘 풀렸습니다. 저는 트레이더로서 성공을 거뒀고 마침내 텍사스를 사랑하게 됐죠. 휴스턴의 회사에

도착한 지 일주일 뒤, 저는 상사와 함께 자선 경매장에 가서 말과 산탄총 경매에 참여했습니다. 덕분에 한동안 말의 공동 소유주가 되기도 했는데 뉴욕의 친구들은 참 별난 짓이라고 여겼죠. 지금은 말을 소유하고 있지 않지만 구식 산탄총은 여전히 갖고 있습니다. 뉴욕에서 알고 지냈던 사람들과도 계속 잘 지내는 한편, 휴스턴에서도 행복한 삶을 누리면서 마음이 맞는 사람들을 많이 사귀었죠.

압니다. 제 이야기를 들으면서, 그건 단지 개인적 경험에 불과하지 않느냐고 항변하고 싶은 마음이 들 수도 있을 겁니다. "이봐요, 말이야 참 쉽지?" 트레이더 자리와 함께 큰 연봉을 제안받는 사람, 아니 애초에 떠날 수 있는 든든한 직장을 가진 사람이 많지 않겠죠. 하지만 제 경험의 논리는 고액 연봉을 주는 회사를 그만두고 부자 부모에게서 돈을 빌릴 수 있는 금수저부터, 가진 거라곤 오직 동전 두 닢이 전부인 빈털터리에 이르기까지 모두에게 적용됩니다. 버거킹에서 아르바이트하면서 저녁에는 컴퓨터 프로그래밍 야간 수업을 듣는 사람도, 친구와 힘을 합쳐 푸드트럭 사업에 뛰어든 사람도, 약간 규모만 작을 뿐, 모두 과감한 결정을 내린 거죠. 이런 모든 경우에서 우리는 더 안전하지만 불행한 길을 택할 수도 있습니다. 혹은 불확실하지만 금전적, 심리적 보상의 가능성이 훨씬 큰 과감한 길을 택할 수도 있죠.

나이가 들어서도 과감함을 유지하는 법

이번 장에서 제가 내내 주문한 건 "젊었을 때 과감하라!"라는 것이었습니다. 하지만 나이가 들어서도 과감할 수 있는 방법이 몇 가지 있죠. 그리고 이 방법들을 실천하려면 여러분이 힘들게 번 돈을 쓸 수 있을 만큼 충분히 용감해야 합니다. 즉, 더 큰 성취감을 얻을 수 있는 일을 하는 데 시간을 사용하기 위해 현재의 커리어를 떠날 만큼의 용기가 필요한 겁니다. 사람들은 인생을 낭비하는 것보다도 돈이 다 떨어질 것을 더 두려워하죠. 이제는 바뀌어야 합니다. 여러분이 가장 두려워해야 할 것은 "80세가 됐을 때 내 통장에 얼마가 있을까?"가 아니라, 여러분의 인생과 시간을 낭비하게 되는 일이어야 마땅하죠!

만약 내가 위험 회피 성향이라면?

위험을 두려워하는 그 마음, 저도 이해할 수 있습니다. 제 어머니도 그러셨거든요. 공립 학교 교사였기에 저 또한 정부를 위해 일하는 공무원이 되길 원하셨죠. 그 문제로 저희는 참 많이 다퉜습니다(소위 직업 안정성이란 거 아시죠?). 어머니

말씀은 공무원이라는 직업은 커다란 안정감을 안겨 준다는 것이었습니다. 저는 그와는 정반대로, 달까지 가길 원했죠. 제가 생각하기로 우체국에서는 늘 사람을 구하고 안정된 수입이 보장되니까, 만약 다른 모든 일들이 실패하면 언제든 거기 가서 일하면 되지 않을까 싶었습니다. 하지만 처음부터 그곳에서 시작할 필요는 없다고요.

그러나 지금은 어머니의 입장도 이해합니다. 대공황 직후 태어난 흑인 여성으로서 인권이 보장되기 전의 세상을 오랫동안 살아오셨죠. 인생은 늘 불공평하며 세상은 늘 내 편이 아닌 것 같았을 테니, 그 무엇보다 '안정감'을 우선시하는 태도를 취하는 게 합리적일 겁니다. 사실은 그녀의 어머니, 즉 제 할머니가 훨씬 더 두려워하는 쪽이셨죠. 제 자산이 처음으로 백만 달러에 달했을 때 어머니가 제게 하셨던 말씀을 잊을 수가 없습니다. "네 할머니께는 말씀드리지 말려무나. 그러면 앞으로는 네가 그 돈을 잃게 될까 봐 늘 걱정만 하실 테니까."

그래서 저는 자라 온 환경 탓에 여러분이 안전을 추구하는 성향을 갖게 됐을 수도 있다고 생각합니다. 사람마다 위험 감내도가 다르기 마련이죠. 여러분이 얼마나 큰 위험을 감당해야 하는지는 말하지 않겠습니다만, 몇 가지만 이야기하도록 하죠.

첫 번째, 여러분이 어떤 수준의 위험도까지 편히 받아들일 수 있든, 또 자신의 인생을 위해 얼마나 과감한 도전에 나설 수 있든, 되도록 더 이른 시기에 그 일에 도전하는 게 좋습니다. 다시 말하지만, 바로 그때가 이익은 더 크고 손해는 더 적은 시기니까요.

두 번째, '도전하지 않는 위험'을 과소평가하지 마세요. 과감한 도전보다 현상 유지가 더 안전하게 느껴지겠지만, 그럼으로써 잃게 되는 것, 더욱 과감해질 용기를 냈더라면 달라졌을 삶을 고려해야 합니다. 말하자면 일종의 안정성을 얻는 대가로 경험 점수를 잃는 셈이죠. 예를 들어 원래 1만 점의 경험 점수를 얻을 수 있는데 특정 위험을 피하면 7,000점밖에 받지 못한다고 가정해 봅시다. 이것은 결국 30퍼센트 덜 만족스러운 삶을 살 수밖에 없다는 이야기죠. 여러분이 30퍼센트 덜 만족스럽더라도 그 대신 얻을 마음의 평화에 더 가치를 둔다면, 뭐, 어쩔 수 없습니다. 예컨대 제 할머니가 만약 더 과감한 삶을 택했더라면 아마도 밤잠을 제대로 이루지 못하셨을 테니 저는 그 선택에 대해 할머니를 비난할 수는 없는 겁니다. 얼마나 큰 위험을 감수할지는 이처럼 여러분 개인의 선택에 달린 문제죠. 다만 저는 여러분이 어떤 결정을 내리고 있는 것인지, 또 그 선택의 최종 결과는 무엇인지 충분히 인지하기를 바랄 뿐입니다.

세 번째, '위험 감내도가 적은 것'과 '단순히 오래된 두려움'은 차이가 있습니다. 실제로 위험을 겪은 후에는, 두려움이 그 위험의 정도를 심하게 부풀려 버리는 경향이 있죠. 만약 여러분이 과감한 도전에 나서는 데 벌벌 떨면서 두려워하는 편이라면, 최악의 시나리오를 찬찬히 떠올려 보세요. 그와 동시에 여러분이 인생에서 갖추고 있는 각종 안전망, 즉 실직을 대비한 고용 보험부터 각종 재난에 대비해 가입할 수 있는 사설 보험들, 그리고 가족에게서 받을 수 있는 도움까지 다 고려해 본다면, 그 최악의 시나리오는 아마 처음 생각했던 것만큼 심각하지 않을지도 모릅니다. 이런 경우 손해의 하방은 보통 막혀 있는 반면, 이익의 상방의 무한할 수 있는 겁니다.

> **역전 포인트**
>
> ▶ 위험이 거의 없는데도 도전하지 않는 기회가 없는지 살펴보세요. 나이가 든 후보다 젊을 때 더 많은 기회에 도전하는 편이 더 낫다는 사실을 늘 기억해야 합니다.
>
> ▶ 그 이유가 합리적이든 그렇지 않든, 본인을 붙잡고 있는 두려움을 직시하세요. 그리고 합리적이지 않은 두려움이 자신의 꿈을 방해하도록 내버려 두지 마십시오.
>
> ▶ 언제 어느 순간에라도 여러분이 선택할 수 있음을 잊지 마세요. 여러분이 내리는 선택이 곧 여러분의 우선순위를 반영하는 것이므로, 신중히 선택해야 합니다.

책을 마치며

불가능하지만 가치 있는 목표를 향하여

제가 여러분에게 부여한 임무는 불가능한 것입니다. '다 쓰고 죽기'라는 임무죠. 이 책에서 제시한 모든 규칙을 따르고, 건강과 기대 수명을 면밀히 추적하고, 매일 자신의 재정 현황을 다시 계산해 볼 수 있겠지만, 그래도 정확히 '제로'를 맞추지는 못할 겁니다. 마지막 숨을 내쉬는 그 순간에도 주머니 속에 여전히 몇 푼의 돈이 남아 있을 수도 있고, 어쩌면 은행에 좀 더 많은 돈이 예금되어 있을지도 모르죠. 그러니 기술적인 관점에서, 여러분은 결국 다 쓰고 죽기에 실패하게 될 것입니다. 그건 어쩔 수 없는 일이에요. 괜찮습니다.

왜냐고요? 그 목표는 진짜 임무대로 여러분을 올바른 방향으로 이끄는 데 성공했기 때문이죠. 다 쓰고 죽기를 목표함으로써 우리는 최대한 많은 돈을 벌고 모으는 것에서 최고의 삶을 누리는 것으로 인생의 초점을 영원히 바꾸게 되는 겁니다.

'다 쓰고 죽기'가 가치 있는 목표인 이유가 바로 여기에 있습니다. 이 목표를 염두에 둠으로써 우리는 삶에서 다른 방식으로는 얻을 수 없는, 더 많은 것을 얻는 게 가능해지죠.

수백만 명이 예수나 모세, 혹은 무함마드의 삶을 따르기 위해 매주 종교 사원에 방문합니다. 대부분은 그 근처에도 이르지 못하죠. 그러나 괜찮습니다. 우리 중 누구도 완벽하지 못하며 우리 중 가장 덕망이 높은 사람이라고 해도 늘 친절하고, 현명하고, 용감한 것은 아니니까요. 그러나 이런 이상향을 추구함으로써 우리는 올바른 방향을 향해 계속 전진할 수 있습니다. 적어도 조금 더 친절하고, 현명하고, 더욱 용감해질 수 있죠. '다 쓰고 죽기'라는 이상 또한 마찬가지입니다. 끝내 목표를 정확히 맞추지는 못할 겁니다. 하지만 최선을 다하고 얼마간의 운이 따라 준다면 아예 시도하지 않는 경우보다 그 목표에 더 가까워지겠죠. 그러니 계속하세요. 여러분의 인생을 최대한 누리게 될 뿐 아니라 여러분에게 허락된 유일한 삶을 구원하는 일입니다.

제 메시지로 인해 적어도 여러분이 한 사람의 인생에 대한 표준적이고 관습적인 접근법을 의심하게 되길 바랍니다. 좋은 직업을 얻어 근면히 노력한 끝에 60, 70대가 되어 은퇴해서는 소위 말하는 인생의 황금기를 누리면 된다는 생각 말이에요.

이렇게 묻겠습니다. "여러분의 건강과 생명 에너지가 쇠락하기 시작할 때까지 왜 기다리고 있습니까?" 어차피 평생 다 쓰지도 못할 돈을 단지에 꽉꽉 채워 넣는 데만 집중하기보다 지금 당장 자신의 인생을 최대한 활용하세요. 기억에 남을 인생 경험을 추구하고, 자녀들이 가장 잘 쓸 수 있는 시기에 돈을 증여하고, 여러분이 살아 있을 때 자선 단체에 돈을 기부하세요. 그게 바로 인생을 사는 방법입니다.

기억하세요. 인생이라는 비즈니스는 추억의 획득이 목적입니다.

그런데 왜, 아직도 기다리고만 있나요?

감사의 말

생각은 누구나 합니다. 우리는 대개 "나는 곧 이런저런 일을 할 거야."라고 신물 나도록 떠들기만 하는 무엇인가를 하나쯤 갖고 있죠. 하지만 세월이 흐르면서 그 '이런저런 일'은 결국 '미뤄둔 일 목록'에 보관하는 또 하나의 항목이 되고 맙니다. 우연하게 특별한 사건이 벌어지지 않고서는 절대 달성되지 않는 그런 항목 말이죠. 제게 그 우연하고 특별한 사건은 제 주치의 크리스 레나와의 만남이었습니다. 제 이야기에 열광적으로 동조해 준 덕분에 집필에 나설 수 있었죠.

책을 써서 제 생각을 세상이 평가하고 인정해 주기를 꿈꾸기 전에, 우선 제가 아는 한 가장 까다로운 청중과 함께 그 생각을 토의하고 논쟁하고 단련해야만 했습니다. 친구, 가족, 동료들은 각각 독특하고 흥미로운 관점들을 제시했고 제 이야기가 말도 안 된다고 여기는 대목을 솔직히 지적해 주었죠. 시간을 내어 제 이야기를 들어주고 평가해 준 티아 싱클레어, 그레그 월리, 존 아놀드, 쿠퍼 리치, 마크 호로비츠, 오마르 하니프, 댄 빌제리언에게 감사드립니다.

좋은 아이디어를 떠올리는 것과 그 아이디어를 설득력 있고 읽기 쉬운 책으로 변환시키는 것은 별개입니다. 후자를 위해서는 저의 언어, 스토리, 설명을 포착하고 제 고유의 목소리, 스타일, 열정을 유지하는 동시에 유려하고 매끄러운 문장으로 탈바꿈시킬 줄 아는 작가와 협업해야 하죠. 그런 사람이 바로 마리나 크라코프스키였습니다. 경제학적 사고와 친숙하면서 학문적 근거로 뒷받침할 능력을 갖춘 작가와 함께한 것은 정말 행운이었죠. 또한 그녀는 저의 에이전트는 물론 제가 이 책의 작업을 위해 고용한 뛰어난 경제학자 케이웃 첸과도 아는 사이였습니다. 이 모든 것뿐 아니라 복잡한 일련의 아이디어들을 누구나 이해할 수 있도록 책에 녹여 내는 길고, 낯설며, 때로는 고통스러운 과정을 이겨 낼 수 있게 저를 독려해 준 데 대해서도 마리나에게 고마움을 느낍니다.

전문 작가와 괜찮은 아이디어와 강력한 제안서를 갖추게 되자, 이제는 최대한 많은 독자에게 이 책이 도달하도록 도와줄 출판사가 필요했습니다. 또 그런 출판사를 찾으려면 제 편이 되어줄 에이전트가 필요했고요. 그 사람이 바로 짐 르바인입니다. 다섯 곳의 에이전트들이 저를 고객으로 받아들이려 했지만 그중 짐을 선택했던 이유는, 오직 그만이 제게 솔직했기 때문입니다. 제안서가 비록 훌륭하긴 하지만 출판사들에 보여 주기에는 아직 미흡하다면서 그 이유와 함께 명확히 설명했죠. 제 원고에 특별한 관심을 보여 주고, 제가 단순히 집필 아이디어를 가진 사람에서 집필 계약을 할 준비가 된 원고를 가진 저자가 될 수 있도록 도와준 데 감사하고 싶습니다.

호튼 미플린 하코트Houghton Mifflin Harcourt 출판사의 릭 울프와 그 팀원들에게도 저와 이 책에 투자해 준 데 대한 고마움을 전합니다. 또한 딱히 한 분야에 잘 들어맞지 않는 이 책을 편집해 주고, 너무 성급하거나 거슬리지 않게 (제가 성급하고 거슬리는 사람이라서요.) 저의 의견을 전하도록 도와준 점에 대해서도 릭에게 감사합니다.

일반적인 교정교열 이상의 일을 처리해 준 교정 담당 편집자, 윌 파머에게도 감사를 전합니다.

또한 시간을 내어 설문에 참여해 주고 사람들이 어떻게 이 주제를 볼 것인지에 대해 근시안적 사고를 극복하게 도와준 저의 사무실 직원들, 찰스 데니스턴, 올레그 코스텐코, 배리 니콜스, 실파 춘추, 로프터스 피츠워터, 카산드라 크르마에게도 감사를 표합니다.

아이디어를 공감할 수 있도록 전달하는 데 이야기만큼 좋은 도구는 없죠. 돈과 인생을 어떻게 사용해야 하는지를 다루는 책에서 그 이야기들은 매우 개인적인 경우가 많습니다. 대중의 눈길과 비판에 자신의 삶을 공개하게 된 제 친구들, 가족들, 그리고 지인들에게 감사드립니다. 에린 브로드스톤 어빈, 존 아놀드, 베어드 크래프트, 앤디 슈워츠, 제이슨 루포, 조 패럴, 폴리 '파스트라미' 시모니엘로, 크리스틴 프라타니아, 그레그 윌리, 크리스 라일리, 그리고 제 누이인 티아 싱클레어와 어머니 프루이타 루이즈 디아즈에게요. 개인적으로 아는 사이는 아니지만 본인의 이야기를 나눠 준 버지니아 콜린에게 특별한 감사를 전합니다. 당신들의 관대하고 용감한 기여가 없었더라면 이 책은 그 누구에게도 감동과 동기를 부여하지 못했을 겁니다.

공감할 수 있는 이야기 외에 제가 다루는 아이디어를 수학적으로 표현할 공식적인 모델도 필요했죠. 행동경제학자인 케이웃 첸은 경제학 모델 이면의 수학적 계산뿐 아니라 결과 뒤에 숨은 논리를 설명하는 데도 큰 도움을 주었습니다. 오마르 하니프는 이런 아이디어들을 모델링하는 데 중추적인 역할을 담당해 주었죠.

이 책에 사용된 다른 데이터들은 미국 정부의 연구 덕택에 공개적으로 이용 가능했지만, 그 데이터를 읽기 쉬운 형태로 변환하는 것은 완전히 별개의 작업이었습니다. 찰스 데니스턴이 이 책의 모든 도표와 그림을 만들었습니다. 데이터 소스가 바뀌거나 다른 변경을 요청할 때마다 찰스는 늘 우리가 원했던 대로 신속히 처리해 주었죠.

제 일정을 관리하고, 회의를 조정하고, 전화를 걸었는지 확인해 주고, 혼란을 정리해 준 저의 비서 카산드라 크르마에게 감사를 전합니다. 이 과정 내내 우아한 태도로 저의 서커스

같은 삶을 관리 가능하게 만들어 준 점, 고맙습니다.

많은 사람이 이 책의 일부를 읽고 의견을 들려주었습니다만, 누군가에게 미완성된 원고를 읽히고 의견을 요청하는 일은, 특히나 부정적인 비판을 부탁하는 건 매우 까다로운 호의를 요구하는 것과 같습니다. 오랜 시간의 세심한 주의가 필요할뿐더러, 평가의 대상이 좋지 않거나, 잘못되었거나, 오만하거나, 혹은 그야말로 형편없다는 사실을 지인에게 말해 줘야하는 무거운 책임감이 따르기 때문이죠. 만약 이 책이 여러분의 마음에 들었다면, 그것은 근면하고 대담한 이 초기 독자들 덕분입니다. 만약 이 책이 여러분의 마음에 들지 않았다면, 이렇게 생각해주세요. 라켈 세갈, 오마르 하니프, 케이웃 첸, 키스 퍼킨스, 마크 호로비츠, 그리고 특히 쿠퍼 리치가 아니었더라면 이 책을 더 싫어했을 수 있다고 말이죠.

쿠퍼 리치는 정말 별도의 단락을 할애할 만큼 기여해 줬습니다. 미완성 원고를 읽어 달라는 부탁을 중요하게 받아들이더라도, 두 번 반이나 읽어 주다니요! 게다가 페이지마다 꼼꼼한 메모와 비판까지 곁들여 주었죠. 읽는 동안 새로운 아이디어가 떠오르면 제게 전화를 걸어 토론했고, 이후에도 추가 제안까지 전해 주었습니다. "선행에는 대가가 따른다"라는 속담이 있는데, 쿠퍼는 정말 본인이 행한 선행의 대가를 톡톡히 치른 셈이었죠. 정말로 그는 제 요구를 뛰어넘어 이 책에 중대한 공헌 그 이상을 더해 주었습니다. 더 나은 책을 만드는 데 그가 투여한 시간과 노력에 대해 매우 깊이 감사하고 있습니다.

저의 대부 조지프 파네핀토께. 이 아찔하고 멋진 모험을 떠날 수 있는 기회의 문을 열어 주셔서 감사드립니다.

우리가 이룬 모든 것은 앞선 세대의 덕분이기에, 제 어머니와 아버지, 프루이타 루이즈 디아즈와 빌 퍼킨스 주니어께 감사드립니다.

책을 쓰느라 기억이 흐릿해졌을 수 있습니다. 혹시 제가 놓친 분이 있다면, 죄송합니다. 그리고 감사합니다.

책에 관해 이야기를 나누고 책 때문에 사람을 만나고 책에 대해 생각하느라 셀 수 없을 만큼 많은 시간을 보냈습니다만, 그 시간 동안 제가 다른 누군가를 신경 쓰지 못했음은 분명합니다. 이 책은 바로 그들의 희생 덕분이죠. 제 아이들, 스카이와 브리사, 그리고 제 연인인 라라 세바스티안의 사랑과 인내가 없었더라면 저는 이 작업을 끝내지 못했을 겁니다. 그야말로 정신이 가출했을 때가 많았는데 여러 번 참아 줘서 고마워요! 이제는 돌아왔어요!

주석

1장 : 삶을 최적화하는 기술에 관하여

1 Amy Finkelstein, Erzo F. P. Luttmer, and Matthew J. Notowidigdo, "What Good Is Wealth Without Health? The Effect of Health on the Marginal Utility of Consumption," Journal of the European Economic Association 11 (2013): 221–58.

2 David Callahan, "The Richest Americans Are Sitting on $4 Trillion. How Can They Be Spurred to Give More of it Away?," Inside Philanthropy, https://www.insidephilanthropy.com/home/2018/12/4/the-richest-americans-are-sitting-on-4-trillion-how-can-they-be-spurred-to-give-more-of-it-away.

3 Thomas Gold, The Deep Hot Biosphere (New York: Springer, 1998), digital edition, https://www.amazon.com/Deep-Hot-Biosphere-Fossil-Fuels/dp/0387985468.
모든 유기체가 생존을 위해서 에너지를 필요로 한다는 사실은 기초 생물학에 불과하지만 토마스 골드의『The Deep Hot Biosphere』을 읽고 나서야 그 중요성을 인지하게 되었습니다. (에너지 트레이더에게 매우 중요한 책입니다. 골드는 이 책에서 석유의 기원에 대한 화석-연료 이론이 시사하는 것보다 훨씬 더 많은 석유가 지구에 매장되어 있다고 주장하는데, 석유 가격은 공급의 회소성에 의해 예측되기 때문입니다.)
하지만 제게 가장 흥미로웠던 건 가장 단순한 미생물에서 가장 복잡한 생물체까지 생명의 기원에 관한 부분이었습니다. 이들 모두가 먹이 사슬 아래에 저장된 화학 에너지에 의존하죠. 저는 로봇이나 자동차와 마찬가지로 제가 에너지 처리 기관이라는 생각에 사로잡혔습니다. 그리고 우리 몸을 움직이려면 얼마나 많은 칼로리가 필요한지, 우리가 먼 거리를 고속으로 이동할 수 있게 해주는 비행기와 같은 기계를 발명한 것이 얼마나 흥미로운지에 대해 생각하게 됐죠. 본질적으로 우리는 다른 에너지 처리 기관을 만들 수 있는 에너지 처리 기관인 셈입니다. 만약 지적이고, 자기 개선과 복제가 가능한 기계를 찾는다면 여기, '인류'가 이미 존재합니다.

2장 : 무엇보다 경험에 투자해야 하는 이유

4 Aesop, "The Ants & the Grasshopper," in The Aesop for Children (Library of Congress), http://read.gov/aesop/052.html.

5 Gary S. Becker, "Human Capital," Library of Economics and Liberty, https://www.econlib.org/library/Enc/HumanCapital.html.
경제학자 게리 베커는 교육 및 훈련과 함께 건강을 인적 자본에 대한 가장 중요한 투자로 꼽았습니다.

6 T. J. Carter and T. Gilovich, "I Am What I Do, Not What I Have: The Differential Centrality of Experiential and Material Purchases to the Self," Journal of Personality and Social Psychology 102 (2012): 1304–17, doi:10.1037/a0027407. https://cpb-us-e1.wpmucdn.com/blogs.cornell.edu/dist/b/6819/files/2017/04/CarterGilo.JPSP_.12-14i5eu8.pdf.

심리학적 연구에 의하면 우리의 경험은 자아감과 밀접하게 연결되어 있습니다. 이 점은 경험에 지출하는 것이 소유물에 지출하는 것보다 더 큰 행복을 가져다주는 이유를 설명해 주죠. 예를 들어 실험 참가자에게 어떤 것(TV 등)을 소유물 혹은 경험으로 인식시킬 수 있다고 했을 때, 그것을 경험으로서 인식하도록 실험적으로 유도했을 경우에 소유물로 인식하는 경우보다 참가자가 그 구매품을 자기 자신과 더 많이 동일시하는 것으로 드러났습니다.

7 David Bach, Start Late, Finish Rich (New York: Currency, 2006), https://www.amazon.com/dp/0767919475/ref=rdr_ext_tmb.

개인 금융 전문가인 데이비드 바크는 라테 팩터라는 용어를 만들고 상표로 등록했으며, 작은 반복적 지출을 줄이는 것이 시간이 흘러 얼마나 큰 이익이 되는지 파악할 수 있는 계산기도 발명했습니다.

3장 : 왜 다 쓰고 죽어야 하는가?

8 "Income Percentile by Age Calculator for the United States in 2018," DQYDJ.com, last modified May 31, 2019, https://dqydj.com/income-percentile-by-age-calculator/.

9 "Income Tax Calculator, Texas, USA," Neuvoo, https://neuvoo.com/tax-calculator/?iam=&salary=75000&from=year&region=Texas.

10 Michael D. Hurd, "Wealth Depletion and Life-Cycle Consumption by the Elderly," in Topics in the Economics of Aging, ed. David A. Wise (Chicago: University of Chicago Press, 1992), 136, https://www.nber.org/chapters/c7101.pdf.

11 Hersh M. Shefrin and Richard H. Thaler, "The Behavioral Life-Cycle Hypothesis," in Quasi Rational Economics, ed. Richard H. Thaler (New York: Russell Sage Foundation, 1991), 114.

12 사람들의 지출과 저축을 연구하는 경제학자들은 나이 든 사람이 저축을 필요한 만큼 빨리 줄이지 않는다는 점을 알고 있으며, 그들이 제시한 이유들은 제가 타인과 대화하면서 종종 듣는 두 가지 이유, '예방적 저축'(돈이 바닥나거나 예상치 못한 지출에 대비하지 못하게 될 두려움)과 '유산을 물려 주고 싶은 동기'(내 아이는 어쩌지?)와 일치합니다.

13 Jesse Bricker et al., "Table 2: Family Median and Mean Net Worth, by Selected Characteristics of Families, 2013 and 2016 Surveys," Federal Reserve Bulletin 103 (2017): 13, https://www.federalreserve.gov/publications/files/scf17.pdf.

14 Sudipto Banerjee, "Asset Decumulation or Asset Preservation? What Guides Retirement Spending?," Employee Benefit Research Institute issue brief 447 (2018), https://www.ebri.org/docs/default-source/ebri-issue-brief/ebri_ib_447_assetpreservation-3apr18.pdf?sfvrsn=3d35342f_2.

15 Michael K. Stein, The Prosperous Retirement (Boulder, Colo.: Emstco Press, 1998).

16 Dan Healing, "How Much Money Will You Need After You Retire? Likely Less Than You Think," Financial Post, August 9, 2018, https://business.financialpost.com/personal-finance/retirement/how-much-money-should-you-have-left-when-you-die-likely-less-than-you-think.

17 "Table 1300: Age of Reference Person: Annual Expenditure Means, Shares, Standard Errors, and Coefficients of Variation, Consumer Expenditure Survey, 2017," U.S. Bureau of Labor Statistics, https://www.bls.gov/cex/2017/combined/age.pdf.

18 Peter Finch, "The Myth of Steady Retirement Spending, and Why Reality May Cost Less," New York Times, November 29, 2018, https://www.nytimes.com/2018/11/29/business/retirement/retirement-spending-calculators.html.

19 Shin-Yi Chou, Jin-Tan Liu, and James K. Hammitt, "National Health Insurance and Precautionary Saving: Evidence from Taiwan," Journal of Public Economics 87 (2003): 1873–94, doi:10.1016/S0047-2727(01)00205-5. 대만 정부가 의료 보험을 개시하자 개인들의 저축액이 감소했습니다.

20 Michael G. Palumbo, "Uncertain Medical Expenses and Precautionary Saving Near the End of the Life Cycle," Review of Economic Studies 66 (1999): 395–421, doi:10.1111/1467-937X.00092, https://academic.oup.com/restud/article-abstract/66/2/395/1563396.

21 Anna Gorman, "Medical Plans Dangle Gift Cards and Cash to Get Patients to Take Healthy Steps," Los Angeles Times, December 5, 2017, https://www.latimes.com/business/la-fi-medicaid-financial-incentives-20171205-story.html.

22 Ellen Stark, "5 Things You SHOULD Know About Long-Term Care Insurance," AARP Bulletin, March 1, 2018, https://www.aarp.org/caregiving/financial-legal/info-2018/long-term-care-insurance-fd.html.

4장 : (죽기 전에 거지가 되지 않고) 돈을 쓰는 법

23 "Distribution of Life Insurance Ownership in the United States in 2019," Statista, https://www.statista.com/statistics/455614/life-insurance-ownership-usa/.

24 Ron Lieber, "The Simplest Annuity Explainer We Could Write," New York Times, December 14, 2018, https://www.nytimes.com/2018/12/14/your-money/annuity-explainer.html.

25 Richard H. Thaler, "The Annuity Puzzle," New York Times, June 4, 2011, https://www.nytimes.com/2011/06/05/business/economy/05view.html.
지금까지 이 주제에 대해 수십 개의 학술 논문이 발표되었습니다. 이 수수께끼에 대한 몇 가지 가능한 답을 포함한 간단한 설명을 듣고 싶다면, 노벨 경제학상 수상자인 리처드 세일러의 위 칼럼을 참고하기 바랍니다.

26 Gary Becker, Kevin Murphy, and Tomas Philipson, "The Value of Life Near Its End and Terminal Care" (working paper, National Bureau of Economic Research, Washington, D.C., 2007), http://citeseerx.ist.psu.edu/viewdoc/download?doi=10.1.1.446.7983&rep=rep1&type=pdf.

27 "Final Countdown Timer," v. 1.8.2 (ThangBom LLC, 2013), iOS 11.0 or later, https://itunes.apple.com/us/app/final-countdowntimer/id916374469?mt=8.
이 앱은 예상 사망일까지 남은 시간을 측정하려는 목적으로만 설계된 게 아닙니다. 여러 가지 다른 날짜(마감일, 기념일 등)를 입력하면 타이머가 해당 날짜까지 남은 시간을 카운트다운 해 줍니다.

5장 : 아니 그럼 내 자식들은 어쩌라고?

28 Laura Feiveson and John Sabelhaus, "How Does Intergenerational Wealth Transmission Affect Wealth Concentration?," FEDS Notes, Board of Governors of the Federal Reserve System, June 1, 2018, doi:10.17016/2380-7172.2209. https://www.federalreserve.gov/econres/notes/feds-notes/how-does-intergenerational-wealth-transmission-affectwealth-concentration-20180601.htm.

29 Libby Kane, "Should You Give Your Kids Their Inheritance Before You Die?," The Week, August 21, 2013, https://theweek.com/articles/460943/should-give-kids-inheritance-before-die.
Virginia Colin, interview by Marina Krakovsky, January 7, 2019.

30 Edward N. Wolff and Maury Gittleman, "Inheritances and the Distribution of Wealth or Whatever Happened to the Great Inheritance Boom?," Journal of Economic Inequality 12, no. 4 (December 2014): 439–68, doi:10.1007/s10888-013-9261-8.

31 Marina Krakovsky, "The Inheritance Enigma," Knowable Magazine, February 12, 2019, https://www.knowablemagazine.org/article/society/2019/inheritance-enigma.

32 William J. Chopik and Robin S. Edelstein, "Retrospective Memories of Parental Care and Health from Mid- to Late Life," Health Psychology 38 (2019): 84–93, doi:10.1037/hea0000694.

33 Carolyn J. Heinrich, "Parents' Employment and Children's Wellbeing," Future of Children 24 (2014): 121–46, https://www.jstor.org/stable/23723386.

34 Jere R. Behrman and Nevzer Stacey, eds., The Social Benefits of Education (Ann Arbor: University of Michigan Press, 1997), https://www.jstor.org/stable/10.3998/mpub.15129.

35 George Psacharopoulos and Harry Antony Patrinos, "Returns to Investment in Education: A Decennial Review of the Global Literature" (working paper, World Bank Group Education Global Practice, Washington, D.C., April 2018), http://documents.worldbank.org/curated/en/442521523465644318/pdf/WPS8402.pdf.

36 Paul J. Jansen and David M. Katz, "For Nonprofits, Time Is Money," McKinsey Quarterly, February 2002, https://pacscenter.stanford.edu/wp-content/uploads/2016/03/TimeIsMoney-Jansen_Katz_McKinsey2002.pdf.

37 Jonathan Grant and Martin J. Buxton,"Economic Returns to Medical Research Funding," BMJ Open 8 (2018), doi:10.1136/bmjopen-2018-022131.

6장 : 산다는 건 결국 균형을 맞추는 일이다
38 Stephen J. Dubner and Steven D. Levitt, "How to Think About Money, Choose Your

Hometown, and Buy an Electric Toothbrush," podcast transcript, Freakonomics, October 3, 2013, http://freakonomics.com/2013/10/03/how-to-think-about-money-chooseyour-hometown-and-buy-an-electric-toothbrush-a-new-freakonomics-radio-podcast-full-transcript/.

39 Elizabeth Warren and Amelia Warren Tyagi, All Your Worth: The Ultimate Lifetime Money Plan (New York: Free Press, 2006), https://www.amazon.com/All-Your-Worth-Ultimate-Lifetime/dp/0743269888.

40 Gyan Nyaupane, James T. McCabe, and Kathleen Andereck, "Seniors' Travel Constraints: Stepwise Logistic Regression Analysis," Tourism Analysis 13 (2008): 341–54, https://asu.pure.elsevier.com/en/publications/seniors-travel-constraints-stepwise-logistic-regression-analysis.

41 Robert M. Sapolsky, "Open Season," New Yorker, March 30, 1998, https://www.newyorker.com/magazine/1998/03/30/open-season-2.

42 Rachel Honeyman, "Proof That 65 Is Never Too Late to Kickstart Your Fitness Journey," GMB Fitness, November 20, 2016, https://gmb.io/stephen-v/.

43 Ashley V. Whillans, Elizabeth W. Dunn, Paul Smeets, Rene Bekkers, and Michael I. Norton, "Buying Time Promotes Happiness," Proceedings of the National Academy of Sciences 114, no. 32 (August 8, 2017): 8523–27, doi:10.1073/pnas.1706541114.

44 J. B. Maverick, "What Is the Average Annual Return for the S&P 500?," Investopedia, last modified May 21, 2019, https://www.investopedia.com/ask/answers/042415/what-average-annual-returnsp-500.asp.

7장 : 시기를 놓치면 인생이 헐값 된다

45 Bronnie Ware, The Top Five Regrets of Dying: A Life Transformed by the Dearly Departing (Carlsbad, Calif.: Hay House, 2012), https://www.amazon.com/Top-Five-Regrets-Dying-Transformed/dp/140194065X.

46 Kristin Layous, Jaime Kurtz, Joseph Chancellor, and Sonja Lyubomirsky, "Reframing the Ordinary: Imagining Time As Scarce Increases Well-Being," Journal of Positive Psychology 13 (2018): 301–8, doi:10.1080/17439760.2017.1279210.

8장 : 언제가 내 인생의 정점일까

47 Derick Moore, "Homeownership Remains Below 2006 Levels for All Age Groups," United States Census Bureau, August 13, 2018, https://www.census.gov/library/stories/2018/08/homeownership-byage.html.

48 PropertyMetrics, "Understanding Present Value Formulas," PropertyMetrics blog, July 10, 2018, https://www.propertymetrics.com/blog/2018/07/10/present-value-formulas/.

49 Carolyn O'Hara, "How Much Money Do I Need to Retire?," AARP the Magazine, https://www.aarp.org/work/retirement-planning/info-2015/nest-egg-retirement-amount.html.

50 Sarah Skidmore Sell, " '70 Is the New 65': Why More Americans Expect to Retire Later," Seattle Times, May 8, 2018, https://www.seattletimes.com/nation-world/nation/more-americans-expect-to-work-until-70-not-65-there-are-benefits/.

51 "When Do Americans Plan to Retire?," Pew Charitable Trusts, November 19, 2018, https://www.pewtrusts.org/en/research-andanalysis/issue-briefs/2018/11/when-do-americans-plan-to-retire.

52 Peter Gosselin, "If You're Over 50, Chances Are the Decision to Leave a Job Won't Be Yours," ProPublica, last modified January 4, 2019, https://www.propublica.org/article/older-workers-united-statespushed-out-of-work-forced-retirement.

53 "Average Retirement Age in the United States," DQYDJ.com, last modified May 31, 2019, https://dqydj.com/average-retirement-age-in-the-united-states/.

54 "Report on the Economic Well-Being of U.S. Households in 2017," Board of Governors of the Federal Reserve System, last modified June 19, 2018, https://www.federalreserve.gov/publications/2018-economicwell-being-of-us-households-in-2017-retirement.htm.

55 Anne Kates Smith, "Retirees, Go Ahead and Spend a Little (More)," Kiplinger's Personal Finance, October 3, 2018, https://www.kiplinger.com/article/spending/T031-C023-S002-how-frugal-retirementsavers-can-spend-wisely.html.

56 Government Accountability Office, "Older Workers: Phased Retirement Programs, Although Uncommon, Provide Flexibility for Workers and Employers," report to the Special Committee on Aging, U.S. Senate, June 2017, https://www.gao.gov/products/GAO-17-536.

57 Stephen Miller, "Phased Retirement Gets a Second Look," Society for Human Resource Management, July 28, 2017, https://www.shrm.org/resourcesandtools/hr-topics/benefits/pages/phasedretirement-challenges.aspx.

58 혹시 <제퍼디>가 TV 게임쇼이고 <더 골든 걸스>가 시트콤이라는 걸 모른다면, 당신은 아마 미국에서 오래 살지 않은 모양이군요.

9장 : 과감하되 바보짓은 하지 마라

59 "The Big Interview: 5 Minutes with . . . Jeff Cohen," Chambers Associate, n.d., https://www.chambers-associate.com/the-big-interview/jeff-cohen-chunk-from-the-goonies-lawyer.

60 Kathleen D. Vohs, Jennifer L. Aaker, and Rhia Catapano, "It's Not Going to Be That Fun: Negative Experiences Can Add Meaning to Life," Current Opinion in Psychology 26 (2019): 11–14, doi:10.1016/j.copsyc.2018.04.014.

데이터 출처

93, 189, 254, 258쪽에 사용된 데이터
United States Federal Reserve, (2016), table 2. Data from Jesse Bricker et al., "Changes in U.S. Family Finances from 2013 to 2016: Evidence from the Survey of Consumer Finances." Federal Reserve Bulletin 103 (2017): 13. https://www.federal reserve.gov/publications/files/scf17.pdf.

136쪽에 사용된 데이터
Board of Governors of the Federal Reserve System (2018), figure 3. Data from Laura Feiveson and John Sabelhaus, "How Does Intergenerational Wealth Transmission Affect Wealth Concentration?" FEDS Notes. Board of Governors of the Federal Reserve System. June 1, 2018, doi:10.17016/2380-7172.2209. https://www.federalreserve.gov/econres/notes/feds-notes/how-does-intergenerational-wealth-transmission-affect-wealth-concentration-accessible-20180601.htm.

267쪽에 사용된 데이터
Ann C. Foster, "Con- sumer Expenditures Vary by Age," Beyond the Numbers 4, No. 14 (December 2015), Bureau of Labor Statistics, https://www.bls.gov/opub/btn/volume-4/mobile/consumer-expenditures-vary-by-age.htm.

김준수

연세대학교 인문학부에서 국문학과 영문학을 전공했고, 현재 출판 기획과 번역에 종사하고 있다. 활자 매체가 생존을 위협받는 디지털 세상에서도 책과 사람 사이에 다리를 놓는 일을 계속하고자 한다. 옮긴 책으로는 『해빗』, 『태어난 게 범죄』, 『트리거』, 『마인드셋』, 『메신저』, 『와튼 스쿨은 딱 두 가지만 묻는다』 등이 있다.

역전하는 법

당신의 돈과 인생에서
최대치를 뽑아내는 법

초판 1쇄 발행   2023년 11월 30일

지은이   빌 퍼킨스
옮긴이   김준수
펴낸이   서재필
책임편집   최석영

펴낸곳   마인드빌딩
출판등록   2018년 1월 11일 제395-2018-000009호
전화   02)3153-1330
이메일   mindbuilders@naver.com

ISBN 979-11-92886-33-6 (03320)

- 책값은 뒤표지에 있습니다.
- 잘못된 책은 구입하신 곳에서 바꿔드립니다.

마인드빌딩에서는 여러분의 투고 원고를 기다리고 있습니다. 출판하고 싶은 원고가 있는 분은 mindbuilders@naver.com으로 기획 의도와 간단한 개요를 연락처와 함께 보내주시기 바랍니다.